Re-searching Remote Works vol. 1: Data Analyses

リモートワークを科学するI

調査分析編

データで示す日本企業の課題と対策

【編著】

髙橋　潔　TAKAHASHI Kiyoshi

加藤俊彦　KATO Toshihiko

東京 白桃書房 神田

はしがき

　「ゆく河のながれは絶えずして，しかももとの水にあらず。よどみに浮かぶうたかたは，かつ消えかつ結びて，久しくとどまりたるためしなし。世の中にある人とすみかと，またかくのごとし。」

　教科書にも載っているので，だれもが聞き覚えのある「方丈記」。鴨長明によって書かれた随筆である。この有名な書き出しは，われわれの人生と資産を，河の流れに表れては消える水の泡にたとえ，日本人独特の無常観を示している。

　鴨長明と言えば，飛びぬけた芸術の才能から，和歌集を編纂するという国家的事業で大活躍しながら，出世争いに敗れて挫折の果てに出家した，波乱万丈のキャリアをもつことが知られている。方丈記をしたためているときのポジションというのは，カッコよくいえば，人生を断捨離した達人で，いま流行りのミニマリストの元祖だが，カッコわるく言えば，人生負け組で，掘っ立て小屋に住んでいる独居老人のようでもある。そんなおやじのブログやツイートのようなものが，800年のときを超えて，いまだに読み継がれている。それはなぜか？

　方丈の庵――一丈四方（約3m × 3m）の質素な家――で書かれたのが，その名のとおり方丈記である。全文を読んだことのある読書好きなら知っているだろうが，方丈記は災害文学でもある。大火に竜巻に飢饉に大地震と，ありとあらゆる災害が10年の短い間に押し寄せた平安時代末期。それが，方丈記が書かれた時代背景である。自然災害の激しいわが国で，富や生活基盤や人生の目的や愛する家族さえも，一瞬にして失ってしまうことの恐ろしさや理不尽さや無常を，日本人特有の視点で考えている。それが，令和の現代に生きるわれわれの心をとらえている。

　鴨長明は，そんな大災害の時代をなんとか生き抜いた末に，世俗的な名声や豊かな生活を求めるのがいかに無意味なのかを述べている。富める者は必ず衰え，形あるものは必ず滅びる。この世に存在する一切のものは常に転変し生滅して，永久不変なものはないという，諸行無常という仏教の教えに通

じている。それを，偉い学者や宗教家が上から目線で説教しているわけではなく，ただの老人がつぶやいているだけである。

　わが国の住宅事情で，リモートワークをすること。それは，方丈（約 3m × 3m）の小さな部屋で働くこと，すなわち「方丈労働（$(3m)^2$ labor）」を意味しているかもしれない。家族のだれかが感染しても，自宅で隔離することなどムリな住宅事情のなかで，狭いながらもなんとか見つけた落ち着ける小部屋で，気ままに働くのが「方丈労働」だといえる。リモートワークという名の「方丈労働」を，なんとか世のため，人のため，自分のために役立てるにはどうしたらよいのか？　そんな日本人の思いが，本書のいたるところに感じられる。

　日本の狭小住居の原型である方丈の庵は，新国立競技場を手掛けた世界的建築家　隈研吾氏の手によって，軽くて持ち運びのしやすい透明シートで作り直され，京都の下鴨神社で新しく生まれ変わった姿をお披露目した。ブルーシートでなかったのは幸いだ。

　COVID-19 の猛威は世界中に広がっており，まだまだ沈静化していないのに，多くの国では無関心になっている。発生当初は，早期にワクチンを開発した米英企業が市場の自由を奪い，自国では余っているのに，途上国にはワクチンが行き届かない配給のいびつさが露呈した。おまけに，感染症という人類全体に対する災難に乗じて，米英企業に世界の富が集まる形となった。その後は米英を中心に，「マスクをしない自由」をスローガンにして，公然とマスクを外し，自由を謳歌する。あたかも，集団免疫を国家的方針に掲げているかのようである。国民の「命」が「自由」と引き換えられている国家の理念に，首をかしげたくもなる。

　国民の命といえどもひとくくりにはできない。資本主義が高度に進んだアメリカでは，基本的な医療さえ自己責任であり，COVID-19 についても，上層のアメリカ人は高額の医療を受けられるが，黒人や生活保護世帯といったアメリカの影の部分には，手が差し伸べられることはあまりない。皮肉なことに，もっとも多くの被害者を出しているのは，コロナワクチンで巨万の富を得たアメリカであり，COVID-19 によって 100 万人を超える死者を出している。しかし，ウクライナ侵攻に社会の関心が向いたことをよいことに，COVID-19 による犠牲者の数を数えることをやめている。

わが国の場合はどうだろう。病院や病床は多いのに入院できないという医療崩壊のような状況に，まずはじめは直面した。自宅療養の美名の下で，COVID-19 に罹患し重症化しても入院先が見つからず，救急車でたらい回しにされたり，自宅で亡くなる人が出た。感染した妊婦が自宅療養中に入院先がみつからず，自宅出産を余儀なくされて，乳児が死亡するという痛ましい事故も起こった。その一方で，一般の人が入院できないのに，コロナ感染で真っ先に入院した有力議員が上級国民とメディアに非難されて，その後の衆議院選挙で落選した。

そして，「ゼロコロナ」を打ち出して，感染封じ込めのために（行き過ぎた）外出制限を行う隣国中国の様子を，ニュースで批判的に報道して，国民の「命」と「規制」を引き換えにするような論調もめだった。

「コロナ敗戦」という言葉がある。コロナの感染は，その拡大傾向が予測され，十分な時間をかけて対策を準備できる。それにもかかわらず，場当たり的で対策が遅々として進まない政府と行政の活動を，無謀な作戦で多数の犠牲者を出した第二次大戦末期になぞらえて，わが国でこう呼んでいる。COVID-19 は世界的な災禍であるにもかかわらず，どこよりも戦争の記憶と強く結びつく。

「コロナ敗戦」は，政権や指導部だけに責任が帰せられる問題ではない。日本の産業界が全体として，自信と勤勉さを失ったことが，その背景に横たわっている。「失われた10年」が30年になり，なまけ癖と言い訳癖が身についてしまったから，国際競争に勝とうとする意欲もなくなった。30年間で染み付いてしまった負け犬根性を変えていかなければ，この国に未来はない！（だが，老後はある。）

2020年夏，白桃書房の平千枝子さんが，リモートワークのマネジメントに関する書籍の刊行を，2人の編著者に提案したことに，本書は端を発する。

その年は，新型コロナウイルスの感染拡大という緊急事態に世界は直面していた。日本でも，COVID-19 の影響は春先から広がり，社会的活動に混乱をもたらしていた。大学でも卒業式や入学式といった人生の節目となるような式典を中止したり，インターネットを通じた講義に切り換えたりするなど，これまでに経験したことがない大きな変化に見舞われた。同じ頃，以前

はラッシュ時に激しく混雑していた通勤電車も道路も，かつて見たことがないほど閑散としていた。誰が見ても，異常な状況が生じていた。

　COVID-19 の感染抑制に向けて社会が慌ただしく変化するなかで，ビジネスの世界でも，対人接触を避けるために，リモートワークが急激に拡大していた。その変化を題材とした書籍を刊行することが，平さんから私たちへの提案だった。

　目の前に突如出現して，社会に大きな影響を与えている現象を，できるだけ意味がある形で考察して書籍にまとめるという提案を，私たちはすぐさま受け入れた。テーマには賛同したものの，刊行までの道程は単純ではなかった。平さんからの当初の提案は，理論的な解説とケースを組み合わせて，2021 年春頃に出版するというものだった。他方で，私たちの周辺では，リモートワークの急激な拡大に着目した定量的な調査研究が，複数の研究チームによって展開されつつあった。また，直面する環境変化に合わせて，企業も多様な動きを見せており，興味深い事例にも事欠かなかった。

　ようやく使い慣れてきた Zoom を使って，平さんと編著者との間で議論を重ねた。その結果，日本におけるコロナ禍でのリモートワークを多面的に解明していく方向に，書籍のコンセプトを方向修正することになった。定量的な調査を実施してきた研究者の方々には分析結果に基づいた原稿の執筆を，現場での有意義な知見を有する実務家や研究者の方々には興味深いケースの執筆を依頼するとともに，組織の先頭に立って対処された企業の方々の座談会をまとめて掲載する方針としたのである。

　書籍の基本方針が固まり，執筆を依頼した方々にご快諾いただけたことで，出版へのスケジュールは順調に進んでいくように見えた。ところが，いざ原稿が集まり始めると，1 冊の書籍として刊行するには分量が多く，議論の方向性も事前の予想以上に広がりがあることが明らかになってきた。提出された初稿を前にして再度検討した結果，定量的な調査研究を中心とする書籍と，ケースを中心とする書籍の 2 冊に分けた上で，内容の調整を図ることになった。その他にも事前に予想しなかった事態がたびたび生じて，随時対応する必要も生じた。そのために，当初の構想からは，内容面で大きく変わり，当初の計画からすると 1 年以上遅れての刊行となった。本書『リモートワークを科学する I ［調査分析編］：データで示す日本企業の課題と対策』は，前者にあたり，8 つの定量的調査から得られた研究・分析成果を収録し

ている。一方，後者にあたる『リモートワークを科学するⅡ［事例編］：日本企業のケースから読み解く本質』では，複数の企業ケースや人事担当役員の座談会を収録し，日本企業がリモートワークに対してどのように取り組んできたか，その実像を提供している。

2022年7月現在，コロナ禍も少しずつ落ち着きを見せてきて，以前の生活に戻ってきた側面も少なからず見受けられる。しかしながら，リモートワークが不要になった訳ではない。むしろ，職場への出勤を抑えるという緊急避難的な手段から脱して，リモートワークで生じうる問題に対処しつつ，その利点を最大限活かすことを，どのようにして実現していくのかということに中心的な課題が移行してきたように見える。

いまでは，日本全国どこでも働く場所を本人の自由に任せ，出社する際には出張扱いとする大手通信会社が出てきたし，ニューヨークでは，就業日のうち一定日数をリモートワークできなければ退職する労働者も出てきたようだ。リモートワークが当たり前の日常がある。その点で，コロナ禍でのリモートワークを取り上げながらも冷静な視点に立った本書での分析や考察は，より大きな意味を持つものになったように思われる。

もう一度，方丈記に戻ろう。

「それ三界は，ただ心一つなり。」その意味するところは，「この世の中と云うものは心のもち方ひとつである」ということだ。

COVID-19の影響で，職場はリモートワークにシフトした。最初は慣れなくて苦労したが，だんだん生活の変化に慣れてくると，リモートワークがよくなって，通勤して出社するのがムダに思えてくる。それでいて，この先はどうなっていくのだろうかと，心配になったりもする。

世の中はいつも移り変わっていくものだが，生活の変化を嫌うのも受け入れるのも，ものの考え方次第である。欧米の考え方のように，環境の変化に抗い，個人の自由と意思を貫くのか？　中国の考え方のように，全体のために個人を制限するのをよしとするのか？　あるいは日本的に，変化を常として受け入れるのか？　それはあなたの心が決めることである。

本書の刊行にあたっては，多くの方々に多大なご協力をいただいた。何より，原型となる企画を提案していただいた白桃書房の平千枝子さんと，平さ

んから後半の編集作業を引き継いで担当された金子歓子さんには，紆余曲折があったなかで，粘り強くご対応いただいたことを，深く感謝している。本書に寄稿していただいた方々には，短期間で初稿を提出していただいた上に，修正提案を含めた編著者からの事後的な要望に丁寧に対応していただいた。また，本書で取り上げたケースの調査プロセスや座談会において，ご協力いただいた企業の皆様にも，この場をお借りして，御礼を申し上げたい。

　本書では，リモートワークに関わる問題やその可能性が，多様な論者によって，様々な視点から分析・考察されている。リモートワークが一過性の対応策で終わることなく，日本のビジネス社会を変革していくための方策として定着・発展していくことに，本書での議論が少しでも貢献できればと願っている。

2022 年 7 月　コロナ禍 3 年目の猛暑の中で

髙橋　潔

加藤俊彦

目　次

第7章　リモートワーク・シフトとその揺り戻しの規定要因

おわりに

序章
科学で解き明かすリモートワーク
データ分析からわかったこと・いいたいこと

　本書は，新型コロナウイルス感染症（COVID-19）感染拡大に伴う企業経営の変化を対象として，異なる視点から分析した8本の研究成果を収録している。これらの研究で分析の中心となるのは，リモートワークをめぐる組織的な現象である。

　本章では，次章以降で展開される分析に入る前に，リモートワークに関わるマネジメント上の一般的な問題点を見た上で，各章での分析内容を概観し，そこから示唆される主な論点を整理する。

1.　リモートというワークスタイル

　きたるべき未来の働き方，それを予感させるのがリモートワークである。それは，PCやスマートフォンなどの情報通信技術（ICT）を活用して，職場を離れて，自宅をはじめ職場ではない場所で仕事をすることであり，時間と場所にとらわれない柔軟なワークスタイルを理想としている。SNSやモバイルデバイスが普及し，デジタル化やオンライン化がめざましいスピードで進んだ2010年代から，徐々に導入されはじめた。一部の職場では，コロナウイルスの影響が出はじめる前から実践されていた新しい働き方でもある。それが，COVID-19の感染拡大を受けて，一気に広がりを見せた。

　リモートワークには3つのタイプがあることはご存じだろう（とはいっても，べつに知らなくてもよいことだが）。自宅で仕事をするホームオフィス型，勤務先の職場ではないが情報通信環境が整った施設を利用するサテライトオフィス型，飲食店や待ち合わせ場所，移動の合間の車中などで情報をや

りとりして作業するモバイルワーク型である（厚生労働省「テレワーク総合ポータルサイト」https://telework.mhlw.go.jp/telework/，日本テレワーク協会 https://japan-telework.or.jp/tw_about-2/）。どれもこれも，職住が分離し，社に残って残業するのが当たり前という意識が身についていたこの国では，なかなか思いもつかなかった働き方かもしれない。

　1990 年代から，不動産管理業・オフィス機器メーカー・IT 事業者などが中心となって，「オルタナティブ・オフィシング」という舌を咬みそうなオフィス戦略がさかんに喧伝された（岸本，2007）。社員が指定された自分用のデスクを持たず，図書館のように自由に場所を選んで仕事をするオフィススタイルは，フリーアドレスと呼ばれている。このような職場内の「非定住化」が，リモートワークへの心理的抵抗感を低めたともいえる。

　組織への所属意識（メンバーシップ）や職場の居場所感を，デスクという場所に紐づけて働いてもらうのではなく，自分がどのような仕事を行い，どのように組織に貢献するかという，職務と働き方（ジョブとワーク）の中身自体が，職務満足や職務パフォーマンスの中核を担うようになった。ジョブ型雇用という言葉をよく耳にするようになって，それを地でいくかのように，自分のデスクがなくても，モバイルデバイスとインターネットがあれば，自分自身の存在感を示すことができるようになったのである。

　インターネットが社会に広く普及し，モバイル環境が充実してくると，情報通信技術（ICT）に明るい従業員であれば，文字通りいつでもどこでも情報へのアクセスが可能になり，多様なワークスタイルが実現できるようになった。ユビキタス（いつでもどこでも）というカタカナ語さえ死語になるほど ICT が進んだおかげで，自宅やサードプレイスからモバイル環境にアクセスできるようになって，新しいワークスタイルの前提条件が見事に整ったわけである。

　そして緊急事態宣言のもと，不要不急の外出が制限された 2020 年から，自宅をオフィスとする働き方が一気に普及した。自宅に居ながら自分の裁量で仕事を行う新しい働き方は，それまで政府が進めてきた「働き方改革」のかけ声をよそに，コロナウイルスに対する人間の恐怖心と，密閉・密集・密接（3 密）を避けるという感染症対策に後押しされて進んだようである。

　ただし，他人の目がなく，緊張感のない自宅環境で，食卓や子供の学習机を借りて，ペットや子供に邪魔されながら，家事と並行して仕事を進めるあ

り方に，当初はとまどいを隠せない人も多かった。「子供部屋はあっても書斎がない」という，そんな日本の笑えない住宅環境では，職住一体はいいけれど，家族全員がリモートになると，改めて住宅の狭さを意識させられた。

それでも，フリーアドレスに慣れている従業員や，ラッシュアワーの痛勤をがまんしてきた従業員であれば，リモートワークを歓迎する向きもあった。通勤ラッシュのストレスや職場の人間関係のうっとうしさを感じることが少なくなったおかげで，ようやく人間らしさを取り戻したような気になった人もいる。

仕事の場面での非対面にもだんだん慣れてくると，リモートワークが当たり前になり，元の勤務スタイルには戻れなくなる。帰宅前に寄った赤ちょうちんが懐かしくてたまらない世代でなければ，自宅や近所に居ながら働けるのは，気楽でいい。

そのおかげで，これまで不況知らずといわれた化粧品業界は，大きな転換点を迎えている。インバウンド需要が蒸発した上に，国内の化粧品消費が低迷するというダブルパンチだ。在宅で，あるいは職場でマスクをしながら働いている女性社員の多くから，「化粧しなくていいから，楽〜！」と感じられている。

リモートは，新たなライフスタイルを呼ぶ。自分の裁量で働くことが許されている組織では，リモートワークで自宅に居れば，いつどのように働いてもかまわない。短時間労働であっても，長時間労働であっても，自分の裁量で決められる。自由に使える時間が増えたり，服装が自由になったり，家族との対話が増えたりといったメリットがある。

その一方で，仕事と生活の区別がつきにくくなるという副作用もある。ON と OFF の切り替えは，スマホのサイドボタンの長押しで済むほど，簡単なことではない。

リモートワークを経験すれば，元の勤務スタイルに完全に戻ることはないだろう。だから，トライ・アンド・エラーで新しい働き方を目指すしかない。「スフレを焼き直すことはできないとだれかが言ったように，（ビートルズも）元には戻らない」と，ポール・マッカートニーは言ったという。覆水盆に返らず。マザーグースで謡われるハンプティ・ダンプティ（卵男）のように，けっして元に戻ることはないのだ。

企業としては，リモートワークを推進して，オフィス賃料・光熱費・通勤

費などの支出を抑えることができる。従業員の通勤や出張を制限することで，自動車や電車や飛行機の利用に伴う排出ガスを削減すれば，環境にやさしい企業として消費者にアピールできる。雇用を守って人件費は変わらなくても，管理に付帯するコストを削減する効果は小さくない。

　一方，リモートワークに必須となる情報通信機器・環境（ICT）——モバイルデバイスやクラウドやオンラインコミュニケーションやセキュリティなど——への設備投資は，システム投資が費用削減に見合うかどうかで決まる。情報通信環境整備に企業が積極的になれるのは，費用対効果——リモートワークで浮くコストがICTへの投資額を上回るかどうか——が，最大の懸案事項である（Uchenna, Uruakpa, & Uche, 2018）。リモートワークが新しい働き方だとか，従業員にとってよいことだと，従業員側の見方ばかりをあげつらっていても，設備投資は進まないだろう。

　ホームオフィス（在宅）でのワークスタイルが，過渡的にすぎないことは，予想の範囲内である。第5世代移動通信システム（5G）が完備され，場所の制限がなく高い通信環境が手に入る時代がくれば，いつでもどこでも，場所や時間を問わず働くことができる。在宅勤務（working from home：WFH）という形態は，通勤時間を減らし勤務時間を調整することで，時間的柔軟性を増すことができる（Evans, Kunda, & Barley, 2004）。一方で，どこでも勤務（working from anywhere：WFA）であれば，都心を離れて居住地や働く場所を好きに決められるため，地理的・空間的な意味での柔軟性も確保できる（Choundhury, Foroughi, & Larson, 2020）。仕事に関して，時空という大きな制約を超え，新たな次元や悟りの境地に至る可能性があるわけだ。

　そう遠くない将来に，月での滞在や火星への移住を目指す宇宙ベンチャー世代には，仕事で時空を超えるのは，とっても魅力的だ。

2. リモートワークに伴うマネジメント上の課題

　COVID-19感染拡大に伴って，リモートワークが急速に導入された直接の目的は，対人接触の削減によって，感染を抑制することにある。リモートワークによる職場での対人接触の減少は，企業組織における仕事の進め方を根本的に変えることにつながる。さらに，従来の仕事の進め方が変わること

は，従業員個人と企業組織の双方に変化をもたらす。

　リモートワークがもたらす望ましい変化は，まず従業員の個人レベルで生じる。何より，通勤時間がなくなるか，大幅に低下する。とりわけ東京や大阪といった大都市圏では，満員電車に揺られて長時間かけて通勤する必要がなくなり，従業員の負担は軽くなる。仕事をする場所も限定されないことから，仕事のスペースが確保できれば，自宅でも，どこでも仕事ができる。従業員個人としての仕事の裁量も広がる。自宅で仕事ができて，仕事の裁量が拡大するのであれば，ワークライフバランスにも貢献する。

　リモートワークのメリットは，従業員個人だけではなく，企業側にも存在する。従業員が余裕を持って前向きに仕事ができるのであれば，仕事の質は向上し，ひいては企業側でも高い成果が期待できる。

　ただし，本書の読者であれば十分承知しているだろうが，リモートワークを単純に導入するだけで高い成果が引き出せるわけではない。しかも，リモートワークへの移行は，従来の業務にはない様々な問題をもたらす。

　リモートワークに伴って生じる問題の根本的な原因は，同じ職場に物理的に集まって仕事をしなくなるために，仕事における広義のコミュニケーションのあり方が従来とは大きく変化することにある。

　まず従業員間で同じ場を共有しないために，一緒に仕事をしている人々が実際に見えなくなる。そのために，上司や部下，同僚が何をしていて，何を考えているのかがわかりにくくなる。

　お互いに見えにくくなれば，コミュニケーションもとりにくくなる。同じ職場で働いていれば，声をかけるだけ，話をするだけで済む。しかし，リモートワークでは，電話であろうが，電子メールであろうが，Slack のようなコミュニケーション・ツールであろうが，何らかの手段で相手に連絡をとらなければならない。使う手段によっては，すぐに反応がないこともある。いかなる手段を使っても，対面的なコミュニケーションほどの情報が伝達できるわけではない。例えば，Zoom のような動画を伴う情報でやりとりをしたとしても，その場の雰囲気のようなものは伝わりにくくなる。

　このように，仕事で協力すべき人々がお互いに見えにくくなり，コミュニケーションがとりづらくなると，仕事上の連携もとりにくくなる。組織的な活動では，人々の間で分業して，それを統合することで1つのことを成し遂げる。したがって，人々の間で連携がとりにくくなると，組織として取り組

んでいる仕事もうまく回りにくくなる。

　また，リモートワークの影響でコミュニケーションが量的・質的に低下すれば，人々の関係性が弱まり，職場の上司や同僚に対する信頼感も低下する可能性がある。他人に対する信頼感は，相手がどのような人で，何を考えているのかを理解することをベースとして成立している。だから，相手に対する理解が得られなければ，信頼感は育まれない。つまり，広義のコミュニケーションがむずかしくなれば，当面の仕事に必要な情報というフローの側面だけではなく，人々の間での関係性や信頼感のようなストックの側面にも悪影響が生じることになる。

　さらに，リモートワークへの移行は，企業側だけではなく従業員個人にも，心理的な要因を中心として問題をもたらす可能性がある。その1つは，孤立感である。職場で上司や同僚などと接していると，叱責されたり，嫌みを言われたりなどと嫌なこともあるだろう。その反面，自分を手助けしてくれたり有益な示唆をしてくれたりと，公私両面で支援してくれる存在にもなる。リモートワークによって職場に集まることがなくなれば，仕事で嫌な目に遭うことも少なくなるが，支援も少なくなる。その結果として，仕事での孤立感が高まる可能性がある。

　以上のように，リモートワークには，導入に伴うメリットと同時に，単純に移行するだけでは解決しない課題が，様々な側面で想定されるのである。

3.　本書での調査・分析の方法

　リモートワークを積極的に活用していくためには，適切な対応策を打って，従来の仕事の進め方を変えていく必要がある。しかしながら，リモートワークに伴って生じる課題や対応策については，必ずしも明確になっていない。とりわけ日本では，COVID-19 感染拡大以前には欧米諸国と比べてリモートワークが積極的に導入されておらず，実際の状況での対応も進んでこなかった。

　そこで，本書では，COVID-19 感染拡大後（2020 年）に日本国内で実施した調査に基づき，リモートワークに伴う課題やその対応策を中心とする議論を展開していく。

　本書で取り上げる研究は，それぞれが異なる視点に基づいて独立に分析さ

れているものの，次の 2 点では共通している。

　第 1 に，質問票（質問紙）調査（questionnaire survey）を通じて測定した数量データに基づいて，分析が進められている点である。広義の実証研究の手法としては，調査や観測で収集した数量データを分析するものと，資料や聞き取り調査などを通じて収集した質的データを分析するものがある。このうち，本書を構成する各章では，数量データに基づく定量的分析を中心としている。なお，COVID-19 感染拡大に伴う事象を対象とする定性的な事例分析は，本書の姉妹編である『リモートワークを科学するⅡ〔事例編〕』で，別途展開している。

　第 2 に，統計的手法を用いて，測定した要因間での因果関係（causal relationship）を中心に分析している点である。

　質問票調査などで集めた数量データは，平均値や頻度などを表にまとめたり，グラフで示したりすることで，概要を示すこともできる。このような分析方法は，記述統計（descriptive statistics）と呼ばれる。COVID-19 感染拡大に伴い，様々な組織・団体によってリモートワークに関する調査が実施されているが，その多くでは記述統計として調査結果が公表されるにとどまっている。

　それに対して，本書の各章では，章の前半において記述統計を用いて調査結果の概要を示した上で，推測統計（inferential statistics）の手法を用いた因果関係の推定を，分析の中心に据えている。原因となる要因が結果として想定される要因に与える影響を，統計的な手法を通じて考察しているということである。

コラム：分析結果の読み方

　定量分析に親しんでいる研究者であれば，推測統計の手法に基づいて表や図として示された分析結果は理解しやすいだろうが，統計的な分析手法に馴染みがない読者にとっては，単なる数字の羅列に見えてしまう。そこで，本書で用いられている分析手法に精通していない読者のために，各章で用いられている分析手法の概略について，正確さよりもわかりやすさに主眼を置き，簡単に説明しておきたい。

　各章で採用されている中心的な分析手法は，①回帰分析と，②共分散構造

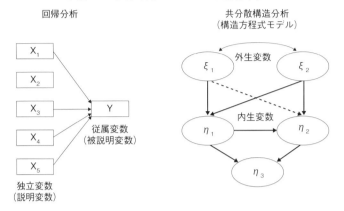

図序-1　本書で用いられる主な分析手法

回帰分析

共分散構造分析
（構造方程式モデル）

外生変数

内生変数

従属変数
（被説明変数）

独立変数
（説明変数）

分析（構造方程式モデル）の２つに分けることができる（図序-1）。

① 回帰分析

　回帰分析とは，原因となる要因が結果となる要因に対して与える影響の大きさを，統計的に推測する分析手法である。このうち，原因となる要因は，独立変数（independent variable），あるいは説明変数と呼ばれる。それに対して，結果となる要因は，従属変数（dependent variable：独立変数によって左右される変数ということ），あるいは被説明変数と呼ばれる。

　回帰分析を用いた分析では，１つの従属変数（被説明変数）に対して，複数の独立変数（説明変数）が及ぼす（と推測される）影響が，表で示されている。それらの表で，アスタリスク（*）が付けられている独立変数の係数（従属変数に与える影響）は，「〜% 水準で有意」と表現されて，従属変数に与える影響が統計的に高いことになる（もう少し厳密に言えば，「その独立変数が従属変数に与える影響がない」とする仮説（帰無仮説）が棄却される確率が高いことによって，その独立変数が従属変数に影響を与える確率が高いという，少々込み入ったことを考える）。したがって，回帰分析の表を見る際には，アスタリスクが付いている変数とその符号に注意するとよいだろう。

　アスタリスクが付いていて，符号がプラスであれば，従属変数を上げる影響が想定できる。逆に符号がマイナスであれば，従属変数を下げる影響が想定できる。

　本書では，線形重回帰分析という一般的な回帰分析が多く用いられているが，第7章では，扱う変数の違いや分析の目的から，ロジスティック回帰分析やプロビット回帰分析という応用的な手法も用いられている。厳密には，回帰分析の種類によって，異なる要素が多分に含まれているが，本書での分析での読み方は類似していると考えてよいだろう。

② 共分散構造分析（構造方程式モデル）

　もう1つの主な分析手法である共分散構造分析とは，構造方程式モデル（あるいはモデリング）とも呼ばれており，近年多用されてきた分析手法である。共分散構造分析の特徴はいくつかあるが，本書を読んでいく上で重要だと思われるのは，要因（変数）間でより複雑な関係を考察できる点にある。

　図序-1の左側に示されるように，回帰分析では，複数の独立変数が1つの従属変数に及ぼす影響が分析対象となる。それに対して，共分散構造分析では，図序-1の右側に示されるように，結果となる変数（内生変数と呼ばれる）を複数想定できるとともに，内生変数間の関係も分析できる。したがって，「ξ_1がη_1に及ぼす影響」と「η_1がη_3に及ぼす影響」という連鎖する関係を分析したり，「ξ_1がη_2に直接及ぼす影響」と「ξ_1がη_1を通じてη_2に間接的に及ぼす影響」を合わせて分析するといったように，要因間の重層的な関係が1つのモデルで考察できる。

　このように，共分散構造分析では，より込み入った関係を扱うことから，表ではなく，図として分析結果が示されることが多い（ちなみに，この図は「パス図」と呼ばれる）。共分散構造分析は，本書の第5章と第6章で用いられているので，図の内容がよくわからない場合には，ここでの説明を参考にしていただきたい。

　なお，学術論文において推測統計に基づく定量分析を行う場合には，既存の研究に基づいて検証可能な仮説を設定して，分析結果から仮説の妥当性を検討するというスタイルが一般的だが，本書ではそのようなスタイルを必ずしも重視していない。

　その1つの理由は，広い読者を想定して，できるだけわかりやすく記述することにある（それでも，数量的な分析結果がふんだんに盛り込まれてい

て，簡単に理解できるわけではないから，ガンバッて付いてきてほしい）。また，分析対象とする日本企業において，リモートワークはCOVID-19感染拡大に伴い急激に進んだ現象であり，わからないことが少なくない。そこで，「定説」の妥当性を検討するよりも，むしろ「定説」自体が確立していないために，本書の分析では，何が起こっているのかを探索的に明らかにすることに重きを置いている。

4. 各章の概要

　次章からは，COVID-19感染拡大に伴って生じた状況に関して，各章の筆者が重要だと考える視点に基づいて，分析が展開されている。各章で取り上げられる議論が多岐にわたることから，ここでは，重要だと思われる論点を章ごとに整理しておく。

第1章　リモートワークにとってモバイル環境より大切なこと
　　　　─生産性と熱意を高める上司の働きかけと本人の工夫
　第1章では，リモートワークに固有となる特性を概観した上で，リモートワーク下での成果に影響を及ぼす要因について，考察している。この章で従属変数（被説明変数）として取り上げるのは，仕事の効率性の変化を尋ねた生産性と，「ワーク・エンゲージメント」である。ワーク・エンゲージメントとは，「仕事に関連するポジティブで充実した心理状態であり，活力，熱意，没頭によって特徴づけられる」ものとして定義される，仕事に対する積極的な姿勢である。
　第1章において，上述の成果変数に影響を与える要因として重視されるのが，上司の行動と「ジョブ・クラフティング」である。ジョブ・クラフティングとは，簡単に言えば，従業員が仕事の内容を，状況に合わせて自ら変えていくことであり，従業員が自律的に仕事に取り組む程度を意味する。第1章の分析では，ジョブ・クラフティングを，①自分が担当する仕事の内容を積極的に変える「課業クラフティング」，②顧客や組織内での人間関係を主体的に変える「関係クラフティング」，③仕事の意味づけを自分で変える「認知クラフティング」の3つに分けて考察している。
　この章の回帰分析では，生産性に対しては，上司の行動はあまり影響がな

い一方で，課業クラフティングと認知クラフティングは統計的に有意な影響を及ぼしていた。また，ワーク・エンゲージメントに対しては，課業クラフティングと認知クラフティングとともに，上司の行動のあり方が影響を与えていた。

　以上の分析からは，リモートワークでの生産性を高める上では，仕事の範囲や役割を自ら積極的に変えたり，自らの仕事を意味があるものとして積極的にとらえ直すことがポジティブな役割を果たすことが，明らかになる。また，従業員のエンゲージメントを高める上では，ジョブ・クラフティングに加えて，上司による部下の管理活動や部下に対するビジョン（将来像）の提示も影響を与えることが示されている。

第2章　コロナ禍のリモートワークとウェルビーイング

　第2章では，リモートワーク下における従業員の「ウェルビーイング（well-being）」を中心に考察が展開される。ウェルビーイングとは「身体や精神が健康で，生活の質が高く，幸福感や満足感がある状態」である。第1章で取り上げられるワーク・エンゲージメントは，ウェルビーイングが高まる要素である。ストレスは，逆にウェルビーイングが下がる要素としてとらえることができる。

　従業員のウェルビーイングを高めることは，最終的に高い組織的成果につながると想定される。そこで，コロナ禍において突如生じたリモートワークにおいて，従業員のウェルビーイングがどのように変化したかを理解し，そのような問題にいかにして対応していくのかという問題は，従業員個人のみならず，企業経営の視点からも重要となる。

　第2章では，まずリモートワーク実施群と非実施群が比較される。主観的な業績では，リモートワーク実施群のほうが非実施群よりも高い一方で，従業員のウェルビーイングに関しては，ワーク・エンゲージメントでも，ストレスでも，統計的に有意な差は見られなかった。これらの点は，外部機関で実施された調査とは異なる結果を示している。

　ストレスとワーク・エンゲージメントを従属変数とする回帰分析では，次のような関係が明らかにされている。第1に，仕事の質的・量的な負担感（「仕事の要求度」）が高まるほど，ストレスは高まる一方で，単純に負担感を軽減すればストレスが低下するのではなく，上司や同僚からの支援行動が

ある場合に，負担感の軽減がストレスを大きく軽減するという関係である。第2に，仕事の要求度が高い場合と上司からの支援行動がある場合に，ワーク・エンゲージメントが高まるという関係である。つまり，「仕事の要求度」は，ストレスの原因になるだけではなく，上司からの支援のもとで適切に与えられると，仕事に積極的に取り組むという従業員の対応を引き出せるのである。

　リモートワーク下では，単純に仕事を軽くすればよいのではなく，上司や同僚からの支援行動が重要な意味を持つとともに，意味がある挑戦的な仕事を提供することが，従業員のウェルビーイングを高めるという点で，大きな意味を持つ。

第3章　リモートワークにおける組織の調整・統合の方法とコミュニケーション

　第3章では，企業へのリモートワークの導入プロセスを概観した上で，リモートワーク下での組織でのコミュニケーションが組織的な成果に与える影響を中心に考察している。

　第3章の分析結果からは，情報技術やコミュニケーション・メディアの活用度など，リモートワークに直結する組織的要因は，個人レベルのリモートワークの生産性を左右していた。その一方で，部署全体の成果に対しては，リモートワークに関連する要因や従業員個人の生産性は影響をもたらさず，むしろ従来の組織の調整・統合方法が影響を及ぼしていた。つまり，リモートワークに関連した要因や個人レベルの生産性は，組織（部署）レベルでの成果にあまり貢献しておらず，知識・スキルの標準化や上司の行動をはじめとする，従来から企業組織における統合・調整の手段として重視されてきた要因が，リモートワーク下においても大きな影響を与えているということである。

　これらの点から，組織全体として期待する成果を達成するためには，従業員個人がリモートワークを円滑に行えるだけでは十分ではなく，組織の調整・統合手法全体を見据えた，総合的な組織マネジメントの視点が有効となると主張している。

第4章　リモートワークにおける信頼形成と創造的活動

　リモートワークは，対面的なコミュニケーションの減少をもたらす。そのために，対面でのやりとりを前提としてきた，上司や同僚に対する信頼や組織における創造的活動に対して，ネガティブな影響を及ぼす可能性がある。第4章では，上司や同僚への信頼と創造的プロセスに影響を与える要因を考察している。

　まず信頼に関しては，上司への信頼と同僚への信頼をそれぞれ従属変数とする2つの回帰モデルで分析している。上司への信頼に対しては，上司が具体的な指示をする，進捗管理のスパンを短くするといった上司のマネジメント方法や，チームメンバーとの進捗共有の回数が以前よりも増えていることが，統計的に有意な影響を与えていた。他方で，同僚への信頼に対しては，チームメンバーとの進捗共有の回数増加に加えて，在宅勤務日数が第1回緊急事態宣言中よりも解除後に減少していること（＝出社日数の増加）も影響していた。

　また，従業員が創造的プロセスに関与する程度を従属変数とした分析では，上司に関わる要因を独立変数とするモデルと同僚・チームに関わる要因を独立変数とするモデルの2つを考察している。上司に関わる要因では，上司のマネジメント方法は創造的プロセスへの関与に直接的には影響していなかったものの，上司のマネジメント方法と上司への信頼との交互作用項（2つの独立変数間での影響を考察するために，2つの独立変数を掛け合わせた変数）は，上司への信頼とともにプラスの影響を与えていた。同僚・チームに関する要因では，チームメンバーとの進捗共有の回数，同僚への信頼に加えて，これら2つの要因間の交互作用項が，創造的プロセスへの関与の程度にプラスの影響をもたらしていた。

　これらの分析からは，上司や同僚に対する信頼と，上司や同僚の仕事での関わり方が，リモートワークの成功を左右する上で重要な役割を果たすことが明らかにされている。また，上司や同僚に対する信頼は，同じ職場でのやりとりのような，密度の高いコミュニケーションを通じて形成されることから，対応する態勢が整わない状態でフルリモートに切り換えることは回避すべきだと主張している。

第5章　リモートワーク下の職場コミュニケーション
―すれ違いを回避する上司との関係性と職場の心理的安全性

　第5章では，リモートワーク下における職場でのコミュニケーションを，上司と部下の関係を中心に検討している。特に着目するのが，上司と部下との間の「すれ違い」，つまり上司が重要だと想定することと部下が求めていることがずれることである。部下が求めるものを上司が提供できなければ，積極的にコミュニケーションをとったとしても，組織的にはうまく回らなくなる。

　第5章の分析では，コミュニケーションが重要だと考える「重要度」と，コミュニケーションで情報が十分提供されている「十分度」に対して影響を与える組織的要因を考察している。ここで「重要度」や「十分度」に影響を与えると想定している要因は，上司に対する部下の信頼と，上司と部下の間の関係性の良さを示す「LMX」(leader-member exchange：リーダーとメンバーの間の交換関係) である。

　コミュニケーションの「重要度」と「十分度」に関する共分散構造分析からは，部下の側から見て十分なコミュニケーションが提供されるには，上司に対する信頼と上下関係の良さ（LMX）の双方が有意な影響を与えていることが，明らかにされる。つまり，上司と部下とのコミュニケーションは，上司と部下との関係性が良好で，部下が上司を信頼していることによって，適切に行われると結論づけられる。

第6章　リモートワークにこそユーモアを

　第6章では，リモートワーク下でのコミュニケーションを促進するために，ユーモアを活用することを提案している。従来の日本企業の職場は，その場の状況を反映する程度が高いという意味で「高コンテキスト」であるために，言語的なコミュニケーションの重要性は相対的に低い。しかし，リモートワーク下では，「その場の雰囲気」のような非言語的なコミュニケーションは成り立ちにくく，その代わりに言語的コミュニケーションが重要となる。また，仕事の場における言語的コミュニケーションでは，仕事に直接関わる話だけではなく，いわゆる雑談も重要な意味を持つ。ユーモアで雑談を活性化することは，仕事の場における言語的コミュニケーションにポジティブな効果をもたらすというのが，この章での見解である。

　第6章がユニークなのは，ユーモアの効用を説くことに加えて，ユーモアを定量的に測定して類型化した上で，ユーモアの種類によって効果に違いが出ることを，共分散構造分析（構造方程式モデル）を使って明らかにしている点にある。洒落っ気のあるユーモアはリモートワークの弱点をカバーする一方で，他人をからかうようなユーモアは逆にリモートワークの弱点を増大し，望ましい点を減らす効果があることがわかる。

　さらに，洒落っ気のあるユーモアは，チームのコミュニケーションを重視する協調的環境を通じて，リモートワークでの孤独感や，ていねいに評価されていないという感情を改善する。ある種のユーモアは，リモートワークに伴う課題の解決に貢献するのである。

第7章　リモートワーク・シフトとその揺り戻しの規定要因

　COVID-19 の感染拡大に伴い，リモートワークへのシフトが，世界各国で生じた。その一方で，日本におけるリモートワークの導入は，コロナ禍であっても，欧米諸国ほどには進まなかった。第7章では，日本企業でリモートワークを促進する要因を探るために，出勤からリモートワークへの移行と，リモートワークから出勤への「揺り戻し」が，どのような要因によって影響を受けているのかを考察している。

　この分析からは，地域的特性や業界特性といった企業をとりまくマクロ要因とともに，企業の対応能力や，職務の自律性を中心とする職務特性，職種や個人の能力といった個人的特性が，リモートワークへの早期移行に影響を及ぼしたことが，明らかにされる。また，情報通信産業という業界特性や，企業の対応能力，職務の自律性など，リモートワークへの移行を促進する一部の要因だけが，「揺り戻し」を押しとどめることもわかる。

　リモートワークへの移行とその「揺り戻し」の抑制には，マクロレベルから個人の特性に至る多様な要因が関係している。第7章で特に強調するのは，急激な事態の変化に対する企業の対応能力が，一貫して大きな影響を持っている点である。つまり，単に業務の特性や個人の能力がリモートワークに適合しているかどうかだけではなく，COVID-19 の蔓延という環境変化に対して，個々の企業がどれだけ対応してきたか（あるいは，それができたのか）ということが，リモートワークの導入や継続を大きく左右してきたことが述べられている。

第8章　危機的状況下における組織対応と組織能力
― COVID-19 感染拡大初期の調査から

COVID-19 の感染拡大は，リモートワークへのシフトを促進しただけではなく，ホスピタリティ産業をはじめとする一部の企業では，事業の命運を左右する急激な変化をもたらした。第8章では，COVID-19 感染拡大という環境変化への組織対応を中心として，他の章とは異なる観点から，議論を展開している。

この章の分析で中心となるのは，「組織レジリエンス（organizational resilience）」という概念である。組織レジリエンスとは，不測の事態や危機に直面した際に，迅速に復旧するための組織能力である。

企業の人事担当者を対象とする質問票調査の定量的分析からは，次の2点が明らかにされる。第1に，新たな部署の設置や戦略の変更といった，企業が直面する環境の変化に対応するには，組織レジリエンスがポジティブな影響をもたらす点である。他方で，危機に対応するための新たな組織の設置や戦略の変更は，組織的なトラブルや経営資源の不足といった問題を現場にもたらす。第2に，危機対応に伴う現場での問題は，組織レジリエンスがあれば軽減されるという点にある。

第8章で示された論点は，COVID-19 感染拡大のような危機的状況における組織能力の意義を浮き彫りにする。急激に発生した危機的状況に効果的に対応するには，個別の方策としていかに対応するのかということだけではなく，組織として総合的に対応する能力を平常時から構築しておくことが，企業に求められるのである。

5．これだけは知っておきたいリモートワーク
―本書が示唆する主な知見

各章での調査と分析は独立して行われており，COVID-19 感染拡大に伴って生じた多様な側面を映し出している。その一方で，分析結果は大筋では矛盾しておらず，重複したり，補完的であることもある。そこで，各章の議論から示唆される主な知見を，編者らの視点からまとめておきたい。

まず，リモートワーク下での成果・結果を示す要因（従属変数）として，

従業員レベルでの仕事の生産性がまず考えられる。加えて，本書の各章では，仕事の生産性以外にも，次のような要因が成果・結果として取り上げられている。

① 仕事に対する積極的な姿勢である「ワーク・エンゲージメント」
② 従業員の「ウェルビーイング」
　ウェルビーイングは，ワーク・エンゲージメントというポジティブな側面と，ストレスというネガティブな側面の2つからとらえることができる。
③ 職場全体としての組織的成果
④ 上司や同僚に対する信頼
⑤ 創造的活動への従業員の関与
⑥ 上司と部下とのコミュニケーションの「すれ違い」
⑦ 従業員の孤独感やていねいに評価されていないという感情
⑧ リモートワークへの転換の速さと持続性（ないし「揺り戻し」）

　リモートワークを導入するには，従業員個人の生産性の維持・向上だけを考えればよいわけではない。個人レベルや組織レベル，あるいは従業員相互の関係で，幅広く検討すべき側面があることがわかる。
　この8つの従属変数に影響を与える主な関係としては，次の点が指摘できる。

・リモートワークでの仕事の生産性には，個々の従業員が状況に合わせて自分の仕事を変化させる「ジョブ・クラフティング」が影響を与える。
・ワーク・エンゲージメントには，ジョブ・クラフティングに加えて，**上司の行動**のあり方が影響を与える。
・従業員のウェルビーイングのうち，ストレスには，仕事の負担感だけではなく，**上司や同僚の支援行動**も影響を与える。
・リモートワーク下での従業員レベルの生産性には，**情報技術を用いた新たなコミュニケーション**などのリモートワークと直接関わる要因が影響を及ぼす。
・その一方で，職場全体の成果に対しては，リモートワークに関わる要因

や従業員レベルの生産性の影響は限定的で，むしろ知識・スキルの標準化や上司のリーダーシップといった**従来の組織的な調整・統合手法**が大きな影響を及ぼす。

・リモートワーク下での上司や同僚に対する信頼には，**上司による具体的な指示**や，**進捗管理のあり方（上司による進捗管理スパンを短くするとともに，従業員間で進捗状況を共有すること）**が，影響を与える。

・リモートワーク下での創造的活動には，上司や同僚に対する信頼や進捗管理のあり方，ならびにそれらの組み合わせが影響を与える。

・上司と部下とのコミュニケーションを円滑に進めるには，**上司に対する部下の信頼と上司と部下との関係性**が影響を与える。

・従業員間の雑談を活性化し，リモートワークでの孤独感やていねいに評価されていないという感情を軽減するためには，ユーモアが有効である。ただし，他人を攻撃するユーモアは好ましくなく，**洒落っ気があるユーモア**が望ましい。

・リモートワークへの転換を円滑にして，持続的に進めるには，事業や個人の特性だけではなく，**組織能力**が大きな影響を与える。

　以上の議論から主な論点を抽出すると，①上司がどのような行動をとり，部下との間でどのような関係を構築するか，②同僚との間でも，どのように仕事を進め，どのような関係を構築するか，③技術的な要因として，コミュニケーションがとりやすい体制をどのように組織的に構築するか，④従業員個人として，どのように自分の仕事を作り変え，仕事に取り組むか，⑤企業組織として対応できる能力をどのように構築するか，といった点が，リモートワークでの成果に影響を与えることがわかる。

　また，COVID-19 感染拡大における危機的な状況への対応も，考察されていた。そこでの知見は，次のようにまとめることができる。

・COVID-19 感染拡大のような危機的状況に適切に対処するには，「組織レジリエンス」という，不測の事態から復旧するための組織能力が影響を与える。

　ここで挙げた以外の分析も，各章では幅広く展開されている。詳細については，各章の議論を参照していただきたい。

　本書で取り上げた要因は多岐にわたっているが，リモートワークに関わるすべての要因を網羅しているわけではなく，取り上げた問題であっても，明確な結論が出ていないこともある。リモートワークの問題をできるだけ解消して，COVID-19 の収束後においても，リモートワークを積極的に活用していくためには，リモートワークをめぐる諸問題に関するさらなる探究が求められる。

　リモートは新しいワークスタイルであり，仕事と家庭を巡り巡って，これまでにないライフスタイルを呼び込む。いろいろたいへんなこともあるけれど，けっして悪いことばかりではない。

　自宅に居ながら家族の目の前で働くようになると，職場の常識が通じないのでやりにくいこともあるし，在宅勤務に伴っていろいろなことが起きる。オンライン・ミーティングの最中に，背後に子どものファニーフェイスが映り込んだり，家族の怒鳴り声が聞こえたり，犬の鳴き声が入ったり。オンラインで久々に実家の両親の顔を見て安堵することもあれば，遠距離でなかなか会えない恋人との距離が縮まることもある。

　家族や大切な人との絆を再確認できるのもリモートワークの作用である。上司がいなくても困らないけれど，家族や友人との間柄がなくなっては困る。成長や自己実現やエンゲージメントなど，働くことで個人のポジティブな面がなにかと強調されるが，じつは子どもや家族やペットなどとの親密な関係が基盤となっていることを知ることができる。

　きたるべき未来の働き方を予見させるリモートワーク。ずっと自宅に閉じこもって働くのでは，自宅謹慎させられているようでかなわないが，反対に，リモートワークが許されないからといって，会社を辞める人もいる。働き方は人それぞれだ。

　リモートワークで，自分の生活をブルーにするのもバラ色にするのも，すべてはあなたの心がけ次第！

参考文献

Choudhury, P., Foroughi, C., & Larson, B. (2020). Work-from-anywhere: The productivity effects of geographic flexibility. *Strategic Management Journal*, 1–29. https://doi.org/10.1002/smj.3251

Evans, J. A., Kunda, G., & Barley, S. R. (2004). Beach time, bridge time, and billable hours: The temporal structure of technical contracting. *Administrative Science Quarterly*, *49*, 1–38.

岸本章弘 (2007). 「変革するワークプレイスの現在と未来」『日本画像学会誌』*47*(1), 25–31.

Uchenna, O., Uruakpa, P. C., & Uche, E. (2018). Impact of telecommuting on employees' performance: A focus on telecommunication out-fits in Owerri, Imo State. *Journal of Economics and Management Sciences*, *1*, 54–61.

第 1 章
リモートワークにとってモバイル環境より大切なこと
生産性と熱意を高める上司の働きかけと本人の工夫

　本章では，リモートワークを行っている従業員に対して実施した調査の結果を分析して，リモートワークをうまく実施するには，どんな工夫をすればよいのかを探る。つまり，リモートワーク中に生産性を維持し，仕事への熱意を高めるために，リモートワークの経験に加えて，マネジメント，リーダーシップ，ジョブ・クラフティングのどれが役立っているのかを明らかにする。結論としては，生産性と従業員の熱意を高めるには，本人が自分の仕事をつくり変える積極性と，上司のマネジメントとビジョンのあり方が効いてくる。モバイル機器の導入に目が行きがちだが，従業員の積極的な仕事づくりと管理職の働きかけにも，しっかりと目を向けたい。

1.　リモートワークはワンサイズ・フィッツ・オール？

　PC やスマートフォンなどの情報通信技術（ICT）を活用して，職場を離れて，自宅や職場ではない場所で仕事をする。時間と場所にとらわれない柔軟なワークスタイル。それがリモートワークである。

　新型コロナウイルス感染症（COVID-19）の感染拡大が契機となって，わが国でも，遅ればせながらリモートワークがしっかりと職場に定着してきた。ただし，リモートワークのしやすさは，業種や職種によってそれぞれ異なっている。パーソル総合研究所が 2022 年 2 月に実施した「新型コロナウイルス対策によるテレワークへの影響に関する緊急調査」では，リモートワークがしやすい業種として，「情報通信業」（63.0％，n ＝ 1727）と「学術研究，専門・技術サービス業」（43.8％，n ＝ 204）が突出している。IT 系情

報通信会社と大学・研究所では，4割を超す従業員が職場以外で働いており，リモートでの業務がしやすい組織だといえる。

　一方，極端に進んでいない業種としては，「医療，介護，福祉業」（7.0％，n＝1604），「宿泊業，飲食サービス業」（10.2％，n＝428），「運輸業，郵便業」（13.1％，n＝1557）が挙げられている。医療・福祉サービスや旅館・外食サービスや荷物のデリバリーでは，オンライン化はほんの一握りでしか進んでおらず，新3K（きつい，給料が安い，帰れない）と呼ばれている。

　職場を離れて業務を行うことで，劣悪な労働条件を改善できる可能性もある。一方で，業種によってはそもそも現実的ではなく，許されないこともある。そんなときに，「Society 5.0 の働き方は HOHO（his office/her office の略語で在宅勤務のこと）だ！」なんて，人事のプロを自認する人たちが話しているのを耳にすれば，「新しい働き方ってフクロウか？　サンタの笑い声か？」とつっこみたくもなる。

　職種で分けても同じような傾向が見て取れる。リモートワークが進んでいるのは「WEB クリエイティブ職（WEB デザイナー・プランナーなど）」（76.9％，n＝50），「企画・マーケティング」（61.4％，n＝343），「IT 系技術職」（65.5％，n＝1398）であり，情報機器の使用が一般的である。一方で「福祉系専門職（介護士・ヘルパーなど）」（4.3％，n＝640），「ドライバー」（2.7％，n＝609），「製造（組立・加工）」（4.5％，n＝1478）などでは極端に少ない。「営業職（法人向け営業）」（40.4％，n＝1495）や「営業事務・営業アシスタント」（29.8％，n＝732）や「生産技術・生産管理・品質管理」（23.5％，n＝1244）がその中間に位置している。リモートワークの普及率に関しては，正規従業員全体の平均が28.5％であり，現場でサービスを提供する仕事と IT 系の仕事とでは，リモート環境に極端な差があらわれていることがわかる。

　本書で取り上げているリモートワークは，たしかに新しい働き方には違いないが，どこでもだれにでもフィットするワンサイズ・フィッツ・オール（万能）ではない。それに，まだ慣れないこともあり，リモートワークを職場に浸透させていくには，なにかとわからないことだらけだ。

2.　リモートワークのメリット

　オフィスで勤務するホワイトカラー従業員には，リモートワークが普及しやすいことはだれでもわかることだろう。他方，現場での作業や労働を行うノンホワイトカラー従業員であっても，組織と個人の創意工夫によって，リモートワークを実践することができる。現実的にはむずかしい点も多々あるだろうが，職種を超えてリモートなワークスタイルを導入するチャレンジが求められている。

　リモートワークは，勤務場所や勤務時間に縛られない多様な働き方を認めることになる。だから，仕事と家庭の両立支援に対してポジティブな影響が期待されている。自己の裁量でワークライフバランス（WLB）が保たれやすいため，女性の管理職昇進はもとより，男性の家事育児の参加，介護負担の軽減，単身赴任の廃止，ノー残業デーなど，仕事と生活を両立するための起爆剤になる。実際，ベンチャー企業や大企業を中心に，産休・育休からの職場復帰のためにリモートワークが推奨されたり，地方に在住していながら勤務することが可能となるために，「地方創生」の解決策として期待されたりしている。特に有名となったケースでは，㈱パソナが本社機能の一部を兵庫県の淡路島に移転させたことである。従業員が東京や淡路島や神戸に分散していても，東京本社の機能にあまり支障がないことは，リモートワークの可能性を大きく世に示した出来事である。

　小豆川（2020）は，個人と組織と社会にとって，リモートワークが与えるメリットを整理している。個人にとっては，ワークライフバランス，柔軟なワークスタイルの確保，通勤の削減など，だれもが思いつく一般的なメリットが挙げられている。組織にとっては，従業員であればだれでもというわけではないが，貢献の大きい優秀な人材を確保したり，離職を思いとどまらせたりすることや，オフィス管理や人件費などのコスト削減が期待されている。また，研究では結論が出されていないが，潜在的にリモートワークが生産性向上に結びつく可能性が指摘されている。そして，社会全体にとっては，性別，年齢，国籍，障がいの有無にとらわれない多様な労働人口を確保すること，地方の雇用を掘り起こし地方創生につながること，不必要な移動をなくし環境への負荷を軽減することなどが挙げられている。

　リモートワークは，ニューノーマル時代の働き方を予見させる。デジタル

表1-1　リモートワークの潜在的メリット

個　人	組　織	社　会
ワークライフバランス	優秀な人材確保・離職防止	労働人口の確保
柔軟な働き方	コスト削減	地方創生
通勤の削減	生産性向上	環境負荷の軽減

を介して業務の中核部分を遂行することができれば，工場やオフィスに集まって労働集約的に働く姿というのは，いかにも20世紀的で懐古的なものとなり，コロナ禍を経験した後のニューノーマルにはそぐわないものとなるだろう。

　表1-1にまとめられたようなメリットの部分を強調すれば，リモートワークは理想のワークスタイルであるため，遅かれ早かれ浸透していくはずである。ただし，コミュニケーションや心理面などでのデメリットが現時点ではあまりはっきりしないために，どこまで受け入れられ，広がっていくかについては，今後の動静を注視していく必要がある。

　ビジネス界ではコロナ対応や3密回避に追われて，デジタルデバイスやネットワークなどの情報通信技術の導入と管理に，もっぱら関心が集中している。これまで対面的環境で仕事をしていたものを，どうすればオンラインの非対面型でも遜色なく再現できるのか，リモートワークをサポートする新技術をどう活用するか，自社にとってペイするかといったことが，主たる関心事となっている。一歩進んだ企業では，ICTの活用を通じてビジネスモデルや組織を変革し，企業の競争優位性を確立するデジタル・トランスフォーメーション（DX）へと，どうつなげていくかということが，将来を左右する経営課題となる。

　しかし，デジタルや情報技術は，リモートワークのための必要条件にすぎない。デジタル環境を整えても，それだけで事業が軌道に乗り，業務が間違いなく遂行されるわけではない。組織文化や職務の設計など，仕事をとりまく諸々の事情を整理しなければ，リモートワークは完遂しない。言い換えれば，デジタル面を強調する経営戦略の上に，従業員に働きかける組織行動が上乗せされてはじめて，リモートワークが機能しはじめるのである。そのため本章では，経営のミクロな観点である組織行動のアプローチから，リモートワークに迫っていく。

3.　リモートワークと人事評価

　リモートワークに関する課題として，従業員が感じているのは何か。日本労働組合総連合会（連合）が，パート・アルバイトを含む従業員 1000 名に対して，2020 年 6 月に実施した「テレワークに関する調査」では，仕事とプライベートの区別がなくなる「ワークライフバランス」の問題が 44.9%，「運動不足」が 38.8%，「上司・同僚とのコミュニケーション不足」が 37.6%，「業務効率の低下」が 20.3%，「適正な評価」が 16.6% と，トップ 5 に挙げられている。

　ひとつ気になることがある。わが国では，リモートワークで困ることとして，人事評価が挙げられていることである。それも，評価権者としての上司が抱えている問題ではなく，評価される部下の側もまた課題として認識しているのだ。

　感染症対策として出勤を制限した組織では，日々の業務や働き方を上司がつぶさに監督したり，報告・連絡・相談を定期的に実施することができなくなった。そのため，日常の業務に基づいた評価というのが，あまり現実的ではなくなった。その対応として考えられるのは，日々の業務態度ではなく，達成された数値結果や目に見える成果物（エビデンス）に基づいて評価を行うか，反対に，評価自体をやめてしまうかのいずれかである。成果の評価か，無評価か。

　人事評価をやめるといった思い切った制度改革を行うのは，なかなか勇気がいることだ。だから多くの組織では，すでに理念としては定着していて，馴染みの深い成果主義——成果に応じて評価や処遇を決めること——を，どのようにリモート状況で実践していくかということに，知恵を絞っていることだろう。

　職務で求められる成果とそれに応じた報酬が明示されている欧米の雇用契約と比べて，特定の職務割当てや業務内容の定めがないわが国の雇用のあり方では，考え方にも違いがある。近年では，伝統的なメンバーシップ型の雇用形態を改め，業務単位で担当割当てを決めたり，評価の基準をはっきりさせるジョブ型の雇用形態をとる企業も増えてきた。外資系企業を中心に，ジョブ型の人事制度を早々に導入した企業では，人事評価のもととなる成果基準もはっきりさせやすい。

一方，メンバーシップ型の人事制度に慣れている組織では，成果主義といえども，成果ベースの評価と処遇ではなく，成果につながる行動ベースの評価基準を用いて，人事評価を行うことが少なくない。目標管理制度（MBO）を活用している組織では，目標の達成率という結果数値ではなく，目標達成の過程で払われた努力や姿勢を加味して，相対評価することもある。いずれの場合でも，純粋に成果や結果を評価するのではなく，行動や姿勢を付け加えてアレンジした疑似成果主義といってもよいだろう。

　人事制度は，国の事情や組織が置かれている状況によって変わる。わが国の場合，それぞれの組織で社内人材プール（内部労働市場）が発達し，他社の制度を参照する横並び意識が強かったため，大企業を中心に，どの組織でも似たような人事制度が広まってきた。ここで，第二次世界大戦以降に絞ってわが国の人事制度の変遷を見てみよう。それは表 1-2 のようにまとめることができる。

　1950 年代には，戦前から続いた家父長的考え方がそのまま人事制度にも継続され，年功的処遇——勤続の長い年長者を重用すること——が一般的であった。また，長期に雇用を維持することが経営者の務めと思われており，企業別の友愛的な労働組合のあり方などが合わさって，日本的経営の根幹をなしていた。

　その後，経済のめざましい成長を背景にして，1970 年代には，組織の中での経験と熟練を意味する年功を重んじる意識が，徐々に失われていった。そして，年功に代わって，能力が尊重されるようになってきたわけである。日本経営者団体連盟（日経連）が 1969 年に『能力主義管理—その理論と実践』を発表し，経営の近代化を進めるために，従業員の職務遂行能力（職能）を評価すべきとする考え方——能力主義人事制度——が打ち出されたことが大きい。

　年功制に代わって，一般従業員・管理職・上級管理職などの役職ごとに，職務遂行能力（職能）の等級によって賃金を定める「職能資格制度」が浸透し，現代の組織にも通用している賃金表の原型ができあがった。職能等級上の昇格にあたっては，従業員の能力を評価するという煩雑な手間を避けたがために，同じ職務・同じ資格での経験年数をもって，能力向上とみなすことになった。そのため，能力主義の人事制度であっても，能力を評価することなく，能力が毎年，自然に伸びることを信じて，年功的色彩を残すことに

表 1-2　人事制度の変遷

〔1950 年代〕 　戦前の家父長的人事処遇，年功制 〔1970 年代〕 　能力主義人事制度の名のもとに，職能資格制度の普及 　能力主義の年功的運用 〔1990 年代〕 　バブル経済崩壊に対応すべく，成果主義が浸透 　結果第一主義に対する強い不満	〔2000 年代〕 　修正成果主義の模索 　目標管理制度とコンピテンシー評価の完成 〔2010 年代〕 　人事評価からパフォーマンス・マネジメントへ 　レーティング廃止と1on1 ミーティング 〔2020 年代〕 　リモートワークの浸透に伴い，時間でなく成果による管理（模索中）

なったのである。

　1990 年代にバブル経済が崩壊すると，急速な経済の失速に対応すべく，成果主義人事制度が積極的に導入された。つまり，仕事上で達成した成果を評価し，それに基づいて処遇を行う考え方である。勤続の長さやポストではなく，メリット（成果や結果）をベースにした処遇は，シリコンバレーのIT 系企業でさかんに取り入れられていたものである。IT 系企業によくあるように，スタートアップしたばかりの企業であれば，組織自体に歴史がないため，ポスト（地位・職階）はあまり魅力とはならず，仕事のやりがいと報酬が従業員への返報となる。つまり，やりがいのある仕事を任せて，本人が出した結果や成果に応じて，給与や株式などの形で貢献に報いるわけである。その仕組みが，電機産業を中心に導入され，広く普及していった。ほどなく，結果第一とする考え方に強い批判が出され，2000 年代には修正成果主義が模索されていった。

　成果主義を形の上で取り入れるにあたって，上司による人事考課が影をひそめることになった。目標チャレンジシートを活用して，目標達成度を評定する目標管理制度（MBO）へと変化した。従来の考課制度では，成績考課と能力考課が別々に実施されてきたが，成果に的を絞るために，成績考課が目標管理制度に踏襲されたわけである。一方，能力考課は，成果につながる職務行動や日常の執務態度を評価するコンピテンシー評価へと切り替わっていった。

　あらゆる制度は伝統とともに変質する。人事評価も，能力や成果に合わせ

て処遇を決めるという大義名分のもとで，評価のための評価になってしまい，実践的価値を失ったようである。2010 年代になると，自己目的化してしまった人事評価の仕組みがビジネスニーズに合わなくなり，従業員一人ひとりの職務成果を高めるために，上司が面談と行動フィードバックを通してコーチングを行っていくパフォーマンス・マネジメントの仕組みが，外資系企業を中心に導入されていった。人事評価という名称は，パフォーマンス・マネジメントに取って代わられた印象さえ受ける。また，ビジネス環境の変化が速すぎて，年 1〜2 回の評価機会では間に合わないことを理由に，パフォーマンス・マネジメントの進化形として，1 対 1 のコーチング制度である 1on1 ミーティング（one-on-one meetings）が普及した。それと同時に，伝統的なレーティング評価をやめる動きも現れている。

　2020 年には，世界規模で COVID-19 の感染拡大を受け，リモートワークによる新しい働き方が普及した。自然な成り行きとして，リモートで実施できる職種については，金額や件数などの数値（エビデンス）でとらえられる成果をベースに，従業員を管理する動きが模索されている。成果主義の理念が十分浸透したおかげで，制度としての成果主義が求められているわけである。とはいえ，成果をとらえる基準についてはまだ未確定であり，どうすれば部下に適切な成果目標を与えることができるのか，自分がほんとうにきちんと認められるのかについて，評価する側の管理職と評価される側の従業員のそれぞれから，不安が持たれているのが現状である。

4.　成果基準のジレンマ

　職場にいる時間で本人の意欲と成果を推し量り，遅くまで残って働いている人を高く評価するような人事評価は，リモートワークでは通用しない。明らかにワークスタイルにマッチしていない。そもそもメンバーがいつどのように働いているのかを知る機会が少なくなれば，就業時間の長さに紐づいた印象が形成できない。だから，印象に左右されるのではなく，エビデンス（証拠）に基づいてきちんと評価をしていく必要がある。

　リモートワークのもとでの人事評価のあり方については，おおよその共通認識ができあがっている。一言でいえば成果主義であり，すでに馴染みが深いのだが，これまでのように成果主義の理念だけを取り入れてお茶を濁すの

ではなく，実際の制度として，上司が成果の記録や数値（エビデンス）を手
にして判断し，評価に落とし込んでいかなければならないわけである。

　成果主義を反映させる仕組みとして，これまで目標管理制度（MBO）が
よく用いられてきた。期初に定めた目標をもとにして，人事評価を行う仕組
みである。しかし，メンバーが働いている様子を身近で見ることができなく
なれば，やっかいな問題が起きる。目標設定という形で柔軟かつ曖昧に設定
してきた評価基準を，これまで以上にはっきりと目に見える形で，誤解や評
価のブレが起きないように，決めていかなければならないからである。リ
モートワークをきっかけにして，これまで直視するのを避けてきた評価基準
の問題が，クローズアップされてきたといえる。

　企業の現場では，具体的な評価基準としてどの要素を取り入れるか，他の
企業ではどのような要素を設定しているのかなどに，もっぱら関心が向けら
れている。経営学では，職務パフォーマンスという概念を中心にして，従業
員の成果や仕事ぶりや目標など，評価の対象となるものが考えられてきた。

　個人の職務パフォーマンスは，成果をとらえるための大切な概念である
（Campbell & Wiernik, 2015）。実演するとか実行するという言葉の意味が示
唆するように，結果を出すプロセスで行った目に見える行動を指している。
生産性（プロダクティビティ）と同じように考えられることもあるが，生産
性とは投入量に比した産出量のことを意味しているため，結果の側面をとら
えることが多い。一方，職務パフォーマンスは，組織の目標を達成するため
に行う行動やアクションを意味し，結果は含めないものである（Campbell,
1990）。要するに，仕事上の成果を評価するにあたっては，行動と結果を分
けて考える必要があるというのがポイントだ。

　そして，仕事の成果を職務パフォーマンスで定義しようとすれば，①結果
ではなく，行動の指標であること，②多様な行動の集合であること，③選ば
れた人材だけでなく，上から下まで幅広い評価対象者を含むこと，④めだつ
出来事だけでなく，ふだんの行動を含むこと，⑤評価期間を一定に定めるこ
と，⑥異質な仕事を比較しようとするのではなく，比較して意味がある仕事
に範囲を絞ること，⑦全員によい成績をつけるといった偏った評価をする意
図が働かないことという 7 つの条件を満たしている必要がある（Beck,
Beatty, & Sackett, 2014）。目標管理制度における目標達成率といったシンプ
ルな評価要素ではなく，360 度多面評価のような多項目で複雑な評定をイ

メージするのがよい。

　リモートワークの流れの中では，数値や成果物（エビデンス）を手元にお
いて仕事のできを判断していくのが妥当である。従業員の行動が見えにくい
以上，客観で判断していくしかないと思われる。ただし，数値で示された成
果であっても，その信頼性には疑問が投げかけられるから，絶対視はできな
い。例えば，ファンド・マネジャーの運用成績を分析してみれば，1 年ごと
の成績にはほぼ関連がない（Carhart, 1997; Sauer, 1997）。それほど，数値
実績は浮き沈みするものだし，偶然にも影響される。前年に成績がよけれ
ば，今年も実績が伸びるだろうというのは，単なる思い込み（バイアス）
だ。

　さらに，主観と客観が一致しないという，評価に関わる古典的な問題が横
たわっている。行動と結果は合いにくい。それが評価の問題を複雑にしてい
る。人事評価における主観と客観の一致度に関しては，これまで 2 回のメタ
分析（Heneman, 1986；Bommer et al., 1995）が行われているが，主観的評
価と客観指標の相関はそれほど高くないことがわかっている。

　結果を見るのか行動を評価するのかということは，評価にあたって客観指
標（数値結果）と主観的評価（人事評価）のどちらを重視するかということ
の言い換えである。成果主義が導入された当初から議論が割れてきたことだ
が，だれもが否定できない数字や結果にフォーカスするのか，プロセスや姿
勢までも加味して評価するのかという考え方の違いが，評価基準にも反映さ
れている。

　メンバーシップ型の雇用からジョブ型の雇用に切り替わるにつれて，人事
評価に成果中心の味付けを強めていくのは，妥当な選択肢である。リモート
ワークはこの流れを加速させた。だが悩ましいことに，経営全体に資する数
値結果と人事評価で査定される従業員の仕事ぶりとは，直接に連動するわけ
ではない。数値実績と人材の優劣や能力の高低は食い違うので，成果をもっ
て人事評価に置き換えることはできない。また，成果主義を文字通り貫いて
いって，結果が出ないからといって厳しい評価を行う名目にしてもならな
い。行動と結果のつながりは思った以上に不確実である。

　結果か行動かという単純な二分法は成り立たないことを理解したい。だか
ら結論として，個人の成果というものも，様々な観点から判断していかなけ
ればならないということに落ち着くだろう。リモートワークにおける評価の

問題に関しては，まだ決定版はない。答えを見いだそうとしていながら，簡単には答えにたどり着けないジレンマがあるようだ。靴の上から足を掻いたり（隔靴掻痒），二階から目薬をさすようなフラストレーションに耐えながら，自前で解決策を見いだしていくしかないだろう。

5.　マネジメントとリーダーシップ

　職場の上司の役割は，目標を設定し，達成度に基づいて部下の仕事ぶりを評価することだけではない。管理職が職場で行うべきことは，突き詰めて考えれば，マネジメントとリーダーシップという 2 大要素に落ち着く。ただし，どちらも管理職に必要なものだから，往々にして同じものと考えられてしまうし，その違いを直感で理解するのもなかなかむずかしい。

　Zaleznik（1977）は，マネジャーとリーダーの役割を際立たせて，わかりやすく説明している。マネジャーというのは，文字通り管理者であり，問題解決と実践を行うことが最大の役目である。与えられた課題や部門の業務をいかにマネジメント（管理統制）していくかが，その仕事である。だから，目の前にある課題を整理し，様々な可能性を検討した上で，とるべき選択肢を狭めていく。そのために，冷静な分析能力や対策立案の能力が必要だし，チームを通して問題解決をしていくための実行力が試される。

　一方，リーダーというのは，将来に直面する問題を察知し，チームが向かうべき方向を指し示していくのがその役目である。前例なき不確実な環境のもとでも問題をいち早く発見し，将来の方向を見定めて，組織がとりうる様々な可能性と選択肢を広げていくとともに，目標に向けてメンバーが一致団結するように周りに影響を与える存在感が試される。

　管理職には，マネジメントの能力とリーダーシップの能力の両方が必要なのだが，上に行けば行くほど，リーダーシップの比重が高くなる。わが国の組織では，内部昇進で管理職層や経営層を任命することが多いので，マネジメント能力に長けた人材が昇進し，リーダーシップを発揮できる人材が育ちにくいという問題点もある（髙橋，2021）。

　リーダーシップとマネジメントは重なりやすい。にもかかわらず，個人の能力や行動として圧倒的に多くの検討が加えられているのは，マネジメント能力ではなく，リーダーシップのほうである。リーダーシップは組織人に

図 1-1　リーダーシップの 3 要素

業　務

■メンバー一人ひとりに仕事を割り当て，進捗を管理し，部署全体の計画立案をし，全体の管理監督をすること

人間関係

■部下の話を傾聴し，一人ひとりに配慮を示したり，メンバー間のチームワークに働きかけること

変　革

■組織を変革するために，自らが部門やチームのビジョンを語り，リスクテーキングを行い，トップやステークホルダーに対して交渉力を発揮すること

出所：Yukl（2012）を参照して筆者作成

とってウケのよいトピックだ。Yukl（2012）は，リーダーシップについてこれまでの研究成果をレビューして，3 つの要素があることを指摘している（図 1-1 参照）。

第 1 は業務を担うリーダーシップである。メンバー一人ひとりに仕事を割り当て，進捗を管理し，部署全体の計画立案をし，全体の管理監督をすることを指す。日常業務をきちんとマネジメントしていくのも，リーダーの役目である。マネジメントとリーダーシップが結びつくのは，このポイントだ。

第 2 は人間関係を担うリーダーシップである。部門目標の達成には，メンバー全員でアプローチするものであって，バラバラな個人の集まりでは力が集中しない。そのために，メンバーの話を傾聴し，一人ひとりに配慮を示し，メンバー間のチームワークに働きかけることなどを意味している。

第 3 は変革を担うリーダーシップである。リーダーには，業務と人間関係に加えて，組織に変革と革新を起こしていく役割が期待されている。だから，自らが部門やチームのビジョンを語り，リスクテーキングを行い，トップやステークホルダーに対して交渉力を発揮することも必要である。

アメリカでさかんになされてきたリーダーシップ論のまとめは，このようなものである。では，わが国の実態はどうか。（公財）中部産業・労働政策

研究会が中京圏にある企業 6 社でリーダーシップとマネジメントについて調べた調査（髙橋・村瀬，2019）の結果を見てみよう。この調査は，トヨタグループ企業を中心に，電鉄会社や公益企業を含めて大企業に勤務する従業員の結果なので，わが国の屋台骨を担っている優良企業における管理職行動の特徴がわかるだろう。

　課長職相当の第一線管理職（179 名）とその部下（676 名）に対し，管理職に求められる行動について 35 項目の質問を行い，中身をまとめるために探索的因子分析を実施した結果は，大きく 3 つの因子──ビジョンと管理行動と配慮──にまとまっている。この 3 つの因子によって，管理職の行動全体の 61％が説明できることが明らかになっている。

　第 1 因子は，「ビジョン」や「動機づけ」といったキーワードがこの因子を形作っている。管理職が部門の将来像を示し，メンバーをやる気にさせる働きである。第 2 因子のキーワードとしては，「進捗管理」「業務調整」「優先順位づけ」「計画立案」などが挙げられる。部下やチームの管理監督を行うマネジメント活動でまとまっている。そして，第 3 因子では，「配慮」「傾聴」「モデリング（手本）」などのキーワードが挙がってくる。部下の心身面に深く配慮し，部下の話をよく聴き，自ら手本を示す活動である。

　わが国で見いだされた 3 つの因子は，Yukl（2012）がまとめたリーダーシップの 3 要素と見事にマッチしている。業務＝管理行動，人間関係＝配慮，変革＝ビジョンというおおよその対応関係を見れば，洋の東西を問わず，リーダーシップには汎用性があることがわかるだろう。だから，リモートワークの状況で管理職がとるべき行動として，この 3 つがどれほど効果的かということが，新たに検討すべき問題として浮き上がってくるのである。

6.　自分で自分の仕事をつくる：ジョブ・クラフティング

　リモートワークがうまく実践されるためには，上司が不安解消のために，あるべき職場の将来像を語って聞かせたり，面倒見や配慮や頻繁なコミュニケーションをとったりすることが大切である。また，本人がしっかりと成果を出していくためには，上司による管理行動がきちんとなされなければならない。その一方で，上司の働きかけにばかり頼っていても，らちがあかな

い。働く人自身が，管理監督がなくても，自分で主体的に仕事に取り組むことができるセルフスターターであることが大切である（Nicholas, 2015）。

　自分で主体的に取り組み，自分の仕事をつくっていくこと。この主体的な働きは，ジョブ・クラフティングという普遍的な概念でとらえることができる（Wrzesniewski & Dutton, 2001）。ジョブ・クラフティングとは，「従業員が仕事の範囲や人間関係や仕事の意義を，自分の意思で変化させること」を指している。「職務工芸化」と直訳しても意味不明だし，いろいろ誤解を呼ぶ。そもそもジョブの概念をはっきり持たないわが国で，クラフト（手芸）するという意味のカタカナが二重に組み合わさって，なおさら語感がよくないように感じられる。だから，頭文字を取って JC などと呼ばれたりもする。

　図 1-2 に示したように，ジョブ・クラフティングには，3 つの次元があることが知られている。第 1 は課業の次元であり，仕事の範囲や役割を自分の裁量で変更することを指している。例えば，業務手順を変えたり（関口，2010），仕事のやり方や内容に工夫を加えること（森永・鈴木・三矢，2015）である。第 2 は関係の次元であり，職場で上司や職場仲間や顧客などへの関わり方を，頻度や質の面で主体的に変えていくことである。例えば，仕事を通じて関わっていく人の数を増やしたり（関口，2010），周囲の人に積極的に働きかけて関係構築をすること（森永・鈴木・三矢，2015）などがある。第 3 の認知次元は，仕事の意味を主体的に変えていくことを意味している。例えば，自分の仕事が社会にもたらす意義について考えること（Wrzesniewski & Dutton, 2001）である。

　ジョブ・クラフティングが意味するところは，一言でいえば，職人のように自分で自分の仕事の割当てを決め，創意工夫をすることである。職場に通勤して，割り当てられた仕事を時間通りにこなしていくような，やらされ感や既決感が多かった従来の働き方が，リモートワークによって変質した。自宅や職場外で働くことになれば，かなり多くのことを自由に決められる。職場からの管理監督が利きにくくなっているから，従業員本人が自分の意思で仕事をクラフティングしていく必要が出てくる。それができなければ，ただ漫然と緊張感のない仕事を続けて，時間を無駄に浪費してしまうだけである。

　リモートワークが始められた当初は，仕事をする側もさせる側も不慣れ

図1-2　ジョブ・クラフティングの 3 要素

課業クラフティング

■仕事の範囲や役割を自分の裁量で変更すること

関係クラフティング

■職場で上司や職場仲間や顧客などへの関わり方
　を，頻度や質の面で主体的に変えていくこと

認知クラフティング

■仕事の意味を主体的に変えていくこと

出所：Wrzesniewski & Dutton（2001）を参照して筆者作成

　だったために，うまく仕事の割当てが決まらず，アイドリングを繰り返すこ
ともあったかもしれない。しかし，需要も仕事も蒸発してしまうような状況
では，従業員の側が仕事の割当てと上司の指示を待っている指示待ちの態度
であれば，雇用調整の対象としてふるいにかけられてしまうかもしれない。
だれに指示されなくても，自分で積極的に仕事を提案し，職場の関係を構築
し，仕事の意味を見いだしていけるようでなくては生き残れない。厳しいよ
うだが，職場から離れて働くようになれば，本当の意味で，仕事で自律・独
立していかなければならないのである。

7.　仕事に熱中する：エンゲージメント

　リモートワークが浸透すれば生産性が上がるかどうかについては，議論が
割れている。リモートワークでは通勤や職場環境に起因するストレスが少な
くなるから仕事にもポジティブな影響があるとか，働く時間と場所を制限さ
れない自由な働き方を選ぶにはそれに見合った努力と成果を出さなければな
らないなどという理由から，生産性が高くなると考えることができる

(Choundhury, Foroughi, & Larson, 2021)。反対に，リモートワークでは，子供やペットなどに邪魔されて仕事が中断してしまうこと，だれにも見られていないでひとりで働くのはかえって気が散って集中しにくいこと，上司や同僚とうまく関係を継続するのがむずかしいこと，チームで協力しにくいこと，プロセスを見るのではなく成果だけから部下の仕事を管理するのがむずかしいことなどが理由となって，生産性が下がってしまうのではないかとも思われている（Ruth & Chaudhry, 2008）。ポジティブとネガティブの効果のどちらが大きいのかについては，依然としてはっきりしないが，生産性のパラドックスと呼ぶべき，両立しがたい現象が見て取れる。

　だから，リモートワークの効果を検証するためには，生産性を問題にするより，従業員の態度や定着率を基準にして考えるほうが都合がよい。モチベーションやコミットメントといった従業員の士気に関わる心理的効果や，労働条件の魅力が増して離職率が低くなる行動面での効果を検討するほうが，なにかと結論を出しやすい。そこで，本章では，近年注目されているエンゲージメントに光を当ててみたい。

　ワーク・エンゲージメントとは，「仕事に関連するポジティブで充実した心理状態であり，活力，熱意，没頭によって特徴づけられる」ものと定義されている（Schaufeli, Salanova, González-Romá, & Bakker, 2002）。仕事に対するポジティブな心理であり，特に仕事への活力と熱意と没頭の3要素が中核を担っている。活力（vigor）とは「仕事に向かうエネルギーの高さや心理的な回復力」のことであり，熱意（dedication）は「仕事への強い関与，仕事の有意味感や誇り」を，没頭（absorption）は「仕事への集中と没頭」を意味している。

　エンゲージメントというカタカナ語が使われているため，ピンとこないかもしれない。「またカタカナかぁ」という溜息が聞こえてきそうだが，わかりやすい言い方をすれば，仕事に熱中していることである。ワーク・エンゲージメントが高いというのは，自分の仕事に誇りを感じて，熱心に取り組み，仕事から活力を得てイキイキとしている状態にある（図1-3参照）。

　この考え方に従って，Schaufeli & Bakker（2010）はユトレヒト・ワーク・エンゲージメント尺度（utrecht work engagement scale：UWES）を開発し，3つの要素——活力と熱意と没頭——を17項目で測定する。UWESは学術研究ならびにメンタルヘルスとの関連で用いられることが多

図1-3　ワーク・エンゲージメントの３要素

活　力

■仕事に向かうエネルギーの高さや心理的な回復力

熱　意

■仕事への強い関与，仕事の有意味感や誇り

没　頭

■仕事への集中と没頭

出所：Schaufeli et al.（2002）を参照して筆者作成

く，職場でのバーンアウト（燃え尽き）を予測することもできる。

　エンゲージメントという看板を掲げる似たもの同士に，パーソナル・エンゲージメント（Kahn, 1990）がある。パーソナル・エンゲージメントとは，「自己と仕事上の役割とが結びついている度合い」と定義され，社員が仕事に対して肉体的にも，心理的にも，感情的に打ち込むことを指している。個人が仕事に打ち込み一体化することだから，ワーク・エンゲージメントとよく似ている。

　また，従業員エンゲージメントという言葉も，経営人事の世界ではよく知られている。従業員エンゲージメント（Harter, Schmidt, & Hayes, 2002）とは，社員の仕事への関与の程度（ジョブ・インボルブメント），組織に対する愛着の程度（組織コミットメント），仕事についての満足度（職務満足，従業員満足）といった従来からある概念をまとめるものとして位置づけられている。

　「新しい酒は新しい皮袋に入れよ」（マタイによる福音書９：17）という教えに背いて，古い酒を新しい皮袋に入れているようにも見える（Macey & Schneider, 2008）が，組織と個人の関係を示す伝統的概念を，エンゲージメントという新しいまとまりでとらえ直している。また，ギャラップ社によって，12項目からなるエンゲージメント・サーベイ Q12（キュートゥエルブ）

が開発されており，従業員モラールサーベイとしても定着している。

　この3つのエンゲージメント——ワーク・エンゲージメントとパーソナル・エンゲージメントと従業員エンゲージメント——は，個人と仕事との関連性をとらえる上でかなり似ているので，細かに分類して違いを強調したり，まったく違うものとして論じたりしてしまうのは避けたほうがよいだろう。言葉で定義し，要素を分解すればするほど，細かな点に目が行って，逆に視野が狭められてしまうことになる。この3つを日本語で言い直してみれば，「仕事に熱中すること」「自分が熱中すること」「従業員が熱中していること」といったように，エンゲージする（深く熱中する）対象が違うだけで共通点も多い。

　Frank Schmidt が理論的基盤を与えるギャラップ社の Q12 のアプローチであれば，エンゲージメントはだいたいどれも同じで，似たり寄ったりであり，仕事と組織に関する従業員の態度は，どんな指標であってもエンゲージメントの一面をとらえることができる。だから，エンゲージメント指数を通して，企業の社会的責任（CSR）をアピールするときでも，言葉に厳密にこだわらなくてもよいだろう。そんなアバウトさに満足できなければ，厚生労働省（2019）の報告書を参照するのがよい。現代の労働問題を解決する糸口としてワーク・エンゲージメントを取り上げ，似た概念としっかり区別しているから，少しは安心できるかもしれない。

8. リモートワークに関する調査

　ここで改めて確認しておきたいが，本章の目的は，リモートワークを行っている従業員に対して実施した調査の結果を分析して，COVID-19 の感染拡大とそれに続く緊急事態宣言を受けて，多くの組織で気になっている問題，すなわち，リモートワークをうまく実施するためには，どのようなことに工夫していけばよいのかを探ることである。不要不急の外出が制限された2020 年，職場の運営上では，緊急事態のひとつ上をいく非常事態と呼ぶのがふさわしく，その対応はまったくの手探りのような状態だったことだろう。管理職も従業員のほうでも，リモートワークでは生産性が下がってしまうという印象を持ちやすいが果たしてそうなのか。本章における以降の調査分析では，生産性に加えて，ワーク・エンゲージメントもあわせて取り上げ

て，リモートワークの成否を占う指標としたい。また，上司の側の働きかけとして「リーダーシップ」と「マネジメント」に目を向け，働く本人の工夫として「ジョブ・クラフティング」に着目して，リモートワークに対する効果を深掘りしたい。

8-1.　調査概要

　大手ウェブ調査会社に登録している社会人のうち，リモートワークを経験している人材を対象にして，2020 年 11 月にオンライン調査を実施した。管理職層（500 名）と非管理職層（500 名）に分けて回答者を募り，1000 名から有効回答を得た。ただし，本章ではリモートワークの全体像を探ることを意図しているので，職層を分けての分析はしない。

　回答者の内訳は，男性が 85.3%，女性が 14.7% を占めている。平均年齢は，管理職層から半数の回答を得たためか，50.4 歳（s.d. = 9.9）となっている。回答者の職種は，事務職が 32.7%，技術職・研究職が 19.1%，営業職が 18.1%，システムエンジニアが 14.1%，企画・広告関連が 6.2%，公務員・団体職員が 2.6%，自営が 3.2%，その他が 4.0% であった。

図 1-4　リモートツールの使用状況

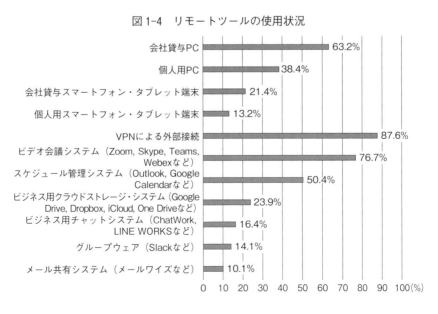

調査の目玉であるリモートワークに関して回答者が示した傾向を見ると，リモートワークを行っている期間は平均約1年8カ月（20.2カ月，s.d.＝47.7）であり，COVID-19の感染が拡大するかなり前から，職場を離れて仕事を行っている人で構成されている。その頻度は，週1回が27.2%，週2回が24.8%，週3回が17.4%，週4回が13.9%，週5回以上が16.7%となっている。リモートワークを行っている場所としては，自宅が97.1%を占めており，圧倒的に自宅と職場が兼用されている。

リモートワークで使用している機器については，図1-4にまとめて示した。そこから浮かび上がるリモートワークの姿は，職場から貸与されたPCを自宅に持ち帰り，自宅から職場のネットワークに接続し，スケジュールを共有して，オンラインミーティングを行うというものである。個人が自分の担当職務を自宅で行い，必要に応じてオンラインミーティングを行って確認しあうというのが，2020年でのリモートワークの実像といえるだろう。メール共有をしたり，チャットを通じて常時相談したり，クラウドでファイル・データ共有をしたりといった高度なリモートワークは，あまり進んでなかった。デジタルについていけなかった私たちには，ほっとひと安心の結果だ。

8-2. 分析方法

ここでは，リモートワークのもとで，生産性と従業員のエンゲージメントのレベルを高めるために，上司のマネジメントとリーダーシップのとり方，ならびに本人自身が工夫して仕事をつくっていくジョブ・クラフティングに焦点をあてて，分析を行うことを目的としている。具体的には，生産性とエンゲージメントを従属変数とし，回答者の個人属性をコントロールした上で，上司（管理職の場合には自分）のとっているマネジメントとリーダーシップの行動，自分が実践しているジョブ・クラフティングの活動を独立変数と置いて，重回帰分析を行う。つまり，リモートワーク中に生産性を維持し，仕事への熱意を高めるのに，リモートワークの経験に加えて，マネジメントとリーダーシップとジョブ・クラフティングのうちどれが役立っているのかを，回帰分析によって判定しようというわけだ。

従属変数の第1は生産性である。調査では，「自らの仕事の生産性（効率）に変化はありましたか」という質問に対して，「1. 以前よりもとても悪く

なった（回答率4.2%）」「2. 以前よりも少し悪くなった（26.3%）」「3. 変わらない（47.8%）」「4. 以前よりも少し向上した（16.1%）」「5. 以前よりもとても向上した（5.6%）」の5件法で回答を求めた。リモートワークの中では，生産性は変わらないか，いくぶん下がってしまう傾向にあるようだ。

　第2の従属変数はワーク・エンゲージメントである。日本語版ワーク・エンゲージメント尺度短縮版（UWES-J：Shimazu et al., 2008）を用いた。「活力」（「仕事をしていると活力がみなぎるように感じる」など），「熱意」（「仕事に熱心であると感じる」など），「没頭」（「私は仕事にのめり込んでいると感じる」など）の9項目を「1. まったく感じない」〜「7. いつも感じる」の7件法で回答を求めた。理論的には3要素を含むものの，因子分析の結果から1因子構造が確認されており，9項目を加算して用いている（$\alpha =$ .95）。

　個人属性に関しては，年齢，性別，職種，管理職層／非管理職層の別を考慮する。

　リモートワークに関連する変数としては，リモートワーク期間（月数），リモートワーク頻度（週あたりの日数）を考慮する。加えて，コミュニケーション頻度として，「リモートワーク時に，上司や同僚，部下とコミュニケーションをとっていますか」という質問に対して，「1. まったくとらない（4.8%）」「2. あまりとらない（19.2%）」「3. どちらともいえない（25.6%）」「4. 時々とる（39.9%）」「5. よくとる（10.5%）」の5件法で回答を得ている。

　管理職のとっている行動に関しては，髙橋・村瀬（2019）が作成した行動尺度を用いた。例えば「（あなた／あなたの上司は）自職場の業務計画を定期的（例. 四半期ごと）に立案している」，「（あなた／あなたの上司は）部下一人ひとりの負荷状況に応じて業務を調整している」などのような35項目の質問で測定している。管理職層の回答者では自分のとっている行動について，非管理職層の回答者は自分の上司がとっている行動について，「1. 当てはまらない」〜「5. 当てはまる」の5件法で回答を得た。

　管理職のとっている行動の次元については，髙橋・村瀬（2019）を参照し，3つの変数にまとめられている。第1は，部下やチームの管理監督を行う活動を含む「マネジメント」である（12項目 $\alpha = .95$）。第2は，管理職が部門の将来像を示し，メンバーをやる気にさせる「ビジョン」である（9

項目 $\alpha = .95$），第 3 は，部下の心身面に深く配慮し，部下の話をよく聴き，自ら手本を示す「配慮」である（10 項目 $\alpha = .96$）。

　最後に，創意工夫によって自分で仕事をつくりだしていくジョブ・クラフティングに関しては，Wrzesniewski & Dutton（2001）の 3 要素を活かしながら，2 種類の日本語版ジョブ・クラフティング尺度（Eguchi et al., 2016；Sekiguchi, Li, & Hosomi, 2017）を参照して，9 項目で測定した。自分の裁量で仕事の幅や役割を変える課業クラフティング（2 項目 $\alpha = .78$），顧客や組織内の人間関係を主体的に変えていく関係クラフティング（4 項目 $\alpha = .84$），仕事の意味を変える認知クラフティング（3 項目 　$\alpha = .86$）の項目が，「1. 当てはまらない」～「5. 当てはまる」の 5 件法で回答されている。

8-3.　分析結果

　リモートワークにおいて生産性が上下する現象を説明するために，回帰分析を行った結果は表 1-3 に示されている。16 変数を投入した回帰モデルの適合性は統計的に有意であり（F = 5.84，d.f. = 16；983，p < .001），生産性の変化の一部分を説明できる。その説明率（修正済み R^2）は 7％であった。たった 7％かとお叱りをうけそうだが，ウソは書けない。

　表 1-3 の標準化偏回帰係数（β）を見れば，管理職層（$\beta = .074$，p < .05）のほうで，生産性が上がったと感じられやすい。管理職層は職場全体を俯瞰できるため，生産性の向上を感じやすいのかもしれない。また，週あたりのリモートワーク日数（$\beta = .113$，p < .001）が多いほど，リモートワークの実施に慣れているためか，生産性につながりやすい。職場で周囲とコミュニケーションをよくとるほど（$\beta = .099$，p < .01），生産性が高まることも示されている。コミュニケーションは，リモートワークでは特に課題として認識されやすいが，上司や同僚の働きかけとともに，本人が周りと密に連絡をとり合うほど，仕事の効率が高まるようである。

　リモートワークの状況で，仕事の効率や生産性に対しては，上司の働きかけはあまり奏功しないようである。上司のマネジメントのあり方も，ビジョンを語ることも，部下に配慮することも，有意な効果を示していない。その一方で，本人が課業面でクラフティングすること（$\beta = .092$，p < .05）と，認知面でクラフティングすること（$\beta = .180$，p < .001）が，生産性につながっている。自分の意思で仕事の範囲や仕事上の役割を主体的に変えていく

表 1-3　生産性に関する回帰分析結果

	標準化偏回帰係数	t 値
年齢	-0.025	-0.737
男性ダミー	0.023	0.659
事務職ダミー	0.022	0.503
営業職ダミー	-0.026	-0.635
技術職・研究職ダミー	-0.008	-0.184
システムエンジニア職ダミー	0.008	0.197
管理職ダミー	0.074*	2.161
リモートワーク期間	0.017	0.537
リモートワーク頻度（週）	0.113***	3.548
コミュニケーション頻度	0.099**	2.898
マネジメント	0.038	0.534
ビジョン	0.094	1.616
配慮	-0.110	-1.587
課業クラフティング	0.092*	2.411
関係クラフティング	-0.083†	-1.745
認知クラフティング	0.180***	3.552
調整済み R^2	0.072	
F 値	5.84***	
N	999	

***$p < .001$, **$p < .01$, *$p < .05$, † $p < .10$

　ことができれば，本人の仕事の効率が上がるし，また仕事の意味について考え直して有意義感を持つことができれば，自分の仕事に張り合いを感じて，仕事の生産性を上げることができるようだ。

　リモートワークのもとで仕事に対するエンゲージメントを高めることができる要因を探るために回帰分析を行った結果は，表 1-4 に示されている。16 変数を投入した回帰モデルの適合性は統計的に有意であり（$F = 22.13$, d.f. = 16；776, $p < .001$），エンゲージメントの変化の 30% が説明できる。エンゲージメントに関しては，管理者の行動と本人の仕事上の工夫に高い効果があるといえる。

　表 1-4 に示された標準化偏回帰係数（β）を見れば，リモートワークがしやすいと思われている事務職（$\beta = - .114$, $p < .01$）では，職場を離れて独力で働くことは，かえって仕事への熱意を失わせるようである。調査回答者の中には，長らくリモートワークで勤務している人も多い。本来リモート

表1-4　エンゲージメントに関する回帰分析結果

	標準化偏回帰係数	t 値
年齢	0.034	1.022
男性ダミー	0.011	0.336
事務職ダミー	−0.114**	−2.651
営業職ダミー	−0.022	−0.549
技術職・研究職ダミー	−0.013	−0.325
システムエンジニア職ダミー	−0.009	−0.243
管理職ダミー	−0.017	−0.497
リモートワーク期間	0.033	1.054
リモートワーク頻度（週）	0.008	0.256
コミュニケーション頻度	−0.020	−0.603
マネジメント	0.133*	2.033
ビジョン	0.140**	2.629
配慮	0.064	1.026
課業クラフティング	0.177***	4.692
関係クラフティング	0.013	0.278
認知クラフティング	0.214***	4.267
修正済み R^2	0.299	
F 値	22.130***	
N	792	

***$p < .001$，**$p < .01$，*$p < .05$，† $p < .10$

ワークがしやすいはずの事務の仕事で熱意が削がれるというのは，メールや文書を中心に事務仕事をリモートで行うことについて，業務割当や指示の受け方が不慣れなことからくる悩ましさが表れているかもしれない。

　リモートワークの状況で，従業員の仕事への活力と熱意と没頭を高めていくためには，上司の働きかけがカギを握っている。マネジメント活動（β = .133，$p < .05$）とビジョン（β = .140，$p < .01$）の効果は特にめざましい。仕事の進捗を管理したり，業務を調整したり，仕事の優先順位を明確化したり，計画を立案したりする上司のマネジメントのあり方は，部下の仕事への熱意と集中度を確実に高めていくことができる。また，上司が部門に関わるビジョンを語り，メンバーをやる気にさせることも効果がある。

　同時に，本人が課業面で積極的に仕事をクラフティングすること（β = .177，$p < .001$）と，仕事の意味づけを変えて認知面でクラフティングすること（β = .214，$p < .001$）は，仕事への活力と熱意に大きな効果を及ぼし

ている。この 2 つのジョブ・クラフティングは，生産性向上に寄与するだけでなく，仕事へのエンゲージメントを高めることもできるのである。

　リモートワークの際に，仕事に熱中することを 1 つの成功の指標としてみなせば，上司の働きかけと本人の主体的な仕事づくりの両方が，それぞれ効果を持っていることが，本分析の結果からわかる。それが本章の結論である。

9.　リモートワークの秘訣

　リモートワークがうまくいく秘訣は何か。それを明らかにするために調査を行ってきた。本章が目をつけたポイントは 2 つである。1 つは上司のマネジメントとリーダーシップのとり方であり，もう 1 つは本人が創意工夫して仕事をつくっていくジョブ・クラフティングである。

　分析の結果から見いだされた結論も 2 つある。その 1 つは，生産性を高めるには，本人が自分の仕事をつくり変えるくらいの積極性を示すことが大切ということだ。それも，実際の業務の幅や役割を変えるとともに，主観的に仕事の意義を読み込むことである。課業クラフティングと認知クラフティングと呼ばれる活動である。

　もう 1 つの結論は，リモートワークで従業員のエンゲージメントを高めていくこと，つまり，遠隔で業務に従事していながら仕事に熱意を感じさせるには，上司のマネジメントとビジョンのあり方が大切である。だが，その効果はジョブ・クラフティングには及ばないということだ。

　リモートワークのもとでは，上司がはっきりとした業務計画を立て，〆切や目標を指示し，時折仕事の進捗を確認することが肝心である。実務上の問題点や実施手順などは，担当している本人に任せざるをえないし，上司は逐一監督をすることもできない。だから，押さえておくべきポイントだけをはっきりと指示して，後は本人の努力に任せることである。また，リモートワークを続けていると，孤独感を持ち熱意を失ってしまうこともあるから，部門や本人のために将来像を語り，部下のモチベーションを維持していくことも必要である。

　何にも増して大切なのは，本人が主体的に仕事をつくりあげていくこと，それに尽きる。3 つのジョブ・クラフティングの中で，人間関係を再構築す

ることの影響は見られなかったが，業務のあり方と仕事の意味を自分で変えていくことの効果が，一貫して見られている。リモートワークの状況では，生産性を向上させるにも，仕事に集中するにも，本人の仕事に対するアプローチを変え，意識を変えることが肝心なのである。

　仕事や組織で行っている活動に意味を見いだすこと。組織レベルでは，経営戦略を浸透させる際に，組織のメンバーやステークホルダーに対して，事象の意味について納得させるプロセスを，センスメーキング（意味づけ）と呼んでいる（Weick, 1995）。個人レベルであれば，仕事の意味を自分でつくりあげていく認知ジョブ・クラフティングという言葉を使って，主観的意味体系の構築を通して組織へ貢献する筋道を論じることができる。

　センスメーキングも認知ジョブ・クラフティングも，同じような働きをする。意義や甲斐といった価値観に訴えることが，精神的なパワーを与えるものだ。わざわざカタカナ書きにして格好つけるのが業界っぽいし，社会に出たばかりの新人にはグリップするだろう。

　『3人のレンガ職人』という作者不詳の寓話がある。似たものも含めてたいへん有名な小話である。

　　1666年のロンドン大火で焼失したセント・ポール大聖堂。その再建に，世界で最も有名な建築家クリストファー・レンが取り掛かった。1671年のとある日，レンは3人のレンガ職人がその建築現場で熱心にレンガを積んでいるのを見た。クリストファー・レンはレンガ職人に問うた。「何をしているのか？」
　　すると1人目の職人はこう答えた。「私はレンガ職人だ。家族を養うために，レンガを一生懸命積んでいるのさ」
　　2人目の職人は少し違った答えをした。「私は建築屋で，壁をつくっている」
　　だが3人目の職人は，誇りに満ちた声でこう答えたのである。「私は聖堂建造者です。全知全能の神のために大聖堂を建てているのです」

　同じ仕事であっても，そこに感じる意義によって，ずいぶんと働く人自身の態度が変わる。この寓話が意図するところがそれである。本人の目的意識によって，仕事の効率にもエンゲージメントにも差が表れてくる。

　仕事の主観的意味を感じるというのは，便利な考え方である。仕事に向かう態度や熱意を，すべて本人の意思やものの考え方に帰属させることができる。ものの見方によって仕事の意味が変わり，仕事に向かう姿勢が前向きになる。反対に，もともと仕事に意義を見いだせずにいる人に，その残念な態度を本人の意思の問題にすり替えてしまう。しかし，仕事に意義を見いだすには，「石の上にも三年」で，十分長い仕事経験が要る。アジリティ（素早さ）を重視する現代のビジネスパーソンには，にわかには信じられないかもしれないが，退屈さを辛抱しなければ，真の興味がわくこともない。退屈と有意義は表裏一体だ。

　ただ漫然と，何もせずに仕事の意味を考えたところで，意義が見いだせるものではない。リモートワークでは，職場から離れて，ひとりで黙々と働くことになる。職場仲間の目がないので，ただ漫然と気を散らしながら，時間を過ごしてしまうこともある。そんな中で，仕事の意義を見いだすのはむずかしいものである。だから，仕事の意義などという大げさなことは言わないで，まずは自分の仕事の中身の一部分を，自分なりに工夫して変えていくことからスタートするのがよいだろう。仕事の幅が変われば，自ずと仕事の意味も変わる。

　そして，その姿を温かい目で見ながら，本人にやる気を出させるような関わりを持つとともに，決して仕事に遅れが出てしまわないように，きちんと管理をするのが上司の役目でもある。本人の意思を尊重し，つかず離れずの距離感を保ちながら，成果が落ちないように目を光らせているのが，名伯楽ならではの業である。

　「2020 年の挑戦」というタイトルで始まるドラマがあった。円谷プロダクションが制作した特撮番組「ウルトラ Q」の中の一話であり，ケムール人という怪物が登場する。1966 年の放送当時，2020 年というのははるかに遠い未来であった。2020 年にわれわれが受けた挑戦は，新型コロナウイルスの脅威である。詳しい発生原因がわからず治療法も確立していない病原体は，まるでケムール星から来た侵略者のようでもある。ウイルスが粘液を意味するラテン語を語源としているところも，液体化するケムール人に似ている。

　ドラマではない現実社会の「2020 年の挑戦」への対策はステイホームで

あった。「犬も歩けば棒に当たる」で，不用意に出歩いていれば，なにかと災難に遭う。仕事の場面でもステイホームであり，オンラインで職場仲間との対面接触を持たず，距離を保った活動が求められることも多くなる。人とつながれないと，意思疎通がしにくくなり，お互いに不安や不信感を膨らませてしまう。また，孤独感にさいなまれてやる気が起きなくなる。それでは侵略者の思うつぼだ。

　われわれの日常生活の中で，いま起こりつつあるバランスの崩れる瞬間。そんなときには，ものの考え方を変えることによって，仕事も生活も有意義にすることができることを，お忘れなく。

謝辞
　本章の調査を実施するにあたっては，科学研究費基盤研究(B)19H01535 の支援を受けています。ここに記して感謝いたします。

参考文献
Beck, J. W., Beatty, A. S., & Sackett, P. R. (2014). On the distribution of job performance: The role of measurement characteristics in observed departures from normality. *Personnel Psychology, 67*, 531-566.

Bommer, W. H., Johnson, J. L., Rich, G. A., Podsakoff, P. M., & MacKenzie, S. B. (1995). On the interchangeability of objective and subjective measures of employee performance: A meta-analysis. *Personnel Psychology, 48*, 587-605.

Campbell, J. P. (1990). Modeling the performance prediction problem in industrial and organizational psychology. In M. D. Dunnette & L. M. Hough (Eds.), *Handbook of industrial and organizational psychology* (pp.687-732). Consulting Psychologists Press.

Campbell, J. P., & Wiernik, B. M. (2015). The modeling and assessment of work performance. *Annual Review of Organizational Psychology and Organizational Behavior, 2*, 47-74.

Carhart, M. M. (1997). On persistence in mutual fund performance. *Journal of Finance, 52*, 57-82.

Choundhury, P., Foroughi, C., & Larson, B. (2021). Work-from-anywhere: The productivity effects of geographic flexibility. *Strategic Management Journal, 42*, 655-683. DOI: 10. 1002/smj.3251.

Eguchi, H., Shimazu, A., Bakker, A. B., Tims, M., Kamiyama, K., Hara, Y., Namba, K., Inoue, A., Ono, M., & Kawakami, N. (2016). Validation of the Japanese version of the job crafting scale. *Journal of Occupational Health, 58*, 231-240.

Harter, J. K., Schmidt, F. L., & Hayes, T. L. (2002). Business-unit-level relationship between employee satisfaction, employee engagement, and business outcomes: A meta-analysis. *Journal of Applied Psychology, 87*, 268-279.

Heneman, R. L. (1986). The relationship between supervisory ratings and results-oriented measures of performance: A meta-analysis. *Personnel Psychology, 59,* 811-826.

Kahn, W. A. (1990). Psychological conditions of personal engagement and disengagement at work. *Academy of Management Journal, 33,* 692-724.

厚生労働省（2019）．『令和元年版　労働経済の分析：人手不足の下での「働き方」をめぐる課題について』厚生労働省。

Macey, W. H., & Schneider, B. (2008). The meaning of employee engagement. *Industrial and Organizational Psychology, 1,* 3-30.

森永雄太・鈴木竜太・三矢裕（2015）．「従業員によるジョブ・クラフティングがもたらす動機づけ効果：職務自律性との関係に注目して」『日本労務学会誌』*16,* 20-35。

Nicholas, A. J. (2015). Management and telework. *Encyclopedia of Business Analytics and Optimization, Vol. 5* (pp.1435-1445). IGI Global.

日本経営者団体連盟（1969）．『能力主義管理：その理論と実践』日本経営者団体連盟。

日本労働組合総連合会（2020）．「テレワークに関する調査」日本労働組合総連合会，https://www.jtuc-rengo.or.jp/info/chousa/data/20200630.pdf?35

パーソル総合研究所（2020）．「新型コロナウイルス対策によるテレワークへの影響に関する緊急調査」パーソル総合研究所，https://rc.persol-group.co.jp/research/activity/data/telework_survey4.html

Ruth, S., & Chaudhry, I. (2008). Telework: A productivity paradox. *IEEE Internet Computing, 12*(6), 87-90. DOI: 10.1109/MIC.2008.132.

Sauer, D. A. (1997). Information content of prior period mutual fund performance rankings. *Journal of Economics and Business, 49,* 549-567.

Schaufeli, W. B., & Bakker, A. B. (2010). Defining and measuring work engagement: Bringing clarity to the concept. In A. B. Bakker & M. P. Leiter (Eds.), *Work engagement: Recent developments in theory and research* (pp.10-24). Psychology Press.

Schaufeli, W. B., Salanova, M., González-Romá, V., & Bakker, A. B. (2002). The measurement and engagement and burnout: A two sample confirmatory factor analytic approach. *Journal of Happiness Studies, 3,* 71-92.

関口倫紀（2010）．「大学生のアルバイト経験とキャリア形成」『日本労働研究雑誌』*52*(9)，67-85。

Sekiguchi, T., Li, J., & Hosomi, M. (2017). Predicting job crafting from the socially embedded perspective: The interactive effect of job autonomy, social skill, and employee status. *Journal of Applied Behavioral Science, 53*(4), 470-497.

Shimazu, A., Schaufeli, W. B., Kosugi, S., Suzuki, A., Kato, A., Sakamoto, M., Irimajiri, H., Amano, S., Hirohata, K., Goto, R., & Kitaoka-Higashiguchi, K. (2008). Work engagement in Japan: Validation of the Japanese version of utrecht work engagement scale. *Applied Psychology: An International Review, 57*(3), 510-523.

小豆川裕子（2020）．「BCPとテレワーク：業務を継続するための環境整備」『情報の科学と技術』*70*(9)，447-451。

髙橋潔（2021）．『ゼロから考えるリーダーシップ』東洋経済新報社。

髙橋潔・村瀬俊朗（2019）．『職場の競争力向上に向けたマネジメントとリーダーシップ』

公益財団法人中部産業・労働政策研究会。

Weick, K. E. (1995). *Sensemaking in organizations.* Sage（遠田雄志・西本直人訳『センスメーキングインオーガニゼーションズ』文眞堂，2001 年）.

Wrzesniewski, A., & Dutton, J. E. (2001). Crafting a job: Revisioning employees as active crafters of their work. *Academy of Management Review, 26,* 179-201.

Yukl, G. (2012). *Leadership in organizations (8th ed.).* Pearson.

Zaleznik, A. (1977). Managers and leaders: Are they different? *Harvard Business Review,* 1997(May-June), 67-78.

第2章
コロナ禍のリモートワークとウェルビーイング

　2020年の7月に東京都で働く従業員に対して2回の質問票調査を行い，リモートワークの導入状況の変化やリモートワーク中の仕事の負担や特徴がウェルビーイングに与える影響を検討した。調査の結果，リモートワークの導入状況は2つの時点で変化していること，リモートワーカーのウェルビーイングに与える影響は，支援のタイプによって異なることが示された。調査結果を踏まえて本章では，仕事の負担を適切な範囲におさめることとともに支援の量の増加だけでなく「タイプ」に注目することの重要性を指摘する。より具体的には管理者は，単に支援の多い職場づくりを目指すのではなく，支援が必要な時に支援を求めやすい職場の雰囲気づくりや機会づくりを行うことが有効であることを主張する。

1. はじめに

1-1. 問題意識と目的

　本章の目的は，新型コロナウイルス感染症（COVID-19）の大流行に伴いリモートワークがどのように導入され，従業員の働き方やウェルビーイング，仕事の成果にどのような変化が生じたのかを明らかにすることである。今回のCOVID-19パンデミックとそれに伴うリモートワークの導入が，従業員の働き方やその成果に与えた影響を明らかにしておくことは，感染症の大流行や広範囲にわたる災害が今後生じた場合のマネジメントに対する有益な知見となると考えられる。

　本章では，ウェルビーイング経営の実践の1つとしてリモートワークをと

らえ，リモートワークが従業員のウェルビーイングに与える影響を検討していく。『APA 心理学大辞典』（Van den Bos, 2007）によればウェルビーイングとは「身体や精神が健康で生活の質が高く，幸福感や満足感がある」状態のこととされ，ウェルビーイング経営とは，従業員のウェルビーイングを高めることを通じて，中長期的に組織の成果を高めていこうとするマネジメントの考え方である（詳しくは森永（2019）を参照のこと）。従来の研究では，健康確保と組織成果は対立する目的と位置づけられることも多かったが，最近では両者の両立もしくは健康確保を生産性の向上に結びつけようとする考え方が，広く知られるようになってきた（森永，2017；Pfeffer, 2018）。このような研究では，健康を単に「病気でない状態」ととらえるのではなく，従業員の心身のより良い（ウェルビーイング）状態と広くとらえた上で，幅広い施策を連携させることが重要であると指摘している（江口・森永・細見，2020；森永，2019）。そして，感染症が大流行した際にリモートワークを積極的に導入することは，従業員の健康とウェルビーイングに配慮することと組織としての成果を両立させる有効な手段の 1 つと考えられる（森永，2020a，2020b）。

　本章では，リモートワーカーのウェルビーイングに注目し，リモートワーカーのウェルビーイングに影響を与える要因を探求する。リモートワーカーのウェルビーイングに影響を与える要因を理解することは，これまで十分に検討されてこなかったリモートワーカーのメンタルヘルス対策にも有益な知見を提供することが期待される。

1-2．先行研究

　従来のリモートワークに関する先行研究では，多くの場合，リモートワークが従業員の職務満足度を高め，離職意図や役割ストレスを低下させる傾向があることを明らかにしてきた（Gajendran & Harrison, 2007）。これは，リモートワークによって自律的に仕事に取り組めることや，通勤時間の軽減により，家庭生活との両立がしやすくなることに原因があるようだ。しかし先行研究で得られた知見は，必ずしもパンデミックに伴い導入されたリモートワークに与える影響と同じとは限らない。先行研究の調査対象は，事前に十分な準備をした上で，自ら望んでリモートワークに従事していることが予想される。一方コロナ禍で事前の十分な準備もなく突如リモートワークを強い

られた人の場合は，様々な困難に直面することが予想される。

　この点，Wang et al.（2021）は，COVID-19 を契機に開始されたリモートワーカーを対象にした数少ない先行研究である。そして，パンデミック後に導入された「強いられたリモートワーク」は，必ずしもリモートワーカーの仕事と家庭の両立を促さない可能性があることを示唆している。また，強いられたリモートワーカーのウェルビーイングを高める上で職場における周囲からの支援が重要であることを明らかにしている。まずインタビュー調査では，リモートワークの課題として以下の 4 点が挙げられている。第 1 に，仕事と家庭生活のコンフリクトである。自宅で仕事をする環境が整っていない従業員もリモートワークを強いられたことに加えて，学校が休校になるなど，家庭生活の負担が増えるパンデミック特有の状況が影響を与えている可能性がある。第 2 に，コミュニケーションが非効率になることである。多くの従業員はオンライン上で上司や同僚とコミュニケーションをとっていたが，対面と比べて質が落ちると感じられていた。第 3 に，「先延ばし」をしてしまうことがあることが挙げられた。オフィス勤務時にも生じることではあるが，自宅で仕事をすることによって，業務とは関係ないことをしてだらだらと過ごしてしまうことが増えることが示唆された。第 4 に，寂しさを感じることがあることである。同僚と顔を合わせることがなくなることに加えて，オンライン上でのコミュニケーションでは，業務面の要件のみに限られることで寂しさを感じる人もいることが指摘された。Wang et al.（2021）は，リモートワークをする上での仕事の設計を工夫することで，これらの課題を解消し，従業員のパフォーマンスやウェルビーイングを高めることができると主張している。

　続く質問票調査では，先に挙げられたリモートワークの課題の一部が従業員のパフォーマンスやウェルビーイングの低下に結びつくことと，それらの課題に対しては，リモートワーク時の仕事の設計，とりわけ職場の上司や同僚からの支援によって解消できることを明らかにしている。まず，従業員の自己評価の業績に負の影響を与えるのは，「先延ばし」と，「仕事と家庭生活のコンフリクト」のうちの「家庭生活から仕事に対するコンフリクト（すなわち，家庭生活が仕事に及ぼす悪影響）」であった。これらの要因は職場の上司や同僚からの支援が豊かになると抑制されることを示している。また，従業員のウェルビーイング（ここでは，感情的な疲弊度）に負の影響を与え

るのは,「先延ばし」と「仕事と家庭生活のコンフリクト（仕事から家庭生活に対するコンフリクトと，家庭生活から仕事に対するコンフリクトの両方）」,「寂しさ」であったが，これらの要因も職場周囲からの支援が豊富にあることで抑制されることが明らかにされている。Wang et al.（2021）は,強いられたリモートワークではいくつかの課題が生じるものの，これらの課題の一部は職場の支援を豊かにすることである程度解消し，従業員のパフォーマンスやウェルビーイングを維持できることを指摘している。

　ただし，ここで調査対象となっているのは中国国内で働く従業員であり，日本で働く従業員が直面する課題や影響とは異なる可能性がある。そこで，以下では，わが国で導入されたリモートワークが従業員のウェルビーイングに与える影響についての調査結果を見てみよう。

　2020 年にわが国で実施された調査からは，リモートワークの働き方や職務成果，ウェルビーイングについてすでにいくつかの興味深い結果が提示されている。例えば，イーウェルが 2020 年 5 月に実施した調査によると，リモートワークの継続を希望する回答が多い一方で，リモートワーク中の成果は低いとする回答が多いことが明らかになっている（イーウェル，2020）。

　またリクルートキャリアが 2020 年に実施した 2 つの調査によると，コロナ禍を機に導入されたリモートワークに従事する従業員のウェルビーイングが悪化していることがわかる。まず，リクルートキャリア（2020）によれば，調査時の 9 月時点でリモートワークを継続していると回答した従業員に対して，リモートワーク実施前と実施後のモチベーションについて回答を求めている。その結果，実施前のモチベーションを「やや低い」「非常に低い」とした回答の合計が 14.1% であるのに対して，リモートワーク実施後の両者の回答の合計は 22.5% と約 1.5 倍に増加していた。次に，リクルートキャリア（2021）によれば，リモートワーク開始前には感じなかったストレスを感じるようになったという回答（「強く感じた」と「やや感じた」の回答の合計）が 59.6% となっている。パンデミックを機にリモートワークに従事することになった従業員には，リモートワークならではのストレスが新たに生じていることがうかがえる。

1-3.　先行研究の限界

　コロナ禍で行われた先行研究および，わが国で実施された複数の調査は,

それぞれ本章の研究課題に対して有益な知見を提供するものの，いくつかの点で課題がある。第 1 に，調査報告の多くがリモートワーカーに限定されていることである。そのため，ここで示唆された要因の変化がリモートワークの有無による変化なのか，パンデミックに伴う経済状況の停滞による影響なのかが判然としない。加えて，指摘されたリモートワークの課題が，リモートワーカー間のウェルビーイングの違いに結びついているのかも，十分に明らかにされていない。

　第 2 に，調査対象者の居住地域の影響が統制されていない。COVID-19の流行の程度は，国家間だけでなく，国内でも地域によってかなりの違いがある。またリモートワーク導入実態やその影響も，地域によって異なる。感染状況の違いがもたらす影響を統制することができれば，より精緻な検討が可能になるだろう。

　第 3 に，支援の有効性が指摘されているものの支援のとらえ方が大括りである。組織行動論の最新研究では，職場における支援を，後述する能動的な支援と受動的な支援に分けて考えることが多くなってきている（例えば，Lee et al., 2019）。そこで本章では，職場における支援を 2 つに分けることを通じて職場における支援のありようの変化やその影響を精緻にとらえていくこととする。

　これらを踏まえて本章では，2020 年 7 月に 1000 人以上の規模の企業に勤務している東京勤務の従業員を対象に行った 2 回の質問票調査の結果をもとに，以下の 2 つの研究課題に答えていく。第 1 に，「2020 年 7 月に東京の大規模組織で働く従業員に対するリモートワークの導入実態と，その影響はどのようなものか」である。第 2 に，「リモートワーカーのウェルビーイングに影響を与える要因は何か」である。

　以下では第 3 節で第 1 の研究課題に，第 4 節で第 2 の研究課題に答えていく。なお，本章では一般のビジネスパーソンにも読みやすいようになるべく専門用語を省き，場合によっては脚注などで説明を加えている。しかしながら分析方法や結果の記述についてはやや専門的な表現が残ったままとなっている。そのため調査結果の概略を知りたい方は，結果のまとめである「第 3 節の 3-4 および第 4 節の 4-4」や，本章全体のまとめである第 5 節を先にお読みいただいた上で，細部について確認いただければと思う。

2. リモートワークとウェルビーイングに関する調査

2-1. 調査の方法

　2020年7月にインターネット調査会社に登録するモニターを対象に，2回の質問票調査を実施した。第1回調査は，7月6日から9日，第2回調査は7月20日から7月22日に行った。調査は，1000名以上の規模の企業において3年以上勤務する正社員を対象に実施し，リモートワーク[1]を行っている人もそうでない人も含まれる。なお，勤務地は東京都で勤務する者に限定した。東京を選択した理由は2点である。1つに，7月1日の時点で都道府県別の累計感染者数および新規感染者数の数が最も多かったからである[2]。もう1つに，COVID-19の流行の程度は，地域によって違いがみられるため，流行の程度の違いがリモートワークの実施状況や従業員のウェルビーイングに与える影響を，なるべく統制するためである。

2-2. 分析対象者

　本章では，より大規模に収集された調査の一部のサンプルを用いて分析を行っていく。分析対象となったのはフレックスタイム制もしくは通常の労働時間が適用されており，2つの調査時点の直近7日間で，所定労働時間以上の勤務をしていた590名[3]である。分析対象をフレックスタイム制もしくは通常の労働時間制度適用者に限定した理由は，仕事の負担の客観的側面として残業時間の長さを考慮に入れるためである。このうち，2回の調査でともにリモートワークを実施していたのは330名であった。以降では，590名全体を指す場合に「全体群」，このうち2時点でともにリモートワークを実施していた330名を指す場合に「リモートワーカー群」と呼ぶこととする。また，2時点でまったくリモートワークをしていなかった195名を，「オフィ

1　本来リモートワークは在宅勤務以外の多様な形態を含むが，本章ではリモートワークと在宅勤務を区別せずに用いる。
2　NHKホームページ『特設サイト新型コロナウイルス』URL：https://www3.nhk.or.jp/news/special/coronavirus/（2021年3月11日確認）に基づく。
3　通常労働時間制もしくはフレックスタイム制が適用されているものの，2つの調査時点いずれかもしくは両方で直近7日間の勤務時間が所定労働時間に満たないと報告した従業員は198名であった。COVID-19の影響で業務遂行に支障が生じた結果，通常通りの勤務ができていないケースや変則勤務の回答者，調査期間中に有給休暇などを取得していた回答者等が含まれていると考えられる。

表 2-1　リモートワーカーとオフィスワーカーの推移

	2019 年時点	2020 年第 1 回調査	2020 年第 2 回調査
リモートワーカー	161 名	374 名	343 名 （330 名）
オフィスワーカー	429 名	216 名	247 名 （195 名）

注：（　　）内は，第 1 回調査でも同様の働き方をしていた人の人数。

スワークのみ群」と呼ぶこととする（表 2-1）。それぞれの属性は以下の通りである。

　まず全体群の 590 名（男性 490 名，女性 100 名）の平均年齢は 48.7 歳（標準偏差 8.62）であった。勤務先の規模は，5000 名以上が 57.8%で最も多く，次いで 1000 名から 1999 名が 17.3%，3000～4999 名の 15.3%，2000 名から 2999 名が 9.7%であった。職種別では営業・販売（23.6%）と技術（19.7%）の割合が多く，生産・製造（2.4%），経理・財務（4.6%）や人事・総務（8.6%）の割合が少なかった。

　次にリモートワーカー群の 330 名（男性 267 名，女性 63 名）の平均年齢は 49.1 歳（標準偏差 8.54）であった。勤務先の規模は，5000 名以上が 58.8%で最も多く，次いで 1000 名から 1999 名が 16.4%，3000～4999 名の 16.1%，2000 名から 2999 名が 8.8%であった。職種別では営業・販売（23.5%）と技術（22.6%）の割合が多く，生産・製造（1.1%），経理・財務（4.9%）や人事・総務（7.2%）の割合が少なかった。

　最後に，オフィスワークのみ群の 195 名（男性 166 名，女性 29 名）の平均年齢は 47.9 歳（標準偏差 8.75）であった。勤務先の規模は，5000 名以上が 55.4%で最も多く，次いで 1000 名から 1999 名が 18.5%，3000～4999 名の 13.9%，2000 名から 2999 名が 12.3%であった。職種別では事務（25.1%）と営業・販売（24.6%）の割合が多く，研究開発（1.5%），生産・製造（3.1%）や経理・財務（3.6%）の割合が少なかった。

2-3.　調査項目

　本章では，コロナ禍で働く人々の実際の残業時間およびリモートワークの実施割合を，以下の方法で算出した。まず 2 回の調査時点でそれぞれ，「直

近 7 日間の残業時間も含めた実際の労働時間」と「そのうち在宅勤務を行った時間」の実数の記入を求めた。また所定の労働時間を質問した。「所定の労働時間」については，「就業規則等で定められた，休息時間を除く 1 日の所定の労働時間」の実数の記入を依頼した。その上で，2 つの回答をもとに「直近 7 日間の残業時間」を算出した[4]。

　また，労働時間に占めるリモートワークの比率を導出するために，「労働時間のうち在宅勤務を実施した時間」の実数の記入を求めた。リモートワーク時間数を全労働時間で除することで，リモートワーク比率を導出した。あわせて本調査では，昨年同時期の一般的な労働時間とリモートワーク時間についても回答を求め，この回答をもとに，昨年度のリモートワークの有無を算出した。

　次に，仕事の特徴やウェルビーイング，仕事の成果についての自己評価を求めた（具体的な変数の説明などは表 2-2 を参照のこと）。仕事の負担感を把握する上では，職業性ストレス簡易調査票に基づき，仕事の要求度を測定した。具体的には，質的負担と量的負担の 2 側面についてそれぞれ 3 項目の合計 6 項目で測定した。質的負担のサンプル項目は，「高度の知識や技術が必要なむずかしい仕事だ」，量的負担のサンプル項目は「非常にたくさんの仕事をしなければならない」である。

　仕事を助ける行動である支援行動については，重要な項目であるため細かく分類して質問した。まず支援の提供と受容に分けて質問・集計している。また，支援の提供と支援の受容をそれぞれ能動的支援と受動的支援に分けて質問・集計している。支援の提供については，Lee et al.（2019）に基づき，能動的支援と受動的支援を，それぞれ 4 項目を作成して測定した。能動的支援の提供のサンプル項目は，「頼まれなくても，仕事負担の多い同僚をよく助けている」，受動的支援の提供のサンプル項目は「私は，求められれば，仕事負担の多い同僚をよく助けている」である。

　続いて支援の受容については，Lee et al.（2019）を参考にしながら，支援を受ける側の立場に対応するように質問文を変更して作成した。能動的支援

---

[4]　方法は以下の通りである。まず 1 日の所定労働時間に 5 を乗ずることで本章における「1 週間あたりの所定労働時間」を算出した。その上で，「直近 7 日間の実労働時間」と「1 週間あたりの所定労働時間」との差分を算出した。本章では，この値を「1 週間あたりの残業時間」として用いている。

の受容の質問項目には，「頼まなくても，私の上司や同僚は仕事関係の問題が解決できるように助けてくれる」等が含まれている。受動的支援の受容の質問項目には，「助けを求めれば，私の上司や同僚は仕事関係の問題が解決できるように助けてくれる」等が含まれている。

　上司の支援行動としては両立支援行動を用いた。Hammer et al.（2013）の短縮版を用いて，4項目で測定した。サンプル項目は，「私の上司は，仕事と家庭の両立について，私の悩みを聞いてくれて，私の気持ちを楽にしてくれる」等が含まれる[5]。

　職務自律性は以下の方法で算出した。まずオフィス勤務自律性とリモートワーク自律性について，それぞれ3項目で質問した。今回の調査対象となる多くの従業員がオフィス勤務とリモートワークの両方に従事していることが予想される。そこで労働時間全体の職務自律性を把握するために，労働時間全体におけるオフィス勤務時間の比率とリモートワーク時間の比率を算出し，各自律性と各勤務形態の勤務比率を乗じたもの同士を足し合わせた値を用いた。サンプル項目は「オフィスで勤務している際には，自分のペースで仕事ができる」「在宅勤務の際には，自分で仕事の順番・やり方を決めることができる」などが含まれる。

　ウェルビーイングは多様な測定の方法があるが，ポジティブな心理状態とネガティブな心理状態の2側面に注目して多面的に評価することが多い。本章でも2つの変数を取り上げて測定した。ワーク・エンゲージメントはSchaufeli et al.（2019）に基づき，「仕事をしていると，活力がみなぎるように感じる」「仕事に熱心である」「私は仕事にのめり込んでいる」の3項目を用いて測定した。ストレスは，Kessler et al.（2002）を参考に3項目の尺度を作成して測定し，平均を算出した。サンプル項目は「過去1週間にどのくらいの頻度で何をするのも面倒だと感じましたか」等である。

　主観的業績については，直近1週間の仕事の成果についての自己評価を，3項目の独自項目で測定した。サンプル項目は「この1週間，自分は期待されている以上の成果を出していると思う」等である。

5　なお4項目のうち3項目の訳文については，Eguchi et al.（2019）によって開発された日本語版尺度の訳文を用いている。

表 2-2　本章で用いた主な変数

個人特性	楽観性		特に仕事の場面で，自身が将来のことに楽観的でいられる程度。
成果	主観的業績		直近1週間の，業績に対する自己評価。
	ウェルビーイング	ワーク・エンゲージメント	仕事に対して，活力があったり，ポジティブな感情・認知を持っていたり，没頭できている程度。
		ストレス	直近1週間の，気分の落ち込みや抑うつ傾向。
支援行動	支援の提供	能動的支援の提供	回答者自身について，（同僚から助けを求められた時にその同僚を助けるのではなく）助けを求められるまでもなく同僚を手助けする程度。
		受動的支援の提供	回答者自身について，同僚から助けを求められてから，その同僚を手助けする程度。
	支援の受容	能動的支援の受容	回答者の同僚について，回答者自身が助けを求めるまでもなく，自身を手助けしてくれる程度。
		受動的支援の受容	回答者の同僚について，回答者自身が助けを求めた時に，自身を手助けしてくれる程度。
	上司の両立支援行動		上司が，部下が仕事と家庭を両立できるよう，上司自ら模範となったり，部下の悩みを聞く行動を，FSSB（Family Supportive Supervisor Behavior）と呼ぶ。本調査では，上記の行動を上司がどの程度回答者自身にとってくれているかを尋ねた。
仕事の特徴	職務自律性		在宅勤務中，自分の仕事のスケジュールや方法を，自分なりに決められる程度。
	仕事の要求度		仕事の量や仕事の質（知識や技術を求められる程度）の面で，どの程度負担に感じているか。
人事施策	業績評価		業績評価の客観性や，業績評価に対するフィードバックが得られる程度。
	安全		所属企業から，自らの安全や健康に対する配慮がなされている程度。

3.　分析 1：リモートワークの導入実態とその影響

　分析 1 では，本章の 1 つ目の研究課題であるリモートワークの導入実態と
その影響はどのようなものかに答えるために，調査結果の基礎的集計を行っ
た。具体的には以下の問いに答えていく。調査対象者のうち，どの程度の人
がリモートワークを実施していたのか。またリモートワークを実施していた
として，労働時間のうちどの程度の割合をリモートワークが占めていたの
か。そして，調査対象者のリモートワークの導入実態は，2 回の調査でどの
ように変化するのかである。

　次に，リモートワークの導入が従業員の働き方やその成果に与えた影響
が，どのようなものであったのかについて大括りに検討するため，リモート
ワークを経験した人とそうでない人を，以下の点で比較する。まず，働き方
に違いがみられたのかを明らかにするために，残業時間，仕事の負担感，職
場の支援（自分が提供する頻度，自分が受容する頻度）に注目して集計を
行った。次に，仕事の成果とウェルビーイングに違いがみられたのかを明ら
かにするために，主観的業績，ストレス，ワーク・エンゲージメントの集計
を行った。

3-1.　リモートワークの実施状況とその変化

　まず第 1 回調査では，少しでもリモートワークを実施していた人は 590 名
中 374 名（63.4%）であった。このうち，労働時間のすべてでリモートワー
クを実施している人（フルリモートワーカー）は，171 名（29.0%）であっ
た。大半は，リモートワークと通常勤務が混合する「部分的リモートワー
カー」であり 34.4% であった。部分的リモートワーカーのうちリモート
ワークを実施しているものの，その割合が労働時間の半分以下にとどまる人
（低リモートワーカー）は 17.1% であった。またリモートワークの割合が
50% 以上 100% 未満の人（高リモートワーカー）は，17.3% であった（図
2-1）。

　次に，第 2 回調査時点で，少しでもリモートワークを実施していた人は
590 名中 343 名（58.1%）であった。このうち，リモートワークが 100% の
フルリモートワーカーは 113 名であり，全体の 19.2% であった。第 1 回調
査の結果と同様，多くはリモートワークと通常勤務が混合する「部分的リ

図 2-1　第 1 回調査時点での勤務形態の割合

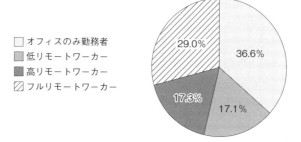

オフィスのみ勤務者
低リモートワーカー
高リモートワーカー
フルリモートワーカー

36.6%
17.1%
17.3%
29.0%

図 2-2　第 2 回調査時点での勤務形態の割合

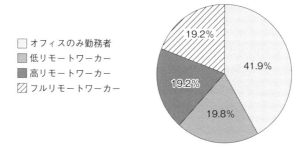

オフィスのみ勤務者
低リモートワーカー
高リモートワーカー
フルリモートワーカー

41.9%
19.8%
19.2%
19.2%

モートワーカー」であり 39.0% であった。部分的リモートワークのうち低リモートワーカーは 19.8%，高リモートワーカーは 19.2% であった（図2-2）。なお，2019 年度同時期にリモートワークが少しでもあったと回答した人の割合は 590 名中 161 名（29.3%）であったことから，その割合は第1回調査時点においても第 2 回調査時点においても，ともに大幅に増加していることがわかる。

　2 つの調査時点でともにフルリモートワーカーだった人は，全体の 15.1% にとどまった。一方，2 回の調査時点でともに，リモートワークをまったく実施していなかった人は全体の 33.1% であり，およそ 3 分の 1 を占めた。部分的リモートワークを含めれば，2 回の調査時点のいずれかの時点において，少しでもリモートワークを実施していた人が 54.6% にのぼった（表2-3）。

表 2-3　2 時点の勤務形態の割合（クロス集計）

(%)

		t2 時点　リモートワーク比率				
		0%	1〜49%	50〜99%	100%	合計
t1 時点 リモート ワーク比率	0%	33.1	2.2	0.5	0.8	36.6
	1〜49%	3.7	11.2	1.9	0.3	17.1
	50〜99%	0.7	3.1	10.7	2.9	17.3
	100%	4.4	3.4	6.1	15.1	29
	合計	41.9	19.8	19.2	19.2	100

注：t1 = 第 1 回調査，t2 = 第 2 回調査。

　2 時点の調査結果を比べてみると，フルリモートワーカーの割合が低下
し，部分的リモートワーカーの割合と，リモートワークを行っていない人の
割合が増加していることがわかる。2 時点間の調査対象者の労働時間におけ
るリモートワーク時間の割合の平均値はそれぞれ，第 1 回調査時点で 46%，
第 2 回調査時点で 38% であった。対応のある t 検定の結果，2 つの時点間の
在宅勤務比率が統計的に有意な水準で差があることがわかった[6]。つまり，
第 1 回調査時点よりも第 2 回調査時点においてリモートワーク比率は低下し
ていることが読み取れる。

3-2.　オフィスワーカーとリモートワーカーの違い：働き方

　オフィス勤務のみの従業員と，2 つの時点でともに少しでもリモートワー
クを実施している従業員の間で，仕事の負担や仕事における支援のありよう
は異なるのであろうか。この点を検討するために，オフィスワークのみ群と
リモートワーカー群別に，第 2 回調査時点の残業時間，仕事の要求度，支援
の受容／提供の平均値と標準偏差を算出した（表 2-4）[7]。以下では，それぞ
れの項目に関する平均値の差の検定（t 検定）の結果を含めて説明してい

6　2 回の調査でともにリモートワークを実施していた 330 名のみを対象とした場合でも，2 時点
　間の調査対象者のリモートワーク比率の平均値はそれぞれ，0.72 と 0.67 であり，対応のある t
　検定の結果，2 つの時点間のリモートワーク比率に統計的に有意な水準で差があるという結果に
　変化はなかった。
7　リモートワーカー群の従業員がリモートワークになれることで，よりリモートワークの特性が
　明確になると考え，すべて第 2 回調査時点での回答について比較を行った。なお，第 1 回調査時
　点での回答についても同様に t 検定を行った結果，受動的支援の提供について統計的に有意な水
　準で差が見られた（すなわち第 1 回調査時点では，リモートワーカー群で受動的支援を提供する
　行動がオフィスワークのみ群よりも多い）点以外は基本的に同じ結果であった。

表2-4　オフィスワークのみ群／リモートワーカー群別の
働き方・成果・ウェルビーイング

変数名	勤務形態	平均	標準偏差
残業時間	オフィスワークのみ群	8.3	8.77
	リモートワーカー群	7.0	7.3
仕事の要求度	オフィスワークのみ群	3.4	0.68
	リモートワーカー群	3.4	0.75
能動的支援の提供	オフィスワークのみ群	3.3	0.71
	リモートワーカー群	3.5	0.69
受動的支援の提供	オフィスワークのみ群	3.6	0.69
	リモートワーカー群	3.7	0.62
能動的支援の受容	オフィスワークのみ群	2.9	0.82
	リモートワーカー群	2.9	0.84
受動的支援の受容	オフィスワークのみ群	3.3	0.78
	リモートワーカー群	3.4	0.73
主観的業績	オフィスワークのみ群	3.1	0.68
	リモートワーカー群	3.3	0.73
ストレス	オフィスワークのみ群	2.7	1.01
	リモートワーカー群	2.8	0.99
ワーク・エンゲージメント	オフィスワークのみ群	3.0	0.76
	リモートワーカー群	3.1	0.79

く。

　まず，仕事の負担について，残業時間数と仕事の要求度に注目した。残業
時間の平均値は，オフィスワークのみ群は8.3（標準偏差＝8.77）時間，リ
モートワーカー群で7.0（標準偏差＝7.30）時間であった。t検定の結果，
両群の残業時間の間に，有意傾向の差が見られた（t（523）＝1.72，$p<.10$）。
仕事の質的・量的負担（すなわち仕事の要求度）の平均値は，オフィスワー
クのみ群は3.4（標準偏差＝0.68）点，リモートワーカー群で3.4（標準偏
差＝0.75）点であった。t検定の結果，両群間に，有意な差はみられなかっ
た。

　次に職場の支援について，自分が支援を提供する程度と自分が支援を受容
する程度の2側面に注目した。その結果，能動的支援の提供の平均値は，オ
フィスワークのみ群は3.3（標準偏差＝0.71）点，リモートワーカー群で
3.5（標準偏差＝0.69）点であった。t検定の結果，両群間に，有意な差が

みられた（t（523）= 2.06, p <.05)。受動的支援の提供の平均値は，オフィスワークのみ群は 3.6（標準偏差 = 0.69）点，リモートワーカー群で 3.7（標準偏差 = 0.62）点であった。t 検定の結果，両群間に，有意な差がみられなかった。

　支援の受容についても検討した。まず能動的支援の受容の平均値は，オフィスワークのみ群は 2.9（標準偏差 = 0.82）点，リモートワーカー群で 2.9（標準偏差 = 0.84）点で，統計的に有意な水準で差は見られなかった。一方，受動的支援の受容の平均値は，オフィスワークのみ群は 3.3（標準偏差 = 0.78）点，リモートワーカー群で 3.4（標準偏差 = 0.73）点で，t 検定の結果，両群間に有意な差がみられた（t（523）= 2.59, p <.01)。

3-3.　オフィスワーカーとリモートワーカーの違い：仕事の成果とウェルビーイング

　オフィスワークのみの従業員と 2 つの時点でともにリモートワークを実施している従業員の間で，仕事の成果とウェルビーイングは異なるのであろうか。この点を検討するために，オフィスワークのみ群とリモートワーカー群を対象に，第 2 回調査時点の主観的業績やストレス，ワーク・エンゲージメントの平均と標準偏差を算出した（表 2-4)。以下では，それぞれの項目に関する平均値の差の検定の結果を踏まえて説明していく。

　まず，主観的業績の平均値は，オフィスワークのみ群は 3.1（標準偏差 = 0.68）点，リモートワーカー群で 3.3（標準偏差 = 0.73）点であった。t 検定の結果，両群の間に，有意な差がみられた（t（523）= 3.03, p <.01)。

　次に従業員のウェルビーイングについて，ストレスとワーク・エンゲージメントを取り上げて比較した。ストレスの平均値は，オフィスワークのみ群は 2.7（標準偏差 = 1.01）点，リモートワーカー群で 2.8（標準偏差 = 0.99）点であった。t 検定の結果，両群間に，有意な差はみられなかった。

　ワーク・エンゲージメントの平均値は，オフィスワークのみ群は 3.0（標準偏差 = 0.76）点，リモートワーカー群で 3.1（標準偏差 = 0.79）点であった。t 検定の結果，両群間に，有意な差はみられなかった。

3-4.　分析 1 のまとめと考察

　分析 1 では，調査結果の基礎的集計を通じて 1 つ目の研究課題であるリ

モートワークの導入実態と関連する変数の変化を明らかにした。

　まず，2020年7月の東京で1000名以上の規模の企業で働く従業員は，多くが部分的にせよリモートワークに従事していた。第1回調査時点の2020年7月前半では63.4%の対象者が，第2回調査時点の2020年7月後半では58.1%がリモートワークを行っており，半数以上の従業員が少なくとも部分的にリモートワークに従事していた。ただし2時点で比較すると全体の中でリモートワークに従事している従業員の割合も，労働時間中に占める各従業員のリモートワークの時間の割合も，どちらも低下する傾向にあった。

　次に，2時点でリモートワークが導入された従業員とまったく導入されなかった従業員の比較からは，リモートワークを導入した場合に生じうる変化についての基礎的な知見が提供された。

　まず残業時間の短縮が見られた。これまで一部調査において，リモートワークにおいて労働時間が長期化することの懸念があったが，本章ではそのような傾向は見られなかった。昨今の労働時間管理の進捗と合わせて考えれば，リモートワークを導入することで，オフィスで生じる付き合い的な残業の削減が，一層促進される可能性がある。ただし，リモートワークへの移行体制が十分に整っておらず，業務に完全には取り組めていない可能性や，本調査の回答者が大規模企業であることや平均年齢がやや高いことなど，回答者の属性の特徴が回答結果に影響を与えている可能性があるので注意が必要である。また主観的な負担感については，リモートワーカー群とオフィスワークのみ群の違いはみられなかった。残業時間の違いが主観的な負担感の違いにまでつながるほどではないようだ。

　次に，一部のタイプの支援のありようが異なることが明らかになった。調査の結果，リモートワーカー群で，能動的な支援の提供が多くなされていると同時に，受動的な支援の受容の程度が高くなっていた。リモートワークをしている人の場合，オフィスだけで働いている人よりも，頼まれなくても自ら支援することが増えるとともに，自ら求めれば受容できる支援も増える，という結果である。リモートワークの場で支援を意図的に行おうとしている従業員の様子が読み取れる。しかし，そうした支援をする人の努力があってもなお，その支援を受け取る側の人にとっては，「助けを求めなければ，必要な支援をうけづらい」と感じられている可能性がある。リモートワークでは，周りの人々が察知できる範囲だけでは，問題をカバーしきれないのかも

しれない。管理者としては部下のたいへんさを「自然と察する」ことがむずかしくなることを自覚し，リモートワーク導入時には，それぞれがたいへんなことを共有する機会づくりや，困難を早めに共有することの重要性を部下に発信することが有効であろう。

　さらに，主観的業績については，リモートワーカー群でオフィスワークのみ群よりも統計的に有意な水準で高いことが明らかになった。リモートワークを含む場合には，十分に成果を達成できていると感じている従業員の割合が多いことがうかがえる。これはイーウェル（2020）の調査で得られた結果とは異なる。イーウェル調査は緊急事態宣言の最中に実施され，本調査は 7月に実施されたことを踏まえると，この 2 カ月の間に 2 つの意味で適応が進んだと考えることもできる。1 つ目は，従業員がリモートワークに習熟したことで，期待される通りに仕事のパフォーマンスを発揮できるようになってきたということである。もう 1 つは，リモートでの業務遂行がむずかしい職種や業種では，オフィスワークへの回帰が進み，オフィスワークとリモートワークの使い分けが進んだという可能性である。特に後者の使い分けを進めていくことは重要であろう。

　最後に，ウェルビーイングについては，ストレスもワーク・エンゲージメントにも差は見られなかった。これらはリクルートキャリア（2020，2021）の調査の結果とはやや異なる傾向を示している。オフィスワークにはオフィスワークの，リモートワークを含む勤務形態にはそのような勤務形態ならではのメリット／デメリットがあり，それぞれの影響が入り乱れている可能性が考えられる。ただしストレスは，どちらの群でも標準偏差の値が 1 前後となっており，回答者によるばらつきが他の変数よりも大きいことがわかった。特にリモートワーク中は，上司や同僚がリモートワーカーのストレス状態を一層把握しづらくなることが予想されることから注意が必要であろう。

4.　分析 2：リモートワーカーのウェルビーイングに影響を与える要因

　分析 2 では，2 つ目の研究課題であるリモートワーカーのウェルビーイングに影響を与える要因は何かに答えるために，やや発展的な分析を行う。そこで，従業員の仕事に関するウェルビーイングをストレスやワーク・エン

ゲージメントという 2 つの観点からとらえようとする仕事の要求度―資源モデルに基づき，ウェルビーイングを説明する要因を明らかにしていく。

4-1. 「仕事の要求度－資源モデル」と仮説

　本章では，仕事の要求度―資源モデル（Bakker & Demerouti, 2017）に従って，従業員が従事する仕事の様々な特徴が従業員のウェルビーイングに与える影響について検討していく。仕事の要求度―資源モデルの主要な主張は以下の 2 つである。

　1 つ目は，仕事のすべての特徴は，仕事の要求度と資源という 2 つのカテゴリーに分類できるという主張である。分析 1 で取り上げた量的な負担や，集中して仕事に取り組まなければいけないむずかしい仕事である，というような質的な負担が，仕事の要求度に含まれる。一方，自律的に仕事を進めるための自己裁量の余地があるといった職務自律性や，職場の上司や同僚から支援を得られる，というような職場の支援の受容は，仕事の資源に含まれる。分析 2 においても，分析 1 に引き続き，支援の受容を能動的支援の受容と受動的支援の受容とに分けて精緻に検討していく。

　2 つ目の主張は，仕事の要求度と資源は，従業員に対して 2 つの異なるプロセスを引き起こすというものである。まず仕事の要求度は，ストレスなどの従業員の心身の不調に結びつくと考えられている。次に仕事の資源は従業員のワーク・エンゲージメントを高めるとされている。本章では，この 2 つの理論的主張がリモートワークに従事する従業員のウェルビーイングの説明にも適用できると考え，下記の仮説を設定した上で検証していく。

　　仮説 1：仕事の要求度とストレスは，正の関係がある
　　仮説 2：仕事の資源とワーク・エンゲージメントは，正の関係がある

　加えて，仕事の要求度と仕事の資源の相互作用（組み合わせの効果）にも注目する。仕事の要求度―資源モデルでは，仕事の要求度が心身の不調に与える影響は，仕事の資源が豊かな場合に低減されると主張している。すなわち仕事の要求度が高くても，仕事の資源を十分に確保することができていれば，その悪影響は低く抑えられる（Bakker & Demerouti, 2017）というのである。

図 2-3 分析 2 の分析モデル

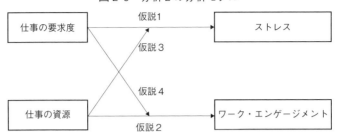

　同時に，仕事の資源とワーク・エンゲージメントの関係においても，仕事の要求度が組み合わせの効果を有することを予想する。ただし，仕事の資源とワーク・エンゲージメントの関係において想定される仕事の要求度との組み合わせ効果は相乗効果である。すなわち仕事の資源がワーク・エンゲージメントを高める効果は，仕事の要求度が高い時により強くなる（Bakker & Demerouti, 2017）というものである。例えば，簡単でひとりでも容易にこなせる仕事の時には周囲の支援があってもなくても仕事のやりがいにはあまり関係がないが，むずかしくて歯が立たないような仕事の時には周囲の支援があることが，仕事のやりがいに強く結びつくというのである。本章でも，これらの主張に従って以下の 2 つの仮説を設定して検証する。

　　仮説 3：仕事の要求度とストレスの関係は，仕事の資源によって低減される
　　　　　　　る
　　仮説 4：仕事の資源とワーク・エンゲージメントの正の関係は，仕事の要
　　　　　　　求度によって低減される

以上を踏まえて分析 2 の分析枠組みを示すと図 2-3 のようになる。

4-2. 調査項目と記述統計

　分析 2 では，分析 1 におけるリモートワークサンプルを用いて，重回帰分析を行った。重回帰分析とは，ある変数の変動を複数の変数の変動で説明するための統計手法である。本章では，第 2 調査時点のウェルビーイング（ストレス，ワーク・エンゲージメント）を，時間的に先行している第 1 調査時

表2-5　分析2で用いた各変

	平均	標準偏差	1	2	3	4	5
1 性別 (1:男性)	0.8	0.39					
2 年齢	49.2	8.52	.298***				
3 末子6歳以下 (1:有)	0.1	0.30	.055	-.345***			
4 人事施策への評価 (業績評価)	3.3	0.80	-.090	-.069	.009		
5 人事施策への評価 (安全)	3.3	0.82	-.065	-.014	.032	.563***	
6 残業時間	6.5	7.10	.071	-.078	-.019	-.013	-.240***
7 楽観性	3.2	0.73	-.008	.065	.007	.216***	.325***
8 仕事の要求度	3.3	0.70	.121*	-.171**	.117*	.077	-.125*
9 能動的支援受容	2.9	0.80	-.045	.059	.068	.505***	.495***
10 受動的支援受容	3.4	0.69	-.074	-.034	-.017	.527***	.542***
11 職務自律性	3.4	0.63	.046	.114*	-.058	.080	.190***
12 上司の両立支援行動	3.1	0.86	-.065	-.021	.016	.542***	.694***
13 ストレス	2.8	0.98	.015	-.168**	-.046	-.177***	-.314***
14 ワーク・エンゲージメント	3.1	0.79	-.048	.028	.024	.163**	.157**

***p < .001, **p < .01, *p < .05, +p < .10
注:t1 は第1回調査,t2 は第2回調査をあらわす。

点の仕事の要求度（仕事の質的負担感および仕事の量的負担感）と仕事の資源（能動的支援の受容，受動的支援の受容，職務自律性，上司の両立支援行動）の変動によってどのように説明できるかを分析した。仮説で用いた変数間の関係を精緻に検討するために，ウェルビーイングに影響を与える可能性のある要因を統制変数として投入した。統制変数として投入した変数は，性別，年齢，未就学児の有無，組織の業績評価に関わる人事施策に対する評価，組織が行っている従業員の安全確保に関わる人事施策に対する評価，残業時間数，仕事における楽観性である。

　分析に用いた変数の記述統計は表2-5の通りである。ウェルビーイングの値は，分析1のリモートワーカー群の値と同じである。変数間の相関分析の結果からは，ストレスとワーク・エンゲージメントの間に負の相関が見られたことを含めて，おおむね想定通りの結果が得られた。一方でいくつかの点では，想定外の関係性も見られた。まず，仕事の要求度とワーク・エンゲージメントの間に正の相関が見られた。また，職務自律性とワーク・エンゲージメントの間には正の相関が期待されたが，統計的に意味のある水準で正の相関は見られなかった。

数の記述統計量および相関係数

6	7	8	9	10	11	12	13	14
−.030								
.321***	.015							
−.050	.348***	−.142*						
.014	.311***	−.022	.630***					
−.155**	.185***	−.104 +	.110*	.047				
−.100 +	.315***	−.054	.618***	.658***	.109*			
.117*	−.320***	.180***	−.269***	−.255***	−.200***	−.265***		
.122*	.408***	.319***	.222***	.182***	.061	.257***	−.160**	

4-3.　重回帰分析の結果

　ストレスを従属変数とした重回帰分析の結果が表 2-6 のモデル 1 からモデル 5 である。モデル 1 では，統制変数に加えて仕事の要求度，能動的支援の受容，受動的支援の受容，職務自律性，上司の両立支援行動を投入している。次にモデル 2 では，モデル 1 に加えて仕事の要求度と能動的支援の受容の交互作用項を，モデル 3 では，モデル 1 に加えて仕事の要求度と受動的支援の受容の交互作用項を，モデル 4 では，モデル 1 に加えて仕事の要求度と職務自律性の交互作用項を，モデル 5 では，モデル 1 に加えて仕事の要求度と上司の両立支援行動の交互作用項を，それぞれ作成して投入した[8]。

　それぞれの変数の影響を検討するモデル 1 では，仕事の要求度が正の影響，年齢，末子 6 歳以下ダミー，楽観性と職務自律性が負の影響を与えていることが示された。また，安全に関わる人事施策に対する評価が，有意傾向の負の影響を与えていた。一方，2 つの職場の支援の受容は統計的に有意な水準で影響を与えていなかった。このことから仮説 1 は支持された。

8　交互作用項の作成に際して，各変数はすべて中心化して用いている。なお，検証されたモデルの VIF は最大で 2.7 であり，多重共線性問題は大きくないと判断した。

表 2-6　分析 2 の階層的重回帰分析の結果

変数名	ストレス					ワーク・エンゲージメント	
	モデル 1	モデル 2	モデル 3	モデル 4	モデル 5	モデル 6	モデル 7
定数	2.793 **	2.802 **	2.795 **	2.796 **	2.798 **	3.078 **	3.079 **
性別（1：男性）	0.116	0.112	0.116	0.111	0.114	-0.236*	-0.236*
年齢	-0.021**	-0.023**	-0.024**	-0.021**	-0.022**	0.009 +	0.009 +
末子 6 歳以下（1：有）	-0.424*	-0.422*	-0.401*	-0.414*	-0.395*	0.034	0.041
人事施策への評価（業績評価）	-0.001	0.014	0.022	-0.005	0.030	-0.046	-0.039
人事施策への評価（安全）	-0.165+	-0.182+	-0.182+	-0.160+	-0.195*	-0.024	-0.032
残業時間	0.000	-0.001	-0.001	0.000	0.000	0.007	0.007
楽観性	-0.278***	-0.268***	-0.267***	-0.279***	-0.268***	0.366 ***	0.368 ***
仕事の要求度	0.183 *	0.191 *	0.182 *	0.179 *	0.178 *	0.400 ***	0.399 ***
能動的支援受容	-0.004	-0.007	-0.006	0.000	-0.015	0.107	0.104
受動的支援受容	-0.143	-0.141	-0.166	-0.136	-0.126	-0.095	-0.091
職務自律性	-0.160*	-0.148+	-0.143+	-0.163*	-0.154+	0.022	0.024
上司の両立支援行動	-0.020	-0.028	-0.018	-0.027	-0.041	0.184 *	0.179 *
仕事の要求度×能動的支援受容		0.121					
仕事の要求度×受動的支援受容			0.240 *				
仕事の要求度×職務自律性				0.075			
仕事の要求度×上司の両立支援行動					0.156 *		0.038
修正済 R^2	.192	.196	.205	.191	.200	.289	.288
F 値	7.423 ***	7.070 ***	7.444 ***	6.872 ***	7.248 ***	11.972***	11.065***
N	325	325	325	325	325	325	325

***$p < .001$，**$p < .01$，*$p < .05$，+$p < .10$

　モデル 2 からモデル 5 では，交互作用項を投入して仕事の要求度と仕事の資源の組み合わせの効果を検討している。このうちモデル 2 とモデル 4 では，交互作用項は統計的に有意な水準で影響を与えていなかったがモデル 3 とモデル 5 では，交互作用項は統計的に有意な水準で正の影響を与えていた。そこで仕事の資源の違いによって仕事の要求度がストレスに与える影響がどのように異なるのかを詳しく調べるため，±1SD の値を用いた単純傾斜分析を行った。その結果，受動的支援の受容が高い時には，仕事の要求度はストレスに対して統計的に有意な水準で正の影響を与えていた（$\beta = .25$，$p < .01$）が，受動的支援の受容が高い時には，仕事の要求度がストレスに与える影響は，統計的に有意な水準では見られなかった（$\beta = .01$，ns）。また，上司の両立支援行動の程度が高い時には，仕事の要求度はストレスに対して，統計的に有意な水準で正の影響を与えていた（$\beta = .22$，$p < .01$）が，

図 2-4　仕事の要求度と受動的支援の受容がストレスに及ぼす効果

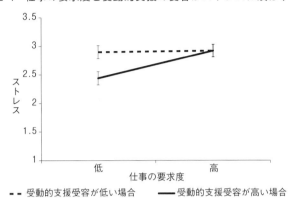

図 2-5　仕事の要求度と上司の両立支援行動がストレスに及ぼす効果

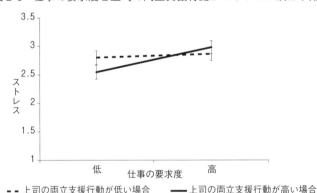

上司の両立支援行動の程度が高い時には，仕事の要求度がストレスに与える
影響は，統計的に有意な水準では見られなかった（$\beta = .03$, ns）。
　図 2-4 および図 2-5 からは，上述したような受動的支援の受容および上司
の両立支援行動が高い場合（実線）に，仕事の要求度が高まるにつれてスト
レスが高まる関係が読み取れる。一方，受動的支援の受容および上司の両立
支援行動が低い場合（破線）は，仕事の要求度に関係なく，常にストレスが
高くなることが読み取れる。このことは仕事の要求度が下がることによるス
トレスの低減効果は限定的であり，上司の両立支援行動や受動的支援の受容

を伴わない限り，効果を十分に発揮しないということでもある。ストレスに対する仕事の要求度と資源の組み合わせの効果は4つの要因のうち2つで見いだされたものの，いずれも仮説で想定した影響とはやや異なるものであった。そのため仮説3は支持されなかった。

　次に，ワーク・エンゲージメントを従属変数とした重回帰分析の結果が，表2-6のモデル6とモデル7である。まずモデル6で，すべての変数を投入した。その結果，楽観性，仕事の要求度，上司の両立支援行動がワーク・エンゲージメントに正の影響を与えていること，年齢が有意傾向の正の影響を与えていることが示された。また性別は，統計的に有意な水準で負の影響を与えていることが示された。

　モデル6で統計的に有意な水準で影響を見られたのは，4つの仕事の資源の要因の中で，上司の両立支援行動のみであった。そのため，モデル7で上司の両立支援行動と仕事の要求度の交互作用効果を投入してその影響を検討したが，統計的に有意な水準で影響を与えていなかった。仕事の要求度と上司の両立支援行動はともに正の影響を与えていたが，両者はそれぞれ独立して影響を与えており，両者の組み合わせによる相乗効果は見られなかった。この結果，仮説2は部分的に支持されたが，仮説4は支持されなかった。

4-4. 分析2のまとめと考察

　調査結果の発展的分析を通じて，リモートワーカーのウェルビーイングに仕事の特徴が与える影響を検討した。重回帰分析の結果，仮説1と仮説2の一部が支持されたが，仮説3と仮説4は支持されなかった。以下では，リモートワーカーのウェルビーイングに影響を与える要因を仮説との関係に注目しながら整理していく。

　第1に，リモートワーカーのストレスは，仕事の要求度が高いほど高まることが明らかになった。仕事の要求度を高めすぎないような業務管理や役割分担の工夫を行うことは，従業員のウェルビーイングを維持する上でやはり必要であるということである。例えば，抱えている業務をチームで「見える化」して共有したり，オンラインで仕事のスケジュールをお互いに確認したりすることで，特定の人に業務が集中すること避け，業務負担の調整をすることが可能になるだろう。

　第2に，単純に仕事の要求度を下げることだけでは，必ずしも従業員のス

トレスを十分に低減することに結びつかない，ということも明らかになった。本章では，上司が仕事と家庭生活との両立を支援する行動と，「自分から頼めば，同僚に助けてもらえている程度」である受動的支援の受容の程度が高い時に，仕事の要求度の低さがストレスを低める効果が強くみられるという，想定とは異なる組み合わせの効果が明らかになった。

　管理者の中には，リモートワーカーの部下にストレスを与えすぎないように仕事量や仕事のむずかしさを配慮しているという人もいるかもしれない。しかし，本章の調査結果に基づけば，単純に仕事の要求度を下げるだけでなく，上司自身が部下の仕事と家庭生活との両立に配慮した行動をとることや職場全体で同僚からの支援を求めるサインを見逃さないよう心がけることなど，職場で多面的な支援体制を構築していくことの重要性が示唆されている。

　第 3 に，リモートワーカーのワーク・エンゲージメントは，仕事の要求度が高い場合と，上司が両立支援行動をとっている場合に高まることが明らかになった。まず，仕事の要求度がワーク・エンゲージメントを高める予想外の効果が見られた。一部の先行研究の中には，仕事の要求度は，ワーク・エンゲージメントを高める仕事の挑戦性を示す側面と，ワーク・エンゲージメントを低める疎外要因としての側面とに分けることができることを指摘する研究（Van den Broeck et al., 2010）があり，本章の結果もこの主張を部分的に支持するものである。このむずかしい仕事やたくさんの仕事に取り組んでいるリモートワーカーのほうが仕事に対するやりがいを感じているという結果を異なる観点から解釈すると，企業がリモートワークのための十分な環境を整備できておらず，その結果やりがいや達成感を感じられる業務に十分に従事できていないリモートワーカーがいる可能性がある。企業は，IT 環境に積極的に投資するなどの方法でリモートワーク時に取り組むことのできる業務の範囲を予め拡張しておくことで，リモートワークをせざるをえない状況になった従業員のウェルビーイング（ここではワーク・エンゲージメント）を維持することができる。また，オンラインであっても効果的に業務が進められるような管理スキル（例えばオンライン会議において上司がファシリテーションを行うスキルなど）を育成することも従業員がリモート環境で難易度の高い業務に従事することに寄与するかもしれない。これらは，積極的に挑戦的な仕事に取り組める状況をつくることでワーク・エンゲージメン

トを高めることが従業員のウェルビーイングを高めることにつながるという点で積極的な方策といえよう。

　第4に，仕事の資源に該当する2種類の仕事の支援の受容や職務自律性は，ワーク・エンゲージメントに対して影響を与えていなかった。このような予想外の結果はいくつかの理由で生じたと考えられる。まず，仕事の要求度の平均値がそれほど高くないことの影響を受けている可能性がある。先に触れたように挑戦的な側面があまりない業務が増加している場合には，仕事を進める上で裁量の余地があったり，上司や同僚から支援が受けられたりするとしても仕事のやりがいには結びつかないであろう。次に，リモートワークという状況の影響を受けている可能性も考えられる。職務自律性は従来から，ワーク・エンゲージメントを高める要因として注目されてきたにもかかわらず，本章では影響が見られなかった。もともと自己裁量の余地が大きいリモートワークにおいては，さらに職務自律性を増すことが，やりがいを増加させる要因とならない可能性がある。今後検討する余地があるだろう。

　なお本章の主たる関心とは異なるものの，調査結果からは，従業員の楽観性がストレスを低減し，ワーク・エンゲージメントを高める影響があることが明らかになった。楽観性は研修などを通じて，中長期的に高めることのできる個人要因であると位置づけられている（Luthans, Youssef, & Avolio, 2015）。リモートワーク導入後に短期間で向上させることはむずかしいと考えられるものの，楽観性の高い人材を中長期的に育成していくことも，危機に強い組織をつくる上で有益であることが示唆されている。

5.　おわりに

　未曾有の危機に直面した管理者や従業員の中には，いまも手探りのままリモートワークに従事している人も多い。本章を終えるにあたって，調査結果から実務に対するヒントを探ることにしたい[9]。

　リモートワーク下の従業員のウェルビーイングを高めることについて，本章で得られた示唆は大きく分けると2つである。第1に，従業員の仕事の負

9　本章のサンプルは東京の大企業で働く従業員に限られており，性別はやや男性に偏っており，年齢層もやや高い点は注意が必要である。

担感を上手に把握することの重要性である。調査結果によれば，仕事の負担を減らせばストレスは低下するものの，同時にやりがいも低下させてしまう。ただ単に従業員を楽にすることが一概に従業員のウェルビーイングを高めるわけではないが，挑戦し甲斐のある仕事が過度の負担につながることも多い。リモートワーク時には従業員がいま困っているのか，力を持て余しているのかを把握することがむずかしくなるため，負担感の上振れ・下振れを見過ごしやすくなることに注意が必要である。組織には，まず何よりも，従業員の負担が大きくなりすぎないようにまずは労働時間などの客観的な指標を管理することが求められよう。その上で最近では，少数の設問からなる質問票調査を短期間に繰り返すパルスサーベイのような方法で，従業員の調子をリアルタイムに把握しようとする企業も増えてきている。このような方法で，従業員の主観的な負担感を把握することも1つの方法である。しかし，このような大掛かりな仕組みを導入しなくても，チームや職場単位であれば，チャットやメールで多忙具合や余力の有無をカジュアルに共有することで代替することも十分に可能であろう。

　第2に，支援のタイプにも目を向けることが重要である。調査結果は，「言われなくても助けてもらえている程度」ではなく，「助けを求めた時に助けてもらえている程度」がストレスを低減する前提条件として有効であることを示している。ただし，「助けられること」や「助けてあげること」にも，副作用を伴うことがある点にも注意が必要である。例えば，周囲から助けてもらってばかりの人は，負い目を感じてしまったり，自信を損なってしまったりする可能性もある。また「助けてもらう」ことが返礼義務を伴うようになると，無駄な気遣いを増やしてお互いに疲れてしまう可能性もある。これらを踏まえれば管理者は，単に支援の多い職場づくりを目指すのではなく，支援が必要な時に支援を求めやすい「さっぱりした」職場の雰囲気づくりを進めることが有効であろう。具体的には，オンライン会議や1on1の中で，部下が支援を求められるようなきっかけづくりを心がけるとよいだろう。

謝辞
　本章は，株式会社ミナジンからの受託研究の成果の一部である。ここに記して感謝いたします。

参考文献

8045592

Bakker, A. B., & Demerouti, E. (2017). Job demands–resources theory: Taking stock and looking forward. *Journal of Occupational Health Psychology, 22*(3), 273-285.

Eguchi, H., Kachi, Y., Koga, H. K., Sakka, M., Tokita, M., & Shimazu, A. (2019). Validation of the Japanese version of the multidimensional measure of family supportive supervisor behaviors (FSSB-J). *Frontiers in Psychology, 10*, 2628.

江口尚・森永雄太・細見正樹（2020）.「健康経営および治療と仕事の両立：産業保健学および組織行動論の視点から」『経営行動科学』*31*(3)，117-131。

籠仁美・松下将章・森永雄太（2020）.「コロナ禍の在宅勤務者における支援の受容が仕事−家庭コンフリクトに与える影響およびその影響の調整要因」『経営行動科学学会第23回年次大会発表予稿集』（23），184-191。

Gajendran, R. S., & Harrison, D. A. (2007). The good, the bad, and the unknown about telecommuting: Meta-analysis of psychological mediators and individual consequences. *Journal of Applied Psychology, 92*(6), 1524-1541.

Hammer, L. B., Ernst Kossek, E., Bodner, T., & Crain, T. (2013). Measurement development and validation of the family supportive supervisor behavior short-form (FSSB-SF). *Journal of Occupational Health Psychology, 18*(3), 285-296.

Kessler, R. C., Andrews, G., Colpe, L. J., Hiripi, E., Mroczek, D. K., Normand, S. L., Walters, E. E., & Zaslavsky, A. M. (2002). Short screening scales to monitor population prevalences and trends in non-specific psychological distress. *Psychological Medicine, 32*(6), 959-976.

Lee, H. W., Bradburn, J., Johnson, R. E., Lin, S. H. J., & Chang, C. H. D. (2019). The benefits of receiving gratitude for helpers: A daily investigation of proactive and reactive helping at work. *Journal of Applied Psychology, 104*(2), 197-213.

Luthans, F., Youssef, C. M., & Avolio, B. J. (2015). *Psychological capital and beyond*. Oxford University Press（開本浩矢・加納郁也・井川浩輔・高階利徳・厨子直之訳『こころの資本：心理的資本とその展開』中央経済社，2020年）.

森永雄太（2017）.「健康経営とは何か：職場における健康増進と経営管理の両立」『日本労働研究雑誌』*682*，4-12。

森永雄太（2019）.『ウェルビーイング経営の考え方と進め方：健康経営の新展開』労働新聞社。

森永雄太（2020a）.「健康経営の新展開：ウェルビーイング経営のススメ」『オムニマネジメント：NOMA経営情報誌』*29*(7)，2-7。

森永雄太（2020b）.「Withコロナの時代のウェルビーイング経営：リモートワークとジョブ・クラフティング」『人事実務』*57*(1211)，8-12。

Pfeffer, J. (2018). *Dying for a paycheck: How modern management harms employee health and company performance—and what we can do about it*. Harper Business（村井章子訳『ブラック職場があなたを殺す』日本経済新聞社，2019年）.

Schaufeli, W. B., Shimazu, A., Hakanen, J., Salanova, M., & De Witte, H. (2019). An ultra-short measure for work engagement: The UWES-3 validation across five countries. *European Journal of Psychological Assessment, 35*, 577-591.

Van den Bos, G. R. (2007). *APA dictionary of psychology*. American Psychological

Association（繁枡算男・四本裕子監訳『ＡＰＡ心理学大辞典』培風館，2013 年）.

Van den Broeck, A., De Cuyper, N., De Witte, H., & Vansteenkiste, M. (2010). Not all job demands are equal: Differentiating job hindrances and job challenges in the job demands–resources model. *European Journal of Work and Organizational Psychology*, *19* (6), 735-759.

Wang, B., Liu, Y., Qian, J., & Parker, S. K. (2021). Achieving effective remote working during the COVID-19 pandemic: A work design perspective. *Applied Psychology*, *70*(1), 16-59.

参照 URL

イーウェル（2020）.「緊急事態宣言に伴うリモートワーク実施下での従業員の働き方実態を調査―リモートワークの継続を望む声が強い中，仕事の生産性や運動不足が課題に―」㈱イーウェル，https://www.ewel.co.jp/category/news-release/p17218/ （2021 年 3 月 11 日確認）。

リクルートキャリア（2020）.「新型コロナウイルス禍における働く個人の意識調査『働くモチベーション』はリモートワーク実施前後で変化した？」㈱リクルートキャリア，https://www.recruitcareer.co.jp/news/pressrelease/2020/201222-02/ （2021 年 3 月 11 日確認）。

リクルートキャリア（2021）.「新型コロナウイルス禍における働く個人の意識調査リモートワーク経験者の 6 割，リモートワーク前にはなかったストレスを実感仕事中の『雑談』有無の違いでストレス解消具合に 14.1pt の差」㈱リクルートキャリア，https://www.recruitcareer.co.jp/news/pressrelease/2021/210122-02/ （2021 年 3 月 11 日確認）。

第3章
リモートワークにおける組織の調整・統合の方法とコミュニケーション

　本章では，筆者らが実施した質問票調査に基づいて，コロナ禍におけるリモートワークの実施状況とそこでの課題について，組織でのコミュニケーションを基軸として考察を進める。そこからは，リモートワークの導入に苦戦しつつも努力してきた状況が浮き彫りになるとともに，リモートワークを行う従業員個人の生産性を向上するだけでは解決できない，組織マネジメント上の課題が，示唆される。

1.　はじめに

　本章では，コロナ禍におけるリモートワークがどのように進められ，いかなる影響を企業の業務活動にもたらしたのかという問題を，組織におけるコミュニケーションを軸に考えていく。

　本章の考察は，大きくは2つに分けられる。前半では，筆者らの調査の集計結果から，リモートワークの実施やその中でのコミュニケーションの状況について全体的な傾向を見ていく。また，必要に応じて他の機関や団体等による調査結果にも触れながら，筆者らの調査結果の妥当性を確認する。そこで中心的に考えるのは，リモートワークがどの程度取り入れられ，リモートワークにおいてコミュニケーションがどのように変化したのか，という点である。そこからわかるのは，多くの企業がリモートワークを導入し，ZoomやSlackなどの新しいコミュニケーション・メディアを取り入れるなど積極的に対応してきた一方で，仕事の生産性が低下したり，リモートワークを開始しながらも途中で中止したりする事例も多く見られるなど，未曾有の状況

に悪戦苦闘する日本企業の姿である。

　本章の後半では，筆者らの質問票調査から得たデータをもとに，どのような要因が個人レベルでのリモートワークの生産性やその組織のパフォーマンス（成果）に影響を与えているのかという問題を，回帰分析を通じて考察する。この後半での分析からは，新しいコミュニケーション・メディアを使いこなすことなどリモートワークに直接関係しそうな要因は，個人レベルでの生産性の維持・向上にプラスの影響をもたらす一方で，部署全体の成果への影響は限定的であることがわかる。部署全体の成果に対しては，職場での仕事でも重要とされる，組織でのコミュニケーションに関わる幅広い要因が，より大きな影響をもたらしているのである。

　これらの点から，少なくとも調査時点においては，リモートワークは一定の成果を上げてきたものの，継続的に実施され，広く社会に定着するためには，解決すべきマネジメント上の課題が残されていることが示唆される。

2.　リモートワーク実施状況の概要

2-1.　調査の概要

　筆者らは，2020 年 10 月中盤から後半にかけて，調査会社に登録しているモニターに対してインターネット経由で質問票調査を実施した。2020 年 10 月は，1 回目の緊急事態宣言（首都圏では 2020 年 4 月 7 日から 5 月 25 日まで）と 2 回目の緊急事態宣言（首都圏では 2021 年 1 月 8 日から 3 月 21 日まで）の間であり，新型コロナウイルス感染症（COVID-19）への対応が比較的緩和された時期である。

　回答者は，民間企業に勤務する従業員から，リモートワークに転換しにくい現業（生産，接客サービス，調理，配送・物流など）を除いた総計 1000 名である。このデータから，社員総数 3 名以下の企業に勤務する人（28 名）と 66 歳以上の人（32 名）を除外した 940 名を，筆者らの調査における分析対象としている。ただし，本章の後半での中心的な分析対象は，このうち調査時点でリモートワークを実施していた人に限定している。

　筆者らの調査の分析対象に関する基本的な属性は，次のようになる。回答者の居住地域には，すべての都道府県が含まれており，東京や大阪などの大都市のみならず，地方にも広範に分布している。回答者は 22 歳から 65 歳ま

でであり，平均年齢は 47.8 歳（標準偏差：10.0）である。課長級以上の役職者は 312 人（33.2%）で，全体の 3 分の 1 程度となる。

2-2. リモートワークの実施状況

まず確認したいのは，筆者らの調査でのリモートワークの実施状況である。分析対象となる 940 名のうち，リモートワークを経験した人は 573 名（61.0%）であり，そのうち調査時点でも継続していると答えた人は 386 名（41.1%）であった。筆者らの調査では現業に従事している人々を対象から除外していることから，リモートワークに移行しやすい職種における実施状況だと言える。実際に，すべての職種を対象とした場合のリモートワーク実施率は，筆者らの調査よりも低い傾向にある。例えば，日本生産性本部が 2020 年 10 月に実施した調査（全国・個人対象）でのリモートワークの実施率は 18.9% であり，内閣府が 2020 年 12 月に実施した調査では，全国で 21.5%，東京 23 区で 42.8% であった（本章で参照した他の機関・団体等の調査は，章末に掲載）。

筆者らの調査でリモートワークを経験した 573 名のうち，調査時点でリモートワークを中止していたのは，187 名であった。この値は，分析対象全体の 19.9%，リモートワーク経験者の 32.6% をそれぞれ占めている。リモートワーク経験者の 3 人に 1 人は，リモートワークを行ったものの，調査時点までに職場での勤務に戻ったことになる。

このように，リモートワークを中止する場合が一定の割合で見られる状況は，他の機関・団体等が実施した調査でも確認できる。例えば，日本生産性本部の調査では，2020 年 5 月でのリモートワーク実施率が 31.5% であったのに対して，10 月調査では 18.9% と，4 割低下していた。なお，日本生産性本部や内閣府が継続して実施している調査によると，リモートワークの実施率は，2 回目の緊急事態宣言時に再度上昇するものの，1 回目の宣言時の水準には戻っていない。これらの点からは，COVID-19 拡大という予期せぬ事態に直面して，多くの事業者がリモートワークを開始したものの，1 回目の緊急事態宣言時を中心とする一時的な対応に終わったケースが相当数存在することがわかる。

2-3. リモートワーク時の出社日数

　リモートワークは「実施するか，実施しないか」というだけではなく，実施した場合でもどの程度リモートワークに移行したのかという点で違いがある。すべての業務を自宅など職場以外で行う場合もあれば，週に何日かは出勤することもある。そこで，筆者らの調査では，リモートワーク実施時の1週間あたり平均出社日数を，調査時点（2020年10月）とリモートワークのピーク時点の双方に関して尋ねている。なお，リモートワークのピーク時点については，「導入以降変化がない」という回答が2割弱あったものの，1回目の緊急事態宣言期間中である2020年4月・5月をピーク時とした回答が6割を超える。

　図3-1には，筆者らの調査において，①リモートワークを継続している場合のピーク時での平均出社日数，②リモートワークを継続している場合の調査時点での平均出社日数，③リモートワークを中止した（調査時点ではリモートワークを実施していない）場合のピーク時での平均出社日数，の3つについて，回答者の割合を折れ線グラフで示している。

　これら3つの間の比較で重要だと思われるのは，（a）ピーク時におけるリ

図3-1　リモートワーク実施状況での平均出社日数

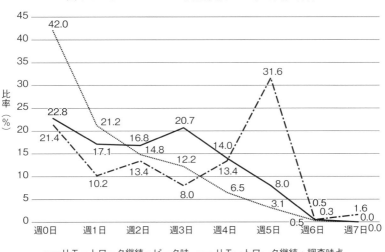

注：継続群N = 386，中止群N = 187

モートワーク継続群と中止群との比較と，（b）リモートワーク継続をした場合のピーク時と調査時点との比較である。

　まず，（a）のピーク時の継続群と中止群における出社日数では，傾向が異なる。出社日数の平均値は，継続群が1.30日，中止群が2.87日である（t＝10.52，p＜0.001）。グラフ上の分布を比較すると，調査時点でも継続している場合には「週0日」（つまり，出社していない）が4割を超えて，右下がりのグラフとなっている。この点からは，継続群では，ピーク時点でできるだけ出社せずに業務を行う傾向があったことがわかる。それに対して，中止群では，「週0日」は2割程度あったものの，最頻値は3割以上の「週5日」であり，「週4日」も継続群の2倍以上の比率がある。つまり，中止群では，リモートワークを実施してはいるものの，実態としては平均で週の半分程度，人によってはほとんど毎日出勤していることになる。中止群では，何らかの事情でリモートワークへの実質的な転換が進んでおらず，緊急の対応として可能な範囲でリモートワークを部分的に取り入れた場合が少なくないと考えられる。

　リモートワークを継続している場合でも，ピーク時と調査時点では出社日数は大きく変化している。回答者の平均値は，ピーク時で1.30日，調査時点で2.12日である（t＝12.29，p＜0.001）。前述のように，ピーク時では「出社していない」が4割を超えていたが，調査時点では2割程度に低下しており，その代わりに「週2日」から「週5日」の比率が上昇している。特に「週3日」は回答者の2割程度にものぼっている。この点からは，中止群ほどではないにせよ，リモートワークを継続している人々でも，リモートワークだけでは仕事を進めにくいことがうかがえる。

　このように，リモートワークを実施している場合に出社日数が時期によって変動する状況は，他の調査でも示されている。例えば，日本生産性本部は2021年1月までに4回の調査を実施している。まったく出社していない人の割合は，第1回調査（2020年5月）では32.1%であったが，第2回調査（2020年7月）で19.8%，第3回調査（2020年10月）で17.8%，第4回調査で21.5%であった。それに対して，5日以上出勤している人の割合は，第1回で9.5%であったが，第2回で22.1%，第3回で17.3%，第4回で20.2%となっている。この推移からは，1回目の緊急事態宣言の頃がリモートワークのピークであり，宣言解除後は出社日数が増加していることと，2

回目の緊急事態宣言でも，1回目の緊急事態宣言の頃ほど出社日数は減って
いないことが，わかる。

　これらの点からは，時間の経過とともにリモートワークへの移行が進むと
いうことはなく，むしろ「揺り戻し」に近い状況が生じていたと考えられ
る。これらのデータだけでは，このような「揺り戻し」が全面的に生じてい
るのか，それともリモートワークへの移行が進んだ企業と元の対面業務に戻
ろうとする企業の間で対応が分かれているのかは，定かではない。しかし，
以上の点からは，楽観的な一部の議論で言われているほど，コロナ禍が収束
した時点で，リモートワークへの移行が日本社会全体で大幅に進むような状
況には，いまのところなさそうだと言える。

2-4.　リモートワークの生産性

　リモートワークを実施する際には，移行できるかどうかだけではなく，移
行した場合に従来と同様に業務を遂行できるのかということも，重要な問題
となる。そこで筆者らの調査では，リモートワーク実施時における回答者個
人の生産性の変化についても取り上げた。具体的には，①通常の業務におけ
る効率性と，②新規課題への取り組みやすさという2点で，リモートワーク
が職場での仕事と比べて，どのように位置づけられるのかを，「悪い」（1
点）から「よい」（5点）までの5点尺度で尋ねている。

　まず，回答者全体（573名）の平均値は，①通常業務の効率性で2.66，②
新規課題への取り組みやすさで2.56であった。いずれも「変わらない」を
示す3点を下回っており，リモートワークは職場で仕事をするよりもやりづ
らい傾向にあることがわかる。また，通常業務の効率性と新規課題への取り
組みやすさとを比べると，通常業務のほうがリモートワークで多少やりやす
いと考えられている（t＝3.00，p＜0.01）。

　また，出社日数と同様に，リモートワークの生産性に関しても，リモート
ワークの中止群は継続群より低い傾向にある。図3-2には，通常業務の効率
性と新規課題への取り組みやすさの分布が，リモートワークの継続群と中止
群に分けて示されている。このグラフでも，継続群と中止群では違いがあ
り，継続群のほうが平均的な生産性は高いことがわかる。平均値で見ると，
①通常業務の効率性に関しては，継続群：2.92，中止群：2.14（t＝7.74，p
＜0.001），②新規課題への取り組みやすさに関しては，継続群：2.75，中止

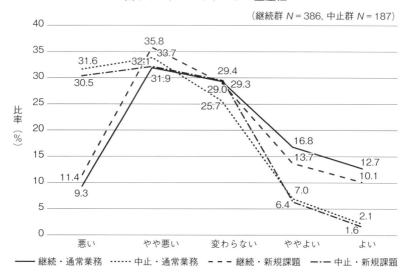

図3-2　リモートワークの生産性

（継続群 *N* = 386, 中止群 *N* = 187）

凡例：継続・通常業務　中止・通常業務　継続・新規課題　中止・新規課題

群：2.12（t＝6.04，p＜0.001）となる。グラフの形状としては，継続群では「やや悪い」が最も多いものの「よい」にかけて緩やかに比率が下がっており，「悪い」は相対的に少ない。それに対して，中止群では，「悪い」と「やや悪い」がいずれも3割程度を占めている反面，「ややよい」「よい」を合わせても1割に満たない。

　リモートワークの生産性が職場での生産性を下回る点は，他の機関・団体の調査結果とおおむね一致する。パーソル総合研究所が2020年11月に実施した第4回調査によると，リモートワーク時の生産性が出社時の生産性を上回るとした回答者の比率は，16.6％にとどまる。この調査では，出社時を100とした場合として質問項目を設定しており，測定手法は若干異なるものの，筆者らの調査でのリモートワーク経験者全体で職場よりもよいと答えた比率（通常業務：22.8％，新規課題：18.6％）と類似した傾向にある。

　他方で，リモートワーク時の生産性は，時間の経過とともに改善されてきたというデータもある。日本生産性本部は，前述のように，2021年1月までに4回調査を実施している。「自宅での勤務で効率が上がったか」という4点尺度の質問（つまり「変わらない」という中間点がない）において，第

1 回調査の 2020 年 5 月時点では，低下したと答えた比率が 66.2% であったのに対して，その比率は調査を重ねるごとに低下して，2021 年 1 月に実施した第 4 回調査では，44.5% と 5 割を下回るまでになっている。リモートワークが継続的に実施されることで，新たな環境への適応が進み，生産性が上昇してきた可能性が考えられる。

　このように見ていくと，リモートワークは従来の業務を大きく変えることでもあり，全般的には個々の業務の効率性や有効性は低下する状況が散見される一方で，そのような状況は時間の経過とともに，改善される傾向も見られる。

　ただし，個々の従業員が認識する生産性は，組織としての成果に直結するとは限らないことには，注意が必要である。リモートワークにうまく対応できていると従業員個人が感じているからといって，高い組織の成果が達成されるとは限らない。したがって，人々がリモートワークに慣れて，個人レベルで円滑に業務が遂行できるようになっても，組織として狙い通りの成果が連動して実現しない場合も想定できる。

　この点からは，従業員個人がリモートワークをうまくやっていると認識している場合でも，組織的なマネジメントが十分に機能していなければ，高い組織的成果が上げられない可能性が想定できる。この問題については，第 4 節で改めて議論したい。

3. リモートワークにおけるコミュニケーションとメディア

3-1. リモートワーク時のコミュニケーションの変化

　リモートワークは，文字通り離れた場所で仕事をすることを意味する。そのために，リモートワークに移行することで，組織の成員（メンバー）間でのコミュニケーションのあり方は大きく変わる。そこで，筆者らの調査では，リモートワーク時のコミュニケーションをめぐる状況を，中心的な要素の 1 つとしている。

　筆者らがコミュニケーションを重視する理由は，いかなる組織的活動においても，成員間のコミュニケーションが重要な役割を果たすことにある。組織で活動する人々が直接・間接に情報を共有して，それぞれの行動が連動す

ることがなければ，組織としての目的は達成できないのである。

　コミュニケーションの重要性は，経営組織論の中核を構成する要素の1つとして長らく議論されてきた。近代組織論の始祖とされるバーナードは，組織的活動でのコミュニケーションの役割を早い段階で指摘している（Barnard, 1938）。バーナードは，コミュニケーション，成員の貢献意欲，共通目的の3つを，組織が成立するための必要十分条件としている。バーナードの流れを汲むとされるサイモンらは，さらに展開して，組織における情報処理プロセスの中核的な手段として，コミュニケーションをとらえている。例えば，著名な『オーガニゼーションズ』のコミュニケーションに関する節で，サイモンとマーチは次のように記している。「活動の複雑な相互依存パターンを維持するための組織のキャパシティは，調整のために必要となるコミュニケーションを扱うためのキャパシティによって，部分的に制約されている」（March & Simon, 1993, p. 183）。つまり，どれだけ有効なコミュニケーションを実現できるかが，組織的活動の高度化や有効性に影響を与えるということである。

　コミュニケーションが組織マネジメントで果たす役割は，古典的な議論のみならず，現在でも重要だと考えられている。例えば，Joseph & Gaba（2020）は，組織の情報処理プロセスに関するこれまでの研究を概観し，そこでコミュニケーションが果たす機能について論じている。また，筆者らが行ってきた日本企業の事業組織に関する分析では，組織内部でのコミュニケーションが組織マネジメントの鍵を握ることを指摘してきた（例えばKato et al., 2018）。

　リモートワークが組織的活動の一環である以上，そこでもコミュニケーションは大きな影響を与える。とりわけ，リモートワークは，離れた場所で仕事をするという点で，成員間の物理的な関係性に変化をもたらすことから，新たな状況でのコミュニケーションのあり方は，重要な意味を持つと考えられる。

　実際に，他の機関・団体によるリモートワークに関する調査においても，コミュニケーションをめぐる問題はリモートワークにおける重要な課題だととらえられている。例えば，内閣府の調査によると，「社内での気軽な相談・報告が困難」（38.4%），「取引先等とのやりとりが困難」（31.6%），「画面を通じた情報のみによるコミュニケーション不足やストレス」（28.2%）

図 3-3　リモートワーク時のコミュニケーション

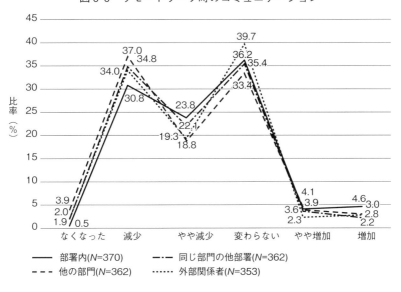

というコミュニケーションに関わる問題が，リモートワークのデメリットの
第 1 位から第 3 位までを占めている（カッコ内は第 2 回調査の比率）。
　筆者らの調査では，仕事に関わるコミュニケーションを，①部署内（課相
当），②同じ部門の他部署（部相当），③他の部門，④取引先などの外部関係
者の 4 つのカテゴリーに分けた上で，これら 4 つのコミュニケーションがリ
モートワーク開始後にどの程度変化したかを尋ねている。
　それらの質問に対する回答がどのように分布しているのかを示したのが，
図 3-3 である。「完全になくなった」（1 点）から「増加した」（6 点）までの
6 段階で示された同図からまずわかるのは，4 つのカテゴリーすべてで，「減
少した」と「変わらない」が多い「M 字型」の傾向が見られる点である。
つまり，「減少した」と答える人と「変わらない」と答える人の 2 つがそれ
ぞれ 30〜40% を占めており，リモートワークを実施している人々の間で，
コミュニケーションの変化が二極分化しているということである。また，
「完全になくなった」という極端な低下は限られている一方で，コミュニ
ケーションが改善された層（「やや増加」と「増加」）は，10% 以下にとど
まっている。

この点からは，リモートワークに伴いコミュニケーションがよくなる場合は限られており，それ以外の人々の間でも，開始前と同様に維持できている場合と，相当低下している場合の双方に分かれていると言える。

3-2.　組織的活動におけるコミュニケーション・メディア

　リモートワークに伴い，組織でのコミュニケーションで用いられるメディア（媒体）も変化することから，筆者らはメディアの使用状況も調査している。コミュニケーション・メディアについては，先に触れた組織の情報処理プロセスから派生した問題として，経営組織論などで議論されてきたことから，調査結果を検討する前に，メディアの特性を中心として，これまでの議論の概要を確認しておきたい。

　コミュニケーション・メディアに関する問題を直接扱った初期の議論としては，ダフトらによる「メディア・リッチネス」に関する研究が挙げられる（Daft & Lengel, 1984, 1986）。当時の経営組織論では，外部環境の状況によって最適な組織構造が異なるという現象を説明する上で，環境からもたらされる「不確実性（uncertainty）」に対応するために，必要な情報を獲得してその情報を処理するために適した組織構造が採用されるという関係が考えられていた（Galbraith, 1977）。それに対して，ダフトらは，組織では，不確実性だけではなく，曖昧さを意味する「多義性（equivocality）」も削減することが求められるとした。組織的活動を円滑に進める上では，情報が足りないためによくわからない状況を解消するだけではなく，様々な見方・考え方を特定のものに収斂させて，組織成員間で共通の理解を得ることが必要だと，考えたのである。

　そのような多義性を縮減する上で重要となるのが，コミュニケーション・メディアの「豊かさ（richness）」である。このメディア・リッチネスは，メディアを通じて伝達される情報に，曖昧さを解消するための要素が含まれている程度であり，身振りや声色などの付随的なシグナルやその場でのフィードバックなど複数の要因から構成される（Braun et al., 2019）。ダフトらの議論の時点において仕事で使われていた主なメディアを「豊かな」順に示すと，①対面（face-to-face），②電話，③メモや手紙などの個人的な書き物，④非個人的な書類，⑤数字で示された書類，となる（Daft & Lengel, 1984）。この順番で後に位置するほど，直接伝達される情報の背景を読み解

く鍵が失われていく。

　その後のコミュニケーション・メディアをめぐる研究は，メディア・リッチネスという見方を1つの軸として，様々に展開されてきた。その1つが，概念の拡張である。例えば，デニスらは，組織的活動では成員が連動する必要であることから，「同期性（synchronicity）」をメディアの重要な特性として追加すべきだとした（Dennis et al., 2008）。また，メディア自体に内在する客観的な特性だけではなく，個人が各メディアをどのようにみなして，いかに使うのかといった主観的な要素も重要な意味を持つという主張も，幅広く行われてきた（例えば，Carlson & Zmud, 1999）。

　もともとは情報処理モデルの修正を目的として提起されたメディア・リッチネスをめぐる議論が，上述のように様々な形で展開されていった背景には，学術的な関心のみならず，情報技術の発展という現実の動きがある（Ishii et al., 2019）。電子メールやSNSをはじめとして，かつてダフトらが想定していたよりもはるかに多様なコミュニケーション・メディアが，職場においても，個人の生活でも，利用可能になっていった。また，情報技術を利用したメディアは，最も「豊かな」メディアである対面的なコミュニケーションとも，電話やメモ，書類などとも，異なる特性を有している。そのような動向に対応して，メディア選択やその背景となるメカニズムの解明が，これまでに試みられてきたのである。

3-3.　リモートワークでのコミュニケーション・メディア

　コロナ禍において急激に進んだリモートワークでも，情報技術を利用したコミュニケーション・メディアは活発に利用されている。そこで，筆者らの調査では，リモートワークにおけるコミュニケーション・メディアの利用状況を取り上げている。

　図 3-4 には，筆者らの調査の時点でリモートワークを実施していた回答者を対象として，主なコミュニケーション・メディアの導入率が示されている。このうち，「オールド・メディア」である電話は，ダフトらの議論では，相対的に「豊かな」メディアとして位置づけられていた。電子メールは，声色などがわからないという点で，電話よりも「豊かさ」は落ちるが，同じ書き物でもメモや手紙とは違い，双方向性や即時性は相対的に高い。Zoom などの会議システムは，動画を伴うために，電話よりも「豊か」である。

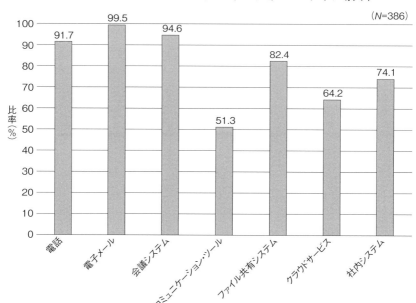

図3-4　リモートワークでのコミュニケーション・メディア導入率

(N=386)

Slack などのコミュニケーション・ツールの「豊かさ」は，文章ではあるものの，双方向性や即時性が電子メールよりもさらに高いという点で，電話と電子メールの中間に位置する。ファイル共有システム，クラウドサービス，社内システムの3つの情報システムは，内容によって差はあるものの，基本的には業務用の書類を代替するものとしてとらえられる。

　各メディアの導入率を具体的に見ていくと，電子メールは100% 近く用いられていて，会議システムも，リモートワークの実施に伴う採用もあってか，95% 程度の高い導入率となっている。それに対して，電話は普及度が高いと思われるにもかかわらず，電子メールや会議システムよりも導入率が低い。また，コミュニケーション・ツールは，導入率が最も低いものの，それでも半数程度で導入されている。情報システムでは，ファイル共有システムが8割程度で最も高く，次いで社内システム，クラウドサービスの順となっている。

　筆者らの調査で導入していると答えた人には，各メディアの使用頻度も尋ねている。図3-5 には，グラフの視認上，3つの情報システムを除いた4つ

図3-5　コミュニケーション・メディアの使用頻度

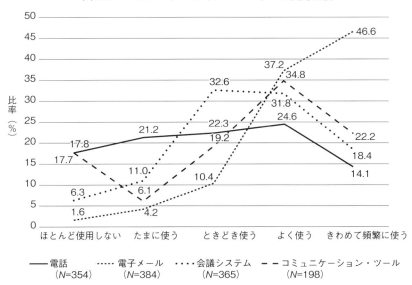

のメディアにしぼって，使用頻度の分布状況が示されている。設問は，「ほとんど使用しない」（1点）から「きわめて頻繁に使う」（5点）までの5点尺度で構成されている。平均値の高い順番では，電子メール（4.23），会議システム（3.45），コミュニケーション・ツール（3.38），電話（2.96）となる。

　このグラフで分布を見ると，これら4つのメディアの使われ方の違いが，より具体的に見えてくる。平均値で最も高い電子メールは，8割以上の回答者が「よく使う」か「きわめて頻繁に使う」と答えている。頻度から言えば，リモートワークの中心にあるのは，電子メールである。平均が2番目となる会議システムは，他と分布が異なり，「ときどき使う」と「よく使う」の数が相対的に多くなる。「豊かな」メディアではあるものの，会議等の目的がない限り使用しないために，頻度は必然的に低くなるのであろう。3番目に平均が高いコミュニケーション・ツールは，そもそも使用者が他の3つのメディアの半分程度なのだが，分布についても「よく使う」が最頻値である一方で，「ほとんど使用しない」の比率も相対的に高い。導入されていても，よく使う場合と，導入したまま放置されている場合に分かれていると思

図3-6　コミュニケーション・メディアの重要度

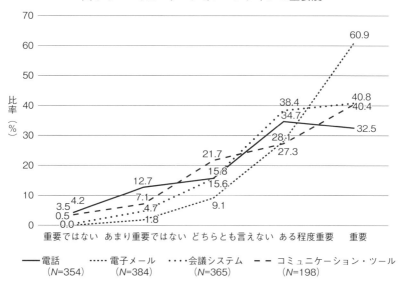

	重要ではない	あまり重要ではない	どちらとも言えない	ある程度重要	重要	

比率（%）

70 — 60 — 50 — 40 — 30 — 20 — 10 — 0

60.9
40.8
40.4
38.4
34.7
32.5
28.1
27.3
21.7
15.8
15.6
12.7
9.1
7.1
4.7
4.2
3.5
1.8
0.5
0.0

―――― 電話（N=354）　　……… 電子メール（N=384）　　‥‥‥ 会議システム（N=365）　　— — コミュニケーション・ツール（N=198）

われる。それに対して，電話は，他のメディアと比べると，使用頻度にばらつきがある。相手が同時に対応する必要があるので，「きわめて頻繁」には使いにくいのかもしれないが，職種や業務，あるいは個人的な経験などで，電話を使う人と使わない人が分かれているのであろう。

　ただし，使用頻度はメディアの特性によっても左右されることから，仕事で有用であるかどうかを直接示すわけではない。そこで，筆者らは，仕事における各メディアの重要度に関しても，「重要ではない」（1点）から「重要」（5点）の5点尺度で尋ねている。平均値の順番では，使用頻度と同様に，電子メール（4.48），会議システム（4.14），コミュニケーション・ツール（3.94），電話（3.79）となる。

　しかしながら，重要度の分布状況は使用頻度とは異なる。図3-6には，メディア別の重要度の構成比率が示されている。この図から，電子メールは非常に重要なメディアであり，会議システムもコミュニケーション・ツールも，使用している人々の多くが重視していることがわかる。それに対して，電話は，使用頻度ほどのばらつきはないものの，重要度は相対的には低い。

　以上の結果に，各コミュニケーション・メディアで想定される特性をあわ

せて考えると，メディアをめぐるリモートワークの状況は，次のように推測できる。リモートワークを実施する際には，会議システムといった新しいメディアを含めて積極的に取り入れるとともに，導入されたメディアをできるだけ駆使して対応しようとしてきた。しかし，会議システムのような「豊かな」メディアは，相手の時間を拘束したり，準備が必要となることから，業務時間中に頻繁に使えるとは限らず，制約がある電子メールを基軸として業務は遂行されている。そのために，職場で気軽に話したり，意図せずに目に入る形で入手するような情報を，リモートワーク時に完全に補完することはむずかしいことが想定される。

　リモートワークに固有の問題として改めて注意すべきなのは，最も「豊かな」メディアとされる対面的コミュニケーションが不可能だという点である。そのために，リモートワークを実施する場合には，①対面の代わりに他のメディアを利用して同等の状況を実現するか，②部分的にでも職場に出向き対面的コミュニケーションを行うか，あるいは③対面で実現する状況を完全には補えない状態で我慢するか，という3つの選択肢が，基本的には考えられる。

　リモートワークを円滑に進めるためには，できるだけ対面と同様の状況が実現するのが望ましい。しかし，上述の調査結果から示唆されるのは，代替的な「豊かな」メディアが重要だとしても，常に使えるとは限らない点である。先に見てきたように，リモートワークがピークアウトした後に，リモートワークを中止したり，継続するとしても出社日数が増えているのは，対面的コミュニケーションの完全な代替がむずかしいことも一因だと考えられる。たとえオフィスワークであったとしても，リモートワークに移行できないのは，単なる準備不足という理解だけは解決できない問題も存在していそうなのである。

　COVID-19感染拡大という予期せぬ状況が生じたことで，新たなコミュニケーション・メディアの可能性に多くの人々が気づき，実際に利用するようになったのは，事実であろう。その一方で，メディアを使いこなせるか否かといった個人を中心とする「慣れ」の問題だけで，リモートワーク下における組織的なコミュニケーションを職場での勤務と同様にしていくのは，容易ではないと思われる。

4. リモートワークにおける組織的活動の全体像

　以上では，リモートワークの実施状況を主な要因別に個別に検討してきた。それでは，これまでに取り上げた要因は，急激に広まったリモートワークにおいて，実際にどのような関係にあり，影響を及ぼしているのだろうか。本節では，このような問題意識のもとで，回帰分析の結果から，リモートワークにおける組織的活動の全体像を明らかにしていきたい。

　ここで特に関心を寄せるのは，次の3点である。

　第1に，「組織におけるコミュニケーションや，その手段であるコミュニケーション・メディアが，リモートワークの生産性にどのような影響を与えているのか」という問題である。前節の議論に基づけば，組織でのコミュニケーションやメディアの利用状況は，リモートワークがうまくいくかどうかを左右することが想定される。ここでは，そのような関係が実際の状況で生じているのかどうかを確認していく。

　第2に，「リモートワークの生産性が組織的な成果にどの程度影響するのか」という問題である。第2節で触れたように，個人がリモートワークにうまく対応できることが，組織としての成果につながるとは限らない。リモートワークを継続的に実施していくには，従業員個人がリモートワークを円滑にできる状況と，組織的な成果を維持・向上することができる状況を，できる限り両立していく必要がある。そのために，リモートワークに関係すると思われる要因や，個人にとってのリモートワークの生産性が，企業組織としての成果に対してどのような影響をもたらすのかという点も，ここでは検討していく。

　第3に，「組織的活動を調整して統合するための一般的な方法は，リモートワーク実施時の生産性や組織成果とどのようにつながっているのか」という問題である。組織的活動一般において，人々の間での直接的なコミュニケーションはそこで調整・統合するための手段の1つでしかなく，他の手段も含めて組み合わせて，運営されている。そこで，リモートワークにおいても，直接的なコミュニケーションに加えて，広義のコミュニケーションとも呼べる，その他の様々な手段がもたらす影響についても，考察していく。

　この第3の論点に関しては，もう少し説明が必要だと思われる。そこで，以下では，まず第3の論点と関わる，組織的活動における調整・統合メカニ

ズムの概要を述べた上で，分析結果を具体的に見ていきたい。

4-1.　組織的活動における調整・統合メカニズム

組織的活動の調整・統合において最も基本となるのは，先に取り上げた，人々の間の直接的なコミュニケーションである。

まず確認しておきたいのは，組織における直接的なコミュニケーションは，性質が異なる 2 つのタイプに分けられる点である。一般的な組織的活動では，規模が拡大すると，複数の階層を構成して，公式的なコミュニケーション・チャネルを単純化するとともに，調整を担当する管理者が設定される。したがって，階層構造を取り入れた組織では，類似した階層間での水平的なコミュニケーションと，上司と部下との間での垂直的なコミュニケーションという 2 つの方法で，直接的コミュニケーションが行われることになる。

他方で，組織的活動は，よほど単純な状況でない限り，直接的なコミュニケーションだけでは成り立たない。何らかの調整を図るごとに人々が直接コミュニケーションをとって問題を解決しようとすると，組織内部での情報処理負荷が過大になり，パンクしてしまうからである。そこで，可能な範囲で事前に調整を済ませるという方法が，通常の組織では取り入れられている。つまり，事前に話がついて，自分がやるべきことがわかっているのであれば，割り当てられた仕事を，決められた内容に従って，個々人がそれぞれ実行するだけで全体はまとまり，組織的な調整・統合を効率的に進められるということである。事前に決まったことでは解決できない問題が生じるとしても，その点だけを成員間で話し合って解決すれば，管理者をはじめとする人々の情報処理負荷は軽減されることになる。

このような効率化をもたらす事前の調整は，標準化（standardization）と呼ばれる。この標準化は，事前に決めたことを人々に伝えて共有するという点で，間接的なコミュニケーションと考えることができる。組織の基本設計の方法をまとめたミンツバーグの議論に基づけば，組織における標準化は，①インプットの標準化，②プロセスの標準化，③アウトプットの標準化の 3 つに分けることができる（Mintzberg, 1983）。

このうち，インプットの標準化とは，成員が同じ知識や考え方を持つことで，事後的な調整を軽減するという方法である。インプットの標準化は，組

織文化や組織風土など組織固有の考え方を成員が共有するという方法と，医師や法律家に代表されるように，ある特定領域の知識やスキルを人々が学んで共有することによって，その領域で基本となる事項の調整が不要になるという方法の2つが，考えられている。

　プロセスの標準化とは，ルールやマニュアルなどで，人々がやるべきことを事前に定めて，個々人がその決まった方法に従って行動することで，事後的な調整を減らそうとする方法である。官僚制的な手法は，このカテゴリーに入る。

　それに対して，アウトプットの標準化とは，達成すべき目標や状況を事前に定めるものの，どうやって達成するのかは個々に任せて，全体の調整を図るという方法である。個人や集団などを成果・業績で管理するという手法が，この方法に該当する。この場合には，そのプロセスで従うべきことは決められておらず，自分のやり方で進めてよいが，決められた結果は出すように方向づけられることになる。セールスパーソンが，決められた売上目標を達成するために，各自努力するといった状況を考えると，わかりやすいだろう。

　さらに，組織的活動が統合的に機能する上では，管理者・リーダーによる属人的な行動も重要な役割を果たす。それが，リーダーシップである。リーダーの行動や属性が組織的活動に与える影響に関しては，様々な議論が展開されてきた（Yukl, 2013）。ただし，ここでリーダーシップに着目する理由は，その詳細な内容ではなく，ルールなどと並立する，組織的活動を統合的に進める手段の1つだという点にある。コミュニケーションとの関係では，リーダーシップの問題は，リーダーから提示される組織全体の方向づけに関わることだと言える。

　以上のように，企業組織では，水平的なコミュニケーションと垂直的なコミュニケーションという直接的なコミュニケーションだけではなく，3つの異なる標準化やリーダーシップが組み合わされることによって，調整が図られ，統合的に機能している。したがって，リモートワークが組織的活動として遂行されるのであれば，同様に，直接的なコミュニケーションだけではなく，標準化や上司のリーダーシップも，何らかの形で影響を与える可能性が考えられる。

4-2.　分析対象の変数

　ここで，本節の冒頭の問題意識に戻って，前述の広義のコミュニケーションを含めた組織的な要因がリモートワークの生産性や組織的成果に与える影響について，分析していく。ここで分析するのは，大きく分けて次の 2 点である。

① 　リモートワークの生産性に，リモートワークの実施状況や組織の調整・統合メカニズムはそれぞれどのような影響を与えるのか。
② 　組織としての成果（部署の成果）に対して，それらの要因やリモートワークの生産性はどのような影響を与えるのか。

　具体的な回帰分析で取り上げる要因（変数）の概要については，以下で説明していく。ちなみに，ここでの回帰分析とは，関係がありそうな要因（独立変数）がリモートワークの生産性や組織的な成果（従属変数）に対して実際に影響を与えているかどうかを，統計的に推測するための分析手法である。

4-2-1.　独立変数

　リモートワークの生産性や組織成果に影響を与える要因（独立変数）として，ここでは 19 変数を取り上げる。これらの変数は，a）基本的な要因，b）リモートワークの状況，c）組織の調整・統合手法の 3 つに，大きくは分けることができる。

　a）基本的な要因

　① 　年齢：年齢が高くなるほど，リモートワークに適応しにくいという見方があることから，変数として取り上げる。

　② 　職種ダミー：筆者らの調査では，12 の職種を選択肢としており，そのうち，人事や総務などのスタッフ業務，IT・情報システム，調達・購買のいずれかに当てはまる場合に 1 としている。これらはリモートワークにより適した職種として想定される。

　③ 　管理職ダミー：課長以上の職位にある場合，1 としている。管理職の立場にあると，リモートワークがむずかしくなる可能性がある一方で，立場的に率先してリモートワークに取り組むとも考えられる。

④　企業規模：ここでは会社全体の正社員数で企業規模を測定している。本調査によると，企業規模が大きいほど，リモートワークの実施率が高いことから，リモートワークの生産性にもプラスの影響があることが予想される。

⑤　職務の専門性：「ジョブ型雇用」がリモートワークに適していると一般に言われることから，リモートワークの生産性に対してプラスに影響することが予想される。ここでは，回答者の職務が「私は，他社でも通用する〇〇職として働いている」という文言に適合する程度を5点尺度で尋ねている。

⑥　勤務先への帰属意識：ここでは，回答者の職務が「私は□□社の社員として働いている」という文言に適合する程度を5点尺度で尋ねている。作成時点では，「ジョブ型雇用」に対峙する「メンバーシップ型雇用」を想定した設問であったが，⑤と⑥の双方が高いケースが散見されたことから，独立した変数として扱っている。

⑦　成果による評価：いわゆる成果主義を念頭に置いた設問で，成果による評価とプロセスによる評価をそれぞれ両極に置き，どちらに評価の比重が置かれているのかを6点尺度で尋ねている。プロセスに基づく評価はリモートワークではむずかしいと考えられることから，この値が高い（＝成果による評価の程度が高い）ほど，リモートワークの生産性にプラスに影響することが予想される。

b）リモートワークの状況

⑧　出社日数：第2節で見たように，リモートワークを実施していても，出社日数にはばらつきが見られる。ここでは，出社日数は，ピーク時の出社日数と調査時点での出社日数の平均で算出されており（$a = 0.781$），回答者の業務とリモートワークとの不適合の程度を示す変数として想定している。出社日数が多くなるほど，リモートワークの生産性は低下することが予想される。

⑨コミュニケーションの変化：第3節で見た，部署内，同じ部門の他部署，他の部門，外部関係者それぞれにおけるリモートワーク時のコミュニケーションの変化を6段階で示した4変数の平均をとっている（$a = 0.907$）。この値が高いほど，リモートワークの生産性が高くなることが予想される。

⑩電話の重要度，⑪ IT メディアの重要度：第 3 節で示した，リモートワークにおける 7 つのコミュニケーション・メディアの重要度に関する変数である。これら 7 つのメディアの重要度のうち，電話の重要度は他のメディアの重要度とやや異なる動きをしており，クロンバックの α（複数の変数を統合する際の整合性を示す係数）も外した場合に高くなることから，電話の重要度は独立して扱い，残りの 6 メディアは IT メディアの重要度として 1 変数に統合している（$\alpha = 0.875$）。電話の重要度と IT メディアの重要度は高いほど，リモートワークの生産性は高くなることが予想される。

c）組織の調整・統合手法

　広義のコミュニケーションと言える組織的活動の調整・統合の手段としては，8 変数を取り上げる。これらの質問項目は，関連する状況を想定した文言に対する適合度を，「そうとは思わない」（1 点）から「そう思う」（5 点）までの 5 点尺度で尋ねている。このうち，「消極的リーダーシップ行動」を除く 7 変数は，組織的活動を統合する機能を果たすと考えられることから，値が高いほど，リモートワークの生産性や部署の成果にプラスの影響を与えると予想される。

　⑫　水平方向の直接調整，⑬垂直方向の直接調整：水平方向の直接調整は「社内の当事者間で生じた問題は，当事者同士の話し合いで解決できている」という設問で，垂直方向の直接調整は「上司との間で生じた問題は，上司と直接話し合って解決できている」という設問で，それぞれ尋ねている。これら 2 つの項目では，業務上必要となる直接的なコミュニケーションが階層のヨコ方向とタテ方向それぞれで，どの程度円滑に行われているのかを測定している。

　⑭　組織文化・経営理念：前述のインプットの標準化のうち，組織文化や経営理念に関わる変数で，組織文化・経営理念の成員間での共有度に関する質問項目と，それらが日常業務に影響を与えている程度を示す質問項目の 2 つを 1 つの変数として統合している（$\alpha = 0.873$）。

　⑮　知識・スキルの標準化：インプットの標準化のうち，知識やスキルに関わる変数である。ここでは「所属する部署で業務を遂行するには，共通化されたスキルや知識が重要である」という設問で尋ねている。

　⑯　プロセスの標準化：ここでは「日常的な業務は基本的に手順・手続きが標準化されていて，だれがやっても同じ手順を踏むようになっている」と

いう設問と,「業務の手続き手順が文書化されており,引き継ぎや後任の業務開始が円滑にできるようになっている」という設問の2つを統合して,1つの変数としている（$a = 0.763$）。

⑰　アウトプットの標準化：この変数は「予算や計画が厳密に作成されており,売上や利益目標・スペックや納期,コスト等が各人の具体的な目標にブレークダウンされている」という設問で測定されている。なお,⑯の前者の設問と⑰は,筆者らが以前実施した日本企業の事業組織に関する調査の質問項目を援用している（沼上ほか,2007）。

⑱　変革型リーダーシップ行動,⑲消極的リーダーシップ行動：直属の上司の行動や特性を示すリーダーシップ項目は,バスらが開発した MLQ（Multifactor Leadership Questionnaire）に基づいて,神谷（2011）が示した日本語の質問項目を一部修正して,10項目で測定している。元の質問項目は,9因子から構成される36個の質問であるが,筆者らの調査で採用した10項目を因子分析にかけたところ,消極的なリーダーシップ行動である「受動的・回避行動」2項目とそれ以外の8項目の2因子に集約されたことから,8項目を統合した変数を「変革型リーダーシップ行動」（$a = 0.936$），「受動的・回避行動」に関わる2項目を統合した変数を「消極的リーダーシップ行動」（$a = 0.816$）として,2変数としている。「変革型リーダーシップ行動」は組織的活動に望ましい影響を与える一方で,「消極的リーダーシップ行動」は負の影響があると予想される。

4-2-2.　従属変数

ここでの分析では,結果を示す従属変数として,リモートワークの生産性と,部署の成果の2つを取り上げる。以下の分析では,独立変数として取り上げる要因がこれら2つの従属変数のいずれかに与える影響を検討する。ただし,2つのモデル（「モデル6」と「モデル7」）では,リモートワークの生産性を独立変数に含めて,部署の成果に与える影響を考察している。

（I）　リモートワークの生産性：ここでの分析に用いるリモートワークの生産性は,第2節で取り上げた,回答者個人から見たリモートワークの通常業務の効率性と新規課題への取り組みやすさの2つの質問項目を1変数に統合したものである（$a = 0.781$）。

（II）　部署の成果：回答者が所属する部署（課レベル）での組織的成果であ

る。ここでは，変革型リーダーシップがもたらす影響の考察にあたってチームの成果として設定された3つの質問項目（Schaubroeck et al., 2007）を援用して5点尺度で測定した上で，1つの変数として統合している（$a =$ 0.850）。

4-3.　分析結果の考察

　表3-1には，前節で見てきた変数による回帰分析の結果が示されている。ここでの分析は，従属変数を，「(I)リモートワークの生産性」とした場合と，「(II)部署の成果」とした場合，の2つに，大きくは分けられる。また，独立変数の違いから，Iについては2つの回帰モデルが，IIについては5つの回帰モデルが，それぞれ表に示されている。

　ここで分析対象としたのは，調査時点でリモートワークを実施しており，かつコミュニケーション・メディアとして電話を利用している354名である。ただし，「コミュニケーションの変化」には「開始前からない」と「わからない」とした回答者が含まれることから，リモートワークの状況4変数が含まれる4つのモデル（モデル1〜4）の分析対象者は347名となっている。

4-3-1.　リモートワークの生産性との関係

　リモートワークの生産性を従属変数とした2つのモデルのうち，「モデル1」は，基本要因7変数とリモートワークの状況4変数の合計11の独立変数から構成される。この「モデル1」において，基本要因7変数のうち，10％水準未満で有意なのは，「企業規模」「職務の専門性」「成果による評価」の3変数である。企業規模が大きくなるほど，また職務が他社でも通用するような専門性を帯びるほど，リモートワークの生産性が高くなるというのは，前述の予想と一致する。

　それに対して，成果による評価ではなく，プロセスによる評価の度合いが高いほど，リモートワークの生産性が高まるという関係は，予想と逆である。リモートワークは職場での勤務と比べて，プロセスによる評価がやりにくいであろうことを考えると，少なくとも筆者らの調査での分析対象では，通常時よりも「緩い」評価にあるほうが，主観的な生産性は高くなると思われる。この点からは，リモートワークで本格的に業務に取り組んで，結果で

表 3-1　リモートワーク生産性

従属変数	（Ⅰ）リモートワークの生産性					
	モデル 1		モデル 2		モデル 3	
	標準化係数	t 値	標準化係数	t 値	標準化係数	t 値
[基本的な要因]						
年齢	−0.079	−1.561	−0.072	−1.423	0.037	0.683
職種ダミー	0.059	1.204	0.073	1.495	−0.052	−0.983
管理職ダミー	0.071	1.352	0.081	1.551	0.078	1.377
企業規模	0.093†	1.908	0.101*	2.070	−0.067	−1.27
職務の専門性	0.106*	2.075	0.107*	2.086	0.083	1.503
勤務先への帰属意識	−0.076	−1.485	−0.070	−1.347	0.128*	2.321
成果による評価	−0.097*	−2.000	−0.119*	−2.431	0.071	1.353
[リモートワークの状況]						
出社日数	−0.317***	−6.318	−0.331***	−6.589	0.005	0.097
コミュニケーションの変化	0.272***	5.588	0.242***	4.954	0.156**	2.982
電話の重要度	−0.167**	−3.246	−0.163**	−3.062	−0.025	−0.458
IT メディアの重要度	0.127*	2.469	0.083	1.566	0.188***	3.375
[組織の調整・統合手法]						
水平方向の直接調整			0.154*	2.423		
垂直方向の直接調整			0.105	1.622		
組織文化・経営理念			−0.150*	−1.990		
知識・スキルの標準化			0.025	0.432		
プロセスの標準化			−0.114†	−1.810		
アウトプットの標準化			0.070	1.090		
変革型リーダーシップ行動			0.070	1.069		
消極的リーダーシップ行動			0.050	1.002		
リモートワークの生産性						
調整済み R^2	0.228		0.256		0.104	
F 値	10.269***		7.269***		4.643***	
N	347		347		347	

***p < .001，**p < .01，*p < .05，† p < .10

と組織成果への影響

	（Ⅱ）部署の成果						
モデル 4		モデル 5		モデル 6		モデル 7	
標準化係数	t 値	標準化係数	t 値	標準化係数	t 値	標準化係数	t 値
−0.012	−0.288	−0.018	−0.439	0.035	0.643	−0.011	−0.283
−0.024	−0.601	−0.029	−0.752	−0.074	−1.423	−0.037	−0.966
0.070	1.613	0.077†	1.858	0.084	1.500	0.075†	1.819
−0.078†	−1.949	−0.074†	−1.904	−0.070	−1.340	−0.083*	−2.120
−0.004	−0.103	−0.007	−0.172	0.061	1.106	−0.015	−0.368
0.019	0.435	0.028	0.688	0.193***	3.563	0.036	0.879
0.051	1.283	0.047	1.211	0.088†	1.683	0.053	1.372
0.012	0.284						
0.056	1.391						
0.024	0.541						
0.029	0.654						
0.109*	2.090	0.121*	2.37			0.113*	2.208
0.147**	2.779	0.153**	2.907			0.146**	2.772
0.078†	1.264	0.059†	0.976			0.067†	1.123
0.191***	4.028	0.201***	4.497			0.194***	4.345
0.092†	1.785	0.094†	1.847			0.101*	1.987
0.111*	2.101	0.129*	2.562			0.123*	2.440
0.200***	3.694	0.209***	4.039			0.204***	3.950
−0.050	−1.203	−0.044	−1.115			−0.046	−1.154
				0.186***	3.555	0.065†	1.652
0.497		0.509		0.087		0.511	
18.977***		25.391***		5.212***		24.097***	
347		354		354		354	

の評価を重視していくと，個人の主観的な認識としての生産性（＝個人としてのリモートワークのやりやすさ）は低下する可能性が考えられる。

　本章での議論との関係でより重要なのは，リモートワークの状況に関する4変数である。この「モデル1」では，4変数すべてにおいて5%水準で有意であった。出社日数が増える状況は，リモートワークを阻害する組織的要因が存在することを意味する。リモートワーク時に他の従業員とのコミュニケーションを維持できることは，リモートワークを遂行する上で望ましいと考えられる。また，ITメディアが仕事で重視されることは，リモートワークに望ましい影響を与えると予想される。したがって，出社日数が少なく，コミュニケーションが維持・拡大され，ITメディアが重視されていることが，リモートワークの生産性にプラスの影響を及ぼすという関係は，前述の予想と一致する。

　その一方で，電話の重要度に関しては，係数が負であることから，仕事で電話が重要になるほど，リモートワークの生産性が下がるという関係にある。この関係性を一意的に解釈することはむずかしいが，電話は一方的に相手の時間を拘束して相互作用する手段であることから，そのようなコミュニケーションを必要とする状況では，リモートワークはむずかしくなることを示唆しているのかもしれない。あるいは，電話という「オールド・メディア」が重視される状況は，その背景にある業務の体制や組織の体質がリモートワークのような新しい環境への適応を阻害していることを意味するのかもしれない。

　リモートワークの生産性を従属変数とする第2のモデルである「モデル2」には，「モデル1」の11変数に，「組織の調整・統合手法」に関わる8変数を加えて，19の独立変数すべてを投入している。

　この「モデル2」で重要なのは，新たに投入した「組織の調整・統合手法」に関する8変数である。これらの変数は重要な役割を果たす変数として予想していたものの，予想通りの関係が見られるのは，水平方向の直接調整だけである。また，水平方向の直接調整は，リモートワークの状況のうち，ITメディアの重要度とも，コミュニケーションの変化とも，有意な正の相関関係にある（相関係数：0.195（$p < 0.01$），0.130（$p < 0.05$））。つまり，コミュニケーション・メディアが十分に使われていて，リモートワーク下でも良好なコミュニケーションが実現されるような状況にあると，水平的なコ

ミュニケーションが円滑になり，リモートワークがやりやすくなるのであろう。

　組織の統合手法に関する他の変数では，組織文化・経営理念が 5% 水準で，プロセスの標準化が 10% 水準で，それぞれ有意である。しかし，いずれの係数の符号も，予想とは異なり，負となっている。少なくとも「モデル2」の結果を見る限り，組織文化や経営理念が浸透していることや，業務の定形化が進んでいることは，リモートワークを阻害する要因となりうるということである。

　以上からまずわかるのは，投入する独立変数によって結果が変動するものの，出社日数やコミュニケーションの変化といったリモートワークの状況を示す変数は，基本的にはリモートワークの生産性に影響を与えると考えられる点である。ただし，電話というコミュニケーション・メディアは，予想とは逆に，リモートワークの生産性に悪影響をもたらす点には，注意が必要である。

　それに対して，組織の調整・統合手法に関する変数で，予想通りの関係が見られたのは，水平方向の直接調整であり，5 つの変数では 10% 水準でも有意な関係にはなかった。さらに，組織の調整・統合手法に関する変数のうち，組織文化・経営理念とプロセスの標準化では，予測とは逆に，負の関係が観察される。組織文化やプロセスの標準化が強い場合には，個人による判断の余地を狭め，直面する状況に合わせて柔軟に対応しにくくなる可能性が想定される。したがって，今回のコロナ禍のような，これまでにない新たな状況に，個人が対応しなければならない状況では，企業側からの拘束が弱く，個々人がその場に応じて判断しやすいほうが，望ましいように思われる。

　ただし，ここでのリモートワークの生産性はあくまでも回答者の個人的な認識であり，従業員個人がリモートワークをやりやすい状況にあることが，組織全体の成果につながるかどうかは，明確ではない。この問題を考えるために，部署を単位とする組織成果を従属変数とする回帰分析の結果を，次に見ていきたい。

4-3-2.　部署の成果との関係

　部署の成果を従属変数とする（＝部署の成果に対する影響を考察する）回

帰分析の結果からは，回答者個人にとってのリモートワークの生産性を従属変数とした場合とは異なる光景が見えてくる。特に注目すべきなのは，部署の成果を従属変数とするモデルでは，リモートワークの生産性を従属変数とするモデルとは異なり，リモートワークに関係する要因の影響があまり見られない一方で，組織の調整・統合方法に関係する要因が大きな影響を及ぼしている点である。

　「モデル3」は，リモートワークの生産性を従属変数とする「モデル1」と同じ11変数を独立変数として，従属変数だけを部署の成果に置き換えている。この回帰モデルでは，コミュニケーションの変化とITメディアの重要度の2変数が「モデル1」と同様の傾向にあるだけであり，モデルの説明力（取り上げた独立変数で従属変数が説明される割合）を示す決定係数も「モデル1」から大きく低下する。

　「モデル4」では，「モデル2」と同様に，上述の「モデル3」の11変数に「組織の調整・統合手法」に関する8変数を追加した19変数を独立変数としている。この「モデル4」では，組織の調整・統合手法のうち，消極的リーダーシップ行動を除く7変数が，予想通りに，正の有意な関係にあり，決定係数も0.5近くまで大幅に上昇する。さらに，「モデル4」からリモートワークの状況に関する4変数を独立変数から外した「モデル5」では，「組織の調整・統合手法」の傾向は「モデル4」と変わらない一方で，決定係数は「モデル4」よりも上昇している。この2つの結果からは，部署の成果は，消極的リーダーシップ行動を除く組織的な調整・統合の手法によって，大きく左右されると考えられる。

　リモートワークの生産性が組織成果に与える影響を確認するために，回帰分析の結果をあと2つ見ておきたい。「モデル6」では，リモートワークの生産性が部署の成果に与える基本的な影響を見るために，「モデル1」と「モデル2」では従属変数としていたリモートワークの生産性に，「基本要因」7変数を加えた合計8変数だけを独立変数としている。この「モデル6」では，リモートワークの生産性は0.1%水準で有意となる正の関係にあるものの，決定係数は10%を下回るまで低下する。個人から見たリモートワークの生産性は部署の成果にプラスの影響を与えるものの，その影響は限定的だということである。

　さらに，「モデル6」に「組織の調整・統合手法」8変数を再度加えた「モ

デル 7」では，「組織の調整・統合手法」は「モデル 4」や「モデル 5」と同様の傾向にあるのに対して，リモートワークの生産性の係数は「モデル 6」から低下している。決定係数についても，リモートワークの生産性のみが独立変数として異なる「モデル 5」と比べて，わずかに上昇するだけである。つまり，リモートワークの生産性を加味しても，部署の成果を決定づけるのは，組織的な調整・統合の手法なのである。

　以上で示した部署の成果を従属変数とする分析からは，部署を単位とする組織成果は，リモートワークの生産性を従属変数とした場合とは異なり，組織の調整・統合手法によって大きく左右されることがわかる。リモートワークの生産性が部署の成果に与える影響は，ある程度は存在するが，組織の調整・統合方法の重要な変数が与える影響と比べると，かなり限られている。

　回帰分析の結果全体は，次のようにまとめられる。個人から見たリモートワークの生産性に影響を与える要因と，所属する部署の組織成果に影響を与える要因は，大きく異なっている。リモートワークの生産性には，コミュニケーションの維持・拡充をはじめとするリモートワークに直接関連する変数が影響を及ぼす一方で，組織の調整・統合手法は，水平的なコミュニケーションに関する要因を除いて，予想したような影響を及ぼさない。それに対して，リモートワーク下での従業員が所属する部署での組織成果には，逆に組織の調整・統合手法に関する要因が大きな影響を及ぼす一方で，リモートワークに関連する要因がもたらす影響は限定的である。リモートワークの生産性と組織成果との関係を直接見た場合でも，リモートワークの生産性が組織成果に及ぼす影響は限られている。

　これらの点からは，リモートワークを実施する際に，組織的な活動として期待する成果を達成するためには，従業員個人がリモートワークを円滑に行えるだけでは十分ではなく，組織の調整・統合手法全体を見据えた，総合的な組織マネジメントの視点が有効となると，考えられる。

5.　おわりに

　以上では，筆者らが 2020 年 10 月に実施した質問票調査の分析を中心として，コロナ禍におけるリモートワークの状況を考えてきた。そこからは，想定外の事態に対して，ほとんど経験がないリモートワークに多くの企業が踏

み切り，企業自体も，従業員個人も，試行錯誤をしながら，新しいコミュニケーション・メディアを積極的に取り入れるなどして，可能な範囲で懸命に対応してきた状況が見えてくる。

　他方で，コロナ禍が収束した後に，リモートワークが継続的に展開され，日本社会における仕事のあり方が根本的に変わっていくためには，解決すべき課題が残されているように思われる。1つには，調査時点では，多くの事例においてリモートワークが定着して順調に運営されているとは言えないことである。実施した企業の約3分の1はリモートワークを中止して，継続して実施している企業でも出勤日数は増加し，リモートワーク時の生産性は低くなると感じている人が多数派である。このような状況は，多くの業務がリモートワークで継続的に行われる条件を満たしているとは言いがたい。

　また，現状のリモートワークが円滑に進んでいると従業員に認識されていたとしても，それが業務の効率性や有効性に結びつかず，従業員個人にとっての望ましさにとどまるのであれば，リモートワークは継続的に実施できるものにはならない。企業組織と個人との関係は，経営組織論の主題の1つとして長らく検討されてきた問題である。従業員から搾取したり，従業員を一方的に厳しくコントロールしたりしようとする会社は，当然ながら持続的に発展することはない。その一方で，従業員が会社の利益を過度に犠牲にして，自らの利益を優先したり，安寧を貪ったりするような企業組織にも，未来はない。組織的活動と個人的利害との緊張関係をいかに調和的に維持し，組織として発展していくのかが，組織マネジメントの根幹なのである。

　それに対して，少なくとも調査時点でのリモートワークは，多くの場合，緊急事態への対応が優先されていて，本来達成されるべき組織マネジメントが実現される段階までは到達していないように思われる。リモートワークに慣れたらよくなるとか，「ジョブ型雇用」が進んだらうまくいくといった，単発の要因や施策が決定的な解決策になるような単純な話でもなさそうなのである。

　さらに，今後の展開次第では，リモートワークをめぐる状況は，悪化する可能性さえ考えられる。先に見てきたように，リモートワーク下では，コミュニケーションの状況は悪化して，生産性も悪化する傾向にある。それでもなんとかやってきたのは，従業員間の関係性が下地としてあったと思われる。例えば，前節で示した回帰分析で「水平方向の直接調整」という変数が

リモートワークの生産性にプラスの影響を与えていたが，この水平方向の関係性はリモートワーク実施前に形成されている可能性がある。

　相手との関係性が確立している状況では，コミュニケーションは容易になる。相手に簡単に連絡できることに加えて，相手が何を考えているかが推測しやすいからである。しかし，リモートワークを継続的に実施すると，時間の経過とともに，この関係性が徐々に弱くなっていくと思われる。仮に人々の間の関係性が効率的かつ有効的なコミュニケーションの基盤を提供しているのであれば，リモートワークを継続して実施する際には，新たな関係性の構築方法を確立する必要があるだろう。

　リモートワーク自体は，人々の働き方を大きく変容させる可能性を秘めている。その一方で，リモートワークが組織的活動の構成要素である限り，従来の業務の進め方を単純にリモートワークに移行したような組織マネジメントには限界がある。コロナ禍という予期せぬ事態への一時的な対応に終始するのか，それとも従来の働き方を根本的に変える契機としていくのか。いずれの道を選択するかによって，解決すべき課題の広さと深さには，大きな違いがあるように思われる。

参照した他の機関・団体等の調査
内閣府「第 2 回　新型コロナウイルス感染症の影響下における生活意識・行動の変化に関する調査」，2020 年 12 月。
日本生産性本部「第 4 回　働く人の意識に関する調査　調査結果レポート」，2021 年 1 月。
パーソル総合研究所「第四回・新型コロナウイルス対策によるリモートワークへの影響に関する緊急調査（総合分析編）」，2021 年 1 月。

参考文献
Barnard, C. I. (1938). *The functions of the executive*. Harvard University Press（山本安次郎・田杉競・飯野春樹訳『新訳 経営者の役割』ダイヤモンド社，1968 年）.
Braun, S., Bark A. H., Kirchner A., Stegmann, S., & von Dick, R. (2019). Emails from the boss − curse or blessing? Relations between communication channels, leader evaluation, and employees' attitudes. *International Journal of Business Communication*, *56* (1), 50-81.
Carlson, J. R., & Zmud, R. W. (1999). Channel expansion theory and the experiential nature of media richness perceptions. *Academy of Management Journal*, *42*(2), 153-170.
Daft, R. L., & Lengel, R. H. (1984). Information richness: A new approach to managerial behavior and organization model. In B. M. Staw & L. L. Cummings (Eds.), *Research in*

organizational behavior, 6 (pp. 191-233). JAI Press.

Daft, R. L., & Lengel, R. H. (1986). Organizational information requirements, media richness and structural design. *Management Science, 32*(5), 554-571.

Dennis, A. R., Fuller R. M., & Valacich, J. S. (2008). Media, tasks, and communication processes: A theory of media synchronicity. *MIS Quarterly, 32*(3), 575-600.

Galbraith, J. R. (1977) *Organization design.* Addison-Wesley.

Ishii, K., Lyons, M. M., & Carr, S. A. (2019). Revisiting media richness theory for today and future. *Human Behavior & Emerging Technologies, 1*(2), 124-131.

Joseph, J., & Gaba, V. (2020). Organizational structure, information processing and decision-making: A retrospective and road map for research. *Academy of Management Annals, 14*(1), 267-302.

神谷恵理子 (2011). 「チームの業績および組織コミットメントに影響を及ぼす変革型および交流型リーダーシップの有効性の検討」『産業・組織心理学研究』*25*(1), 81-89。

Kato, T., Numagami, T., Fujiwara, M., & Karube, M. (2018). The functionality of hybrid form: An overview of research on business units of Japanese firms. In T. Nakano (Ed.), *Japanese management in evolution* (pp. 47-69). Routledge.

March, J., & Simon, H. (1993). *Organizations (2nd ed.).* Blackwell (高橋伸夫訳『オーガニゼーションズ 第2版』ダイヤモンド社, 2014年).

Mintzberg, H. (1983). *Structure in fives: Designing effective organizations.* Prentice-Hall.

沼上幹・軽部大・加藤俊彦・田中一弘・島本実 (2007). 『組織の〈重さ〉：日本的企業組織の再点検』日本経済新聞出版社。

Schaubroeck, J., Lam, S. S. K., & Cha, S. E. (2007). Embracing transformational leadership: Team values and the impact of leader behavior on team performance. *Journal of Applied Psychology, 92*(4), 1020-1030.

Yukl, G. (2013). *Leadership in organizations (8th ed.).* Preason.

第**4**章
リモートワークにおける信頼形成と
創造的活動

　本章の目的は，新型コロナウイルス感染症（以下，COVID-19）感染拡大防止のために取り入れられたリモートワークによって職場で起こったマネジメントなどの変化が，労働者たちの抱く上司・同僚との信頼や従業員（部下）の創造的行動に与えた影響について考察することである。その考察を通じて，今後リモートワークを進める上で必要となるマネジメントの視点を提供することを目指す。具体的には，COVID-19 感染拡大防止のための緊急事態宣言（第1回）時に，リモートワークを経験した一般労働者（主として，役職なし労働者）を含むアンケート調査データをもとに，主としてリモートワーク実践によって生じた職場マネジメントの変化，その変化が起こる中でリモートワークが彼・彼女らにもたらした影響について明らかにする。

1.　はじめに

　周知の通り，COVID-19 感染拡大によって，多くの組織に対して根本的にその組織のあり方を考え直すことが強いられた。働き方については，リモートワークの進展によって，それまでの仕事のあり方や職場マネジメントにも大きな変化が求められることになった。わが国の職場の多くでは，「会社に集まる」「集まって，そこでフェイス・トゥ・フェイス・コミュニケーションをとって仕事を進める」ことが容易に行え，「メンバーみんなで課題（仕事）に取り組む」ことを促しやすい環境が存在しており，その中で仕事が進んでいた。いわゆる「阿吽の呼吸」「空気を読む」といった必ずしも明

文化されない職場ルール（のようなもの）があり，それらに関する暗黙知が重用されていた職場も多かったのではないだろうか。そのような組織であるために，日本の企業・職場は凝集性（cohesion）を高く保ち，互いを助けるための役割外行動などをとることで，互いをカバーしあえる（例えば，同僚が困っていることを察知して先回りして手を差し伸べる）状況が，いわゆる普通のこととして行われてきた。これらは日本の企業・職場の良い点でもあっただろう。

　しかし，COVID-19感染拡大防止を理由にリモートワークが導入されはじめると，そのような日本の企業・職場の強みが発揮しづらい環境になった。同じ空間で顔を合わせるフェイス・トゥ・フェイス・コミュニケーションをとることがむずかしくなったことは，日本企業にとっては想像以上の困難であったのではないだろうか。そこでは，「雑談ができなくなった」「部下（あるいは上司）の顔が見えないことに少し不安を感じる」といった状況が生まれた。特に，雑談については，一見無駄に見えるものの，上司―部下間あるいはメンバーの特性（例えば，小さい子どもがいる・数年後に介護が始まりそうといった家庭事情，朝型人間である等の個人特性など）を知る場・開示する場として，重要な役割を果たしてきた。また，職場でのちょっとした会話や仕事ぶりの観察には，上司―部下のレポートラインには乗せにくい細かな情報を打ち明ける，あるいは察知する機能もあり，それらを総合的に勘案して職場マネジメントを実施してきたマネジャーも多いのではないだろうか。ところが，コロナ禍において，職場をまとめるマネジャーたちには，これまでのフェイス・トゥ・フェイス型マネジメントと異なるスキルが求められるようになった。

　コロナ禍でのリモートワーク（主として在宅勤務）の導入は，半ば強制的に実施への舵が切られた側面は否めないだろう。しかし，働き方改革を進めようとする社会的な機運に乗る形で，今後リモートワークは働き方の1つの選択肢として一層積極的に活用（利用）されていくことが予想される。その機運の中でのコロナ禍によるリモートワークは働き方改革実現への試金石，すなわち，ウィズコロナ／アフターコロナと呼ばれる時代を迎える前の，一種の予行演習となったといえよう。だからこそ，このタイミングでいわゆる"旧来の"日本の働き方に，リモートワークが浸透することで起こった問題，それらを解決する糸口を探るために，リモートワークを進める上で必要とな

る組織マネジメントのあり方を考える必要があろう。その必要性の一方で，現状において組織マネジメントをいかに変容・適応させるかについて，とにかく不安を感じているマネジャーも多いだろう。

　部下にとっては，リモートワークによって COVID-19 感染リスクを下げることができる，あるいは通勤時間がかからずワークライフバランス（WLB）がとれるなどのメリットを享受できる。しかし，その一方で，これまでとは異なる行動を余儀なくされる COVID-19 感染拡大後において，仕事や将来について不安を感じている者もいることが指摘されている（内閣府，2020 など）。職場に目を向けると，上司や同僚とのコミュニケーションが，フェイス・トゥ・フェイスからオンラインツール（例えば Zoom や Microsoft Teams など）によるコミュニケーションに変わったことで，リモートワーク以前に職場に集まって仕事を行っていた時と比べて，得られる情報量が少ないこと，上司や同僚の様子を即座に把握できないことで，以前の職場で築いてきた人間関係に変化が生じることも考えられよう。

　COVID-19 が収束したとしても，いわゆるニューノーマルとしてのリモートワークの定着は進むだろう。それゆえ，いまここで，リモートワーク下における適切なマネジメントのあり方について考える必要がある。上述のような問題意識をもって，本章では，リモートワーク下のおけるマネジメントのあり方について議論を進めたい。

2.　コロナ禍におけるリモートワーク

　本節では，COVID-19 に関する調査研究の中から，本章内容との関連性が高いものについて整理する。なお，本章で扱う「リモートワークで働く者」は雇用型テレワーカーであることにも留意してほしい。また，本章で焦点をあてるリモートワークは，COVID-19 感染拡大期における外出自粛要請を受けて実施されたものであるため，以下におけるリモートワークはおおむね在宅勤務を指すものであることにも留意が必要である。

　まず，これまでの先行研究や調査において指摘されているリモートワークのメリット・デメリットを整理しておきたい（安達，2016；内閣府，2020，などを参照）。リモートワークのメリット・デメリットとして挙げられる代表的なものは，表 4-1 に示した通りである。労働者（表中の「個人」）に

表4-1　リモートワークのメリット・デメリット

企　業		個　人	
メリット	デメリット	メリット	デメリット
少子高齢化の中で, ・優秀な人材確保（在宅勤務ニーズを持つ優秀な求職者を引き付ける） ・ダイバーシティの推進,事業継続計画（BCP：Business Continuity Plan）として多様な仕事スタイルの確保 ・仕事を効率的に進めるための見直しのきっかけ	・コミュニケーションが不足するリスク,仕事での迅速な連携がとりにくい ・部下などの勤務状況や仕事の進捗状況を把握しにくい,人事評価が困難になる ・会社への帰属意識低下 ・人材育成が困難になる	・自分のペースで仕事ができる,ワークライフバランスをとりやすい ・通勤時間が不要となる	・上司・同僚とのコミュニケーションが不足するリスク ・自身の働きぶりがきちんと評価されるのか,といった不安 ・孤独感や疎外感を感じやすくなるリスク ・長時間労働になりやすいリスク ・自宅に仕事をするスペースがない ・運動不足になりやすい

とっては,通勤時間もなくなりワークライフバランスがとりやすくなることや,自分のペースで仕事を進めることができることがメリットとして挙げられる。企業はリモートワークを導入することで,リモートワークという選択肢を提示して優秀な人材を確保することや,労働者の在宅勤務ニーズを満たすことが可能になる。それらは企業の競争優位性を構築することにつながる。これらは企業からみたリモートワークのメリットである。

その一方で,デメリットも抱えている。物理的な距離により,コミュニケーションがむずかしくなり,コミュニケーション頻度の減少や,仕事での連携の即時性が担保できない可能性も生じる。また,部下が目の前で仕事をしていないため,部下の仕事ぶりを常に目視できず,人事評価もむずかしくなる恐れもある。加えて,物理的距離や利用できる設備の制約などの問題により,OJTの実施もむずかしく人材育成に対して負の影響を与えることなども,デメリットとして挙げられる。コミュニケーション不足への懸念や働きぶりを見られていないかもしれないという不安は,個人側が考えるデメリットとして挙げられている。特に,リモートワークにおける上司─部下間のコミュニケーション不足に関する懸念が大きいことが考えられよう。

そこで,本章では,COVID-19感染拡大防止を念頭に置いたリモート

ワーク導入による上司―部下間のコミュニケーション，上司のマネジメントとその変化に着目して，リモートワークによって労働者が抱く上司・同僚への信頼，上司・部下あるいは同僚間のコミュニケーションが，従業員に与えた影響についての考察を行う。

　続いて，企業によるリモートワークの導入状況について整理したい。リモートワーク導入といえども，例えばエッセンシャルワーカーをはじめリモートワークが導入できない職種や，リモートワーク導入に向けた設備導入が追い付かないなどの理由で，リモートワークを行わない・行えない者も少なくないことは，周知の通りである。

　「テレワーク導入実態調査結果」（東京都，2020）によると，東京都内の従業員規模 30 名以上の企業（2034 社回答，調査基準日：2020 年 6 月 30 日）におけるテレワーク導入率は57.8%で，2018 年度の導入率（25.1%）を大きく上回る結果を示しており，大企業のみならず中堅・小規模企業においても，以前と比べて導入が進んでいることが示されている。関西圏の企業でも，2020 年春の緊急事態宣言（第 1 回）中に 95% 近くの企業がテレワークを認めていた（公益社団法人関西経済連合会，2021）。その半数以上がCOVID-19 対応として，テレワークを初めて実施した企業であった（関西経済連合会会員企業 190 社回答，調査時期：2020 年 11～12 月）。これらデータは，COVID-19 感染拡大によってリモートワーク（テレワーク）が急速に拡大したことを示す証左である。緊急事態宣言（第 1 回）が企業におけるマネジメントに，相当大きなインパクトを与えたことを示すものである。

　テレワーク継続あるいは拡大については，テレワーク導入企業のうち 4 割はテレワークを継続する意向を持っていること（東京都，2020），第 1 回目の緊急事態宣言が解除されて半年が経過した時点においても，テレワークを「認めている」企業は 85% 程度である（関西経済連合会，2021）。もちろん，先の見通しが立たずリモートワークの止め時がわからないケースもあるだろうが，緊急事態宣言（第 1 回）でリモートワークを経験した企業は，その体制を維持しようと考えていることがうかがえる。

　上述したように，すべての労働者がリモートワークを活用できるかというと，そうではない。仕事内容が在宅勤務に適合的でない場合は，緊急事態宣言（第 1 回）解除後すぐに在宅勤務ではなくなることも指摘されている（高

見・山本，2021）。また，江夏（2020）ではリモートワーク実践に寄与する要因としての職種・産業の特徴が示されている。産業としては情報通信業に所属しており，営業職や技術職といった職種についていることが，リモートワーク増加を促すことが指摘されている。また，緊急事態宣言が先行して発出された都府県（埼玉，千葉，東京，神奈川，大阪，兵庫，福岡）や都市部で働くことも，リモートワーク増加に寄与することが指摘されている。これらから，リモートワーク実施には産業，職種，地域といった偏りがある可能性，そして仕事内容が在宅勤務と適合度が高いかどうかがリモートワーク継続のカギとなる可能性が示唆される。

　リモートワークを経験することで，親和性の高い ICT（information and communication technology：情報通信技術）ツールが明らかになり利活用率が増えたこと，そして働き方改革の進展によって，今後のリモートワークは，現状よりもその範囲を広げていくことが想定される。様々な調査において，今後のリモートワークの定着のためにはペーパーレス化，はんこレス化（＝社内決済手続きの簡素化）といった仕事の進め方の変化や，オンラインでのコミュニケーションを円滑化する設備投資・補助（例えば，wi-fi の整備など）の必要性が指摘されており（内閣府，2020；東京都，2020 など），それら課題を積極的に解消しようとする機運も見られる。

　COVID-19 感染拡大防止のために導入されたリモートワークにおいては，ICT 活用により遠隔地とのコミュニケーションは，以前よりも容易になった。しかし，それは必ずしもコミュニケーションがリッチになったことを意味しているわけではない。また，予めセッティングしなければオンライン会議が開催できないなど，以前とは異なるコミュニケーション様式になっている。このような状況下では，コミュニケーションの頻度をいかに確保するか，そしてコミュニケーションの質（内容）をいかに担保するかが，重要な課題となろう。

　リクルートマネジメントソリューションズ（2020）および藤村（2020）では，テレワーク環境下における会社や上司への信頼についての調査結果が提出されている。その結果によると，回答者（N=551）の半数が会社・上司への信頼を持つこと，会社・上司への信頼感が高い者ほど，「現在の仕事にやりがいを感じている」「職場の人とうまくやれている」「職場では自分らしくふるまえている」と答える傾向にあることが報告されている。テレワークド

において，上司信頼が下がった者たちのうち，4割が上司とのコミュニケーション頻度が減ったと回答している（藤村，2020）。この結果から，上司とコミュニケーションをとる頻度が信頼形成にもたらす影響は看過できないといえよう。職場における信頼は一朝一夕で築かれるわけではなく，職場にストックされていくもの（いうなれば，信頼の貯金）であるので，一時的な変化の影響を受けにくいものと考えられるものの，COVID-19感染拡大防止を目的とした強制的なリモートワークの導入とそれに伴うコミュニケーションの変化は，職場における信頼に対して大きなインパクトを与えたと考えられよう。

3.　本章における検討課題とその概念

　本節では，本章で取り上げる概念について整理する。その整理とともに，本章における検討課題について議論する。

3-1.　信　　頼

　信頼（trust）とは，社会的不確実性の存在を前提とした状況で，「相手が自分を搾取しようとする意図はもっていないという期待の中で，相手の人格や相手が自分に対してもつ感情についての評価にもとづく部分」（山岸，1998，p.39）とされる。コロナ禍はまさに社会的不確実性が高い社会・環境要因であり，これまでとは異なる職場人間関係への対応策が模索されている状況である。そのような環境下において働くということは，労働者相互の信頼が重要となる局面であるといえよう。

　本章では，COVID-19感染拡大という局面において，部下が抱く上司・同僚に対する信頼に着目する。上司・同僚への信頼とは，特定の人（・組織）への信頼であり，特定化信頼（particularized trust）[1]と呼ばれる。この上司・同僚への特定化信頼は，職場におけるマネジメントのあり方やその変

1　これに対して，社会全体への信頼は「一般的信頼（generalized trust）」と呼ばれる。例えば，Aさんという個人にお金を預けることができるのはAさん個人への特定化信頼があるからであり，銀行にお金を預けることができるのは金融システムへの一般的信頼があるからである。一般的信頼は特定の相手に対する信頼ではなく，それらが生成される過程も多岐にわたるため（例えば，各自の家庭環境，教育水準など），本章では現在の職場における上司への特定化信頼のみに着目する。

化の受容度合いにも影響を与えるだろう。組織内（あるいは組織間）の信頼の種類には様々な信頼がある。例えば，計算に基づく信頼（calculus-based trust）[2]，関係性に基づく信頼（relational trust）[3]などである[4]（Rousseau et al., 1998）。信頼の発達過程初期は相手の能力や評判が信頼性の判断基準となる計算に基づく信頼であっても，信頼が発達するにつれて関係性に基づく信頼へと変化することが考えられる。なぜならば，関係に基づく信頼は，組織内・個人間の相互作用によって生じて蓄積されていく信頼であるからだ。組織内での相互作用は，コミュニケーションによって培われるものであり，コミュニケーションを継続することで維持されるものである。そして，相互作用の過程で曖昧性も含む情報のやりとりを対面で行うことで，言語・映像だけでは伝わらないリッチな情報交換が行われ，信頼が蓄積されていくと考えられる。

　COVID-19 感染拡大防止対策としてのリモートワークでは，関係性に基づく信頼の構築のために重要な役割を果たすと考えられるフェイス・トゥ・フェイスでのコミュニケーションが制約されたため，それまで培ってきた信頼の貯金を切り崩して，マネジメントや上司—部下間の関係の維持がなされた可能性が高いだろう。では，組織内のストック変数ともいえる上司への信頼の水準が高ければ，リモートワークやそれに伴うマネジメントの変化が，部下たちにどのような影響を与えたのだろうか。その点について，本章では検証を試みたい。

2　計算に基づく信頼とは，経済的交換に基づく相互作用の特徴である合理的選択に基づいており，他者への敬意の存在からだけでなく他者の能力や評判などが好ましい場合に生じる信頼である。すなわち，経済的・社会的に自身にとって好ましい状態にあるから，その相手を信頼する状態ともいえる。

3　関係性に基づく信頼は，信頼する側と信頼される側の間で時間をかけて繰り返される相互作用から生まれるもので，関係そのものの中から信頼者が得られる情報が関係的信頼の基礎を形成するとされている。つまり，信頼する側は信頼される側との過去のやりとりにおいて信頼性や頼りがいが生じて，頻繁かつ長期的な相互作用によって相互の対人的な配慮や関心に基づいた愛着形成につながるとされる。長期間付き合う中で頼りがいを感じて，その相手を信頼することはこの関係性に基づく信頼の一例であろう。

4　計算に基づく信頼，関係性に基づく信頼のベースには，制度的信頼があるとされる。制度的信頼は，チームワークのような形で組織レベルにおいて存在することもあれば個人の権利や財産を保護する法制度のような社会レベルで存在することもある信頼である。この制度的信頼は計算ベースの信頼と関係ベースの信頼の両方を形成する方法を容易にする（Rousseau et al., 1998 など）。

3-2.　マネジメントの変化とコミュニケーション

　マネジャーの仕事は，個々人に分業化された役割（仕事）を調整すること・まとめあげることである。彼・彼女らの立場から見たリモートワークの課題として，「部下の顔・様子が即座に確認できない」ことが挙げられる。「部下が仕事を進める上で困っていることはないか」「部下の仕事の進捗が即座に把握できない」など，以前であれば物理的な場を共有して連携をとり助け合っていた組織・チームのあり方を維持できないことは，上司に不安をもたらすだろう。それゆえ，上司による細かな進捗管理やミーティング頻度の増大などが起こる状況にもなりやすい。一方，場をともにしないため，部下にとっても「上司に見てもらえていない」「評価されるのか不安」「仕事の指示をもらう機会が減少する」などといった懸念が存在するだろう。そのような懸念がある場合，上司による進捗管理の頻度が増える，あるいは上司からの指示が具体的になることは上司が気配りしてくれている姿勢としてとらえられ，ストレス要因ではなく上司への信頼を向上させる可能性も考えられる。

　以前の日常において，同じ「場」でフェイス・トゥ・フェイス・コミュニケーションを行ってきた対象は，上司だけではなく，同僚も含まれる。COVID-19 感染拡大防止のための在宅勤務による変化として，同僚とのコミュニケーション不足が生じたケースも多い。これに対し，メンバー間の自発的なオンラインミーティングなどもありうるが，上司の指示により，（時には上司を交えての）同僚間でコミュニケーションをとる機会が設定されるという変化も生じた。例えば，同僚間で積極的にコミュニケーションをとらせることで，互いの物理的な距離やコロナ禍によって起こった精神的な隔たりを解消して，同僚相互に情報共有や信頼の維持を図ることも期待できる。

　そこで，本章では，COVID-19 感染拡大防止に伴うリモートワーク時の上司によるマネジメントの変化および同僚との情報交換が，上司・同僚への信頼や組織のアウトカムに与える影響を検証する。

　リモートワークでは，物理的に離れた場所でお互いが仕事を進めるため，コミュニケーションがとりづらい。メンバー間の物理的距離は，対面コミュニケーションを劇的に減少させる（阿部，2013 など）。物理的距離を克服する手段は，一昔前までは電話（音声でのコミュニケーション）や電子メール（文字でのコミュニケーション）であった。しかし，近年では ICT の進展に

よって，オンラインコミュニケーションにより，遠隔ではあるものの相手の顔を見ながら話ができる。だが，場をともにする／異にすることによるコミュニケーションへの影響は大きいだろう。

　非言語コミュニケーションの重要性を説明するメラビアンの法則によると，メールのような言語情報（verbal），話し方などの聴覚情報（vocal），表情などの視覚情報（visual）のうち，言語情報で伝わる内容は，聴覚情報や視覚情報で伝わる内容よりも遥かに少ないという指摘がなされている（Mehrabian, 1972）。それゆえ，画面越しであっても TV 会議システムなどを利用したほうが，仕事におけるコミュニケーション（そして，正しい情報伝達）が，円滑に進むことが期待できる。しかしながら，リモートワークが進むにつれて，従前より指摘されてきたリモートワークのデメリットであるコミュケーション不足，特に職場を共にすることで実現してきたちょっとした会話・相談などが制約されてしまうことが考えられ（内閣府，2020 など），身振りや声のトーン・抑揚などをオンラインコミュニケーションで完全に把握することはむずかしいであろう。そう考えると，場を共有した上でのコミュニケーション，すなわち（物理的に集まった上での）組織内コミュニケーションのほうが，コミュニケーションとしての効用が高まることが想定できる。

　組織内コミュニケーションは，企業内に点在する知を融合する貴重なチャネルである。言うまでもなく，創造性は個人の頭の中から発揮されるわけではなく，メンバー間の相互作用によって発揮されるものであり（Csikszentmihalyi, 1996），知識・情報を獲得する上で，口頭によるコミュニケーションが重要なチャネルである。野中（1990）においては，形式知・暗黙知の相互作用が新たな知を創造するとされ，例えばノウハウなどの言葉や文字として起こせないような知も含めた上での「知の融合」が，新たな知を創出するとされる。言葉・文字にできない暗黙知の伝達には，「場」を共有した上でのフェイス・トゥ・フェイス・コミュニケーションが重要となる。口頭でのコミュニケーション，さらに言えばフェイス・トゥ・フェイスでのコミュニケーションによる相互作用が，情報交換そして創造性発揮につながるとされている。リモートワークによって物理的に「場」を共有しなくなったことが，知識共有や創造性発揮に痛手となったことは想像にかたくないであろう[5]。例えば，雑談は非公式コミュニケーションの一種であるが，

非公式コミュニケーションは組織内での知識共有において重要な役割を果たすことも指摘されている（例えば，Kraut et al., 1990）。

　また，情報の授受は送り手・受け手の関係性によっても影響を受ける。他者への信頼は，「複数の個人が協調行動をとる基盤となる」（片桐ほか，2015，p.97）が，信頼がなければ相手と重要な情報を授受することに積極的にはならないだろう。コミュニケーションがあるから信頼するようになるのか，信頼しているからコミュニケーションがあるのか，という因果の順序については議論があることは当然であるものの，それらは双方向で相乗的に影響を及ぼしあうものだろう。すなわち，信頼がコミュニケーションを維持・向上させる上で重要となるだろうし，コミュニケーションが信頼醸成に作用することが考えられる。

3-3.　リモートワーク日数

　緊急事態宣言（第 1 回）時に，五里霧中ながらも，企業・労働者双方が懸命にリモートワーク導入・活用に尽力した結果，リモートワークに慣れて，その恩恵を知りえた。その結果，緊急事態宣言（第 1 回）解除後にもリモートワークを継続しようと考える企業が 8 割を超え，リモートワーク経験者の多くがリモートワークの継続を望んでいる（関経連，2021 など）。その一方で，ガイドラインを定めて職場への回帰を模索しようとする企業も存在する（例えば，IBM の "Return to Workplace" など）。

　COVID-19 感染拡大防止のために，極力移動・対面を避ける必要が生じた。リモートワーク日数が確保できることは，リモートワークによる移動の軽減およびそれに伴う社員の感染リスクの軽減，彼・彼女らの WLB の向上などのメリットがあることはわかりつつも，職場（現場）でのマネジメントができないというデメリットが生じる。すなわち，場を共有した上でのコミュニケーションが図れない。また，コミュニケーションが減少することで，社員の仕事がタコつぼ化してしまい職務充実が図れないことや，互いの状況がわからないために相互信頼に負の影響をもたらすことについての懸念

5　日本の企業組織ではいわゆる「大部屋」オフィスによるコミュニケーションなどが注目されがちであるが，オフィスの形態（例えば，大部屋，ローパーテーションで区切る，などの一種のオフィスデザイン）と企業内でのコミュニケーションの活発化の関係は無相関であるという研究結果も提出されている（古川，1998）。

が生じる。リモートワーク一辺倒のままでは，コミュニケーションを通じた知識共有や新たな知の創出が阻害されることも考えられる。筆者が行ったリモートワーク実施企業へのヒアリングでも，「リモート日数をどの程度維持するべきか」「いつから，そしてどの程度の頻度で社員を職場に復帰させるべきか」に悩む経営層・職場マネジャーもいた。企業・マネジャーも，適切なリモートワーク日数について頭を悩ませているのではないだろうか[6]。

　リモートワーク日数が減少することの影響には2通り考えられよう。1つは，リモートワーク日数の減少によって，これまで制約されていたフェイス・トゥ・フェイスのコミュニケーションが復活することで非言語情報も含む豊富な情報を得ることができる点である。もう1点としては，リモートワーク継続を望む従業員が多い中（関経連，2021など），リモートワーク日数を減らすことにより，従業員に不満が生じる可能性が考えられる。そこで，本章では，緊急事態宣言（第1回）時と宣言解除の双方のタイミングでリモートワークを実施していた者を対象に，宣言時と比べた際の宣言後リモートワークの日数減少が，従業員の上司・同僚への信頼，コミュニケーション品質や創造的行動（後述）にどのような影響を与えるのかについて検証を行う。

3-4.　創造的行動

　創造性とは，新規性と独創性を兼ね備えたアイデア開発であり，イノベーションに向けた最初の一歩である（Amabile et al., 1996；Baer, 2012など）。これまでなかった新規性が高いものを生み出すプロセス(いわゆる根本的イノベーション)や，既存の製品・サービスや技術を改良するプロセス（いわゆる漸進的イノベーション）を指す。創造性の発揮において，職場の環境が重要となることが，多くの先行研究において指摘されている（Amabile, 1996など）。職場の環境を形成するものは多岐にわたる。上述のマネジメン

6　リクルートマネジメントソリューションズ調査（2020）によると，上司や会社への信頼が高い群・中程度である群は，テレワーク（リモートワーク）頻度が「毎日」あるいは「月の半分程度」であることが多い一方で，信頼が低い群はリモートワークを「現在行っていない」と回答した者の割合が高かったことが示されている（質問文：「現在お勤めの会社で，過去半年間での，あなた自身のテレワーク（リモートワーク，在宅勤務）の実施状況を教えてください」）。しかし，信頼が低い群と高い群・中程度の群の間に統計的な有意差は示されておらず，信頼の高さとリモートワーク頻度には（統計的な）連関性はないといえる。

ト変化や同僚との情報共有の多少も，職場環境を形成する要素である。また，上司―部下関係や同僚同士の関係や，そこで構築された信頼についても，職場における行動を規定する要因となる。

　本章では，創造的プロセスへの関与（creative process engagement：CPE）に着目する。CPE とは，従業員が創造性に関連する方法やプロセスに関与することを指し，問題の特定，情報の検索と符号化，およびアイデア・代替案生成などの創造性に関連する方法・プロセスへの従業員の関与である（Zhang & Bartol, 2010）。課題発見・解決において，多面的な観点から検討を試みることや様々な情報源に当たってみる（探してみる・相談する）ことなどを行う場合，創造的プロセスに活発に取り組んでいる・積極的に関与しているとされる。一般的に，創造性をとらえる際には，アウトカム，プロセスのどちらかに着目することが多い。ただし，アウトカムは仕事内容，産業特性や企業特性などの影響を大きく受ける一方で，プロセスはアウトカムに先立つものとして表出する。そこで，本章では創造的プロセスへの関与（CPE）を使用する。

　これまでの研究において，コミュニケーション，とりわけアイデアに関連するコミュニケーションが，創造的なプロセスおよび創造性において重要となることが指摘されてきた（例えば，Amabile et al., 1996；Perry-Smith & Shalley, 2003 など）。アイデアに関する他者とのコミュニケーションは，アイデアを伝えることで，その個人が特定の問題に対する創造的な解決策に取り組んでいることを明らかにしていることを意味している。上司・同僚とのコミュニケーションにおいては，仕事に関するアイデアの発表・共有や，解決策構築に向けた議論などが含まれる。そこで，リモートワーク下であっても，マネジメント施策・実態として，上司・同僚とのアイデア交換・議論の場が確保されているかどうか，すなわち上司や同僚とアイデアを論じるコミュケーションの場が設けられることで，CPE にどのような影響を与えているのかについて検証する。また，その際に上司・同僚への信頼が，アイデア交換を促すようなマネジメントと CPE の関係に対して与える影響（調整効果[7]）についても検証する。

7　調整（moderate）効果とは，ある変数(M)が，変数 A（原因）と変数 B（結果）の関係性を加減する効果を指す。変数 A と変数 B の関係において変数 M が A による B への効果を強くしたり弱くしたりする効果をみる分析である。

本章では，リモートワーク下のマネジメントの変化と従業員が抱く上司・同僚への信頼，コミュニケーションの創造的プロセスへの関与の関係性について検証する。この検証を通じて，リモートワークによって生じた職場マネジメントの変化と，リモートワークが従業員たちにもたらした影響について明らかにする。

4.　調査概要とデータの説明

　本章では，2021 年 1〜2 月に実施した「新型コロナウイルス感染拡大による職場への影響」調査データ[8]を使用した分析を行う。本節では，データの説明とともに，回答内容を紹介することで，リモートワーク下において従業員が置かれた状況を整理する。

　本調査は，主として，2020 年の COVID-19 感染拡大期の状況について尋ねる質問で構成されており，とりわけ緊急事態宣言（第 1 回）前後の状況について問うている[9]。本調査は，インターネット調査会社を通じて，モニターに対してオンライン調査として実施された。1 月から 2 月にかけて，同一人物に対して計 3 回の調査を行った結果[10]，第 1 回目から第 3 回目まで回答を完了した者は 462 名であった。

　本調査の回答対象者は，従業員規模 300 人以上の企業勤務の正社員で，専門・技術職，事務職，営業職，販売職につく者，課（あるいは課に相当する部署）に所属する者に限定している。調査や報道によると，中小企業ではリモートワーク導入が大企業に比べて遅れたことが指摘されており（東京都，2020 など），中小企業で働く労働者においては「リモートワークを実施したくてもできない（会社の設備がそれを許してくれない）」状況が生まれやすいため，本調査の対象者には含めていない。また，上司や同僚への信頼を測定する変数を含むことから，上司の定義を明確化させるため，直属の上司が課長（あるいは課長相当管理職）である者に限定した。加えて，上司や同僚

8　本調査は同志社大学「新型コロナウイルス感染症に関連する緊急研究課題」採択課題として実施した。
9　本質問票は，筆者が流通経済大学・佐藤佑樹先生とともに作成した。
10　コモン・メソッド・バイアス（例：説明変数と被説明変数が同一調査票に含まれる場合，回答者が回答の一貫性を保とうと考えて回答がゆがむ，などの事象が生じる可能性がある）の回避，回答者への負担を考慮して 3 回に分けて調査を実施した。

表 4-2　回答者の属性

(N = 462)

度数分布	実数	%	度数分布		実数	%
性別			年収			
女性	91	19.7	250 万円未満		8	1.7
男性	371	80.3	250〜350 万円未満		23	5.0
担当職種			350〜450 万円未満		62	13.4
専門・技術職	194	42.0	450〜550 万円未満		95	20.6
事務職	173	37.4	550〜650 万円未満		94	20.3
営業職	77	16.7	650〜750 万円未満		68	14.7
販売職	18	3.9	750〜850 万円未満		59	12.8
従業員規模			850〜1000 万円未満		38	8.2
300 人以上 1000 人未満	72	15.6	1000〜1200 万円未満		11	2.4
1000 人以上 5000 人未満	186	40.3	1200 万円以上		4	0.9
5000 人以上	204	44.2	労働時間制度			
現在の役職			通常の勤務時間制度		261	56.5
一般社員	259	56.1	フレックスタイム制（コアタイムあり）		96	20.8
主任クラス	101	21.9	フレックスタイム制（コアタイムなし）		57	12.3
係長クラス	102	22.1	変形労働時間制度		11	2.4
最終学歴（卒業した学校種別）			交代制（シフト制）		6	1.3
中学	1	0.2	裁量労働制・みなし労働時間制		29	6.3
高校	57	12.3	その他		2	0.4
高等専門学校	10	2.2	子どもの有無			
短大	6	1.3	いる		227	49.1
専門学校	29	6.3	いない		235	50.9
大学・理系学部	119	25.8	記述統計			
大学・文系学部	177	38.3		平均 / 標準偏差 / 最小値 / 最大値		
大学院・理系	57	12.3	年齢（単位：歳）	46.59 / 9.12 / 24 / 65		
大学院・文系	6	1.3	勤続年数（単位：年）	19.95 / 10.48 / 3.0 / 44.8		
配偶者の有無			現在の課での在籍年数（単位：年）	8.16 / 6.75 / 1.0 / 40.8		
いる	290	62.8	現在の上司のもとで働いている期間（単位：年）	3.79 / 2.90 / 1.0 / 20.8		
いない	172	37.2	末子年齢（年齢：歳）(n=227)	13.70 / 9.71 / 0 / 48		

との信頼を構築するまでの期間を考慮して，現在の勤務先での勤続年数３年以上の者，現在の課での上司への信頼を問う設問を含むため，現在の課での経験年数１年以上の者に限定して回答を得ている。

　回答者 462 名の主な属性は表 4-2 の通りである。男性が 80.3% を占め，8割以上の回答者は従業員 1000 名以上の大企業に勤めている。勤続年数は平均 19.95 年，現在の課での在籍年数は平均 8.16 年，現在の上司のもとで働いている期間は平均 3.79 年であった。この勤続年数および課での上司との付き合い期間であれば，回答者はおおむね上司や同僚への信頼の傾向が構築

表 4-3　緊急事態宣言時・解除後の在宅勤務状況 (名)

| | | 緊急事態宣言解除後 | | 合計 |
		在宅勤務なし	在宅勤務あり	
緊急事態 宣言時	在宅勤務なし	182 (39.4%)	15 (3.2%)	197 (42.6%)
	在宅勤務あり	34 (7.4%)	231 (50.0%)	265 (57.4%)
	合計	216 (46.8%)	246 (53.2%)	462 (100%)

表 4-4　職種ごとの在宅勤務の有無 (名)

| | 緊急事態宣言時 | | 緊急事態宣言解除後 | |
	在宅勤務 なし(197 名)	在宅勤務 あり(265 名)	在宅勤務 なし(216 名)	在宅勤務 あり(246 名)
専門・技術職	80 (41.2%)	114 (58.8%)	81 (41.8%)	113 (58.2%)
事務職	71 (41.0%)	102 (59.0%)	83 (48.0%)	90 (52.0%)
営業職	31 (40.3%)	46 (59.7%)	36 (46.8%)	41 (53.2%)
販売職	15 (83.3%)	3 (16.7%)	16 (88.9%)	2 (11.1%)

されているといえよう。

　本調査対象者には，緊急事態宣言（第 1 回）時および緊急事態宣言（第 1 回）解除後の在宅勤務経験（継続）者・未経験者双方を含む。それぞれのタイミングでの在宅勤務実施の有無を示したものが表 4-3 である。緊急事態宣言（第 1 回）時に在宅勤務であった者は 265 名(57.4%)，緊急事態宣言（第 1 回）解除後の在宅勤務者は 246 名（53.2%）であった。緊急事態宣言（第 1 回）時および終了後ともに在宅勤務だった者（＝在宅勤務継続者）は，231 名（50.0%）であった。すなわち，回答者のちょうど半数が緊急事態宣言（第 1 回）終了後も，そのまま在宅勤務を続けていた。なお，次節以降の分析では，この 231 名が主たる分析対象者となる。

　表 4-4 は職種ごとの在宅勤務の有無を示したものである。各職種とも，緊急事態宣言（第 1 回）時と宣言解除後を比べると，在宅勤務実施者の割合に大きな変化は見られない。緊急事態宣言（第 1 回）時に在宅勤務を行った上で，宣言解除後も在宅勤務を継続した者が多いことがうかがえる。今回のリモートワークは，COVID-19 感染拡大防止という局面で強制的に導入されたケースが多いといわれるが，緊急事態宣言（第 1 回）解除後も，在宅勤務を継続している場合も多いことがわかる。宣言解除後も感染防止策として在

表4-5　仕事内容と在宅勤務状況

(名)

		私の仕事においてこのような行動は行わない(行えない)	まったく行わない	ほとんど行わない	時々行う	よく行う	常に行う
私の仕事では,新しく何かを開発・設計・創造することがある	全体	43(9.3%)	40(8.7%)	141(30.5%)	162(35.1%)	50(10.8%)	26(5.6%)
	在宅勤務経験者	20(7.5%)	18(6.8%)	76(28.7%)	95(35.8%)	37(14.0%)	19(7.2%)
私の仕事では,情報やデータを分析することがある	全体	20(4.3%)	24(5.2%)	103(22.3%)	188(40.7%)	95(20.6%)	32(6.9%)
	在宅勤務経験者	8(3.0%)	6(2.3%)	56(21.1%)	115(43.4%)	56(21.1%)	24(9.1%)
私の仕事では,他者との協働関係を構築・維持することがある	全体	15(3.2%)	19(4.1%)	95(20.6%)	206(44.6%)	98(21.2%)	29(6.3%)
	在宅勤務経験者	8(3.0%)	7(2.6%)	53(20.0%)	114(43.0%)	61(23.0%)	22(8.3%)
私の仕事では,部下を指導し,指示を与え動機づけることがある	全体	43(9.3%)	39(8.4%)	133(28.8%)	182(39.4%)	51(11.0%)	14(3.0%)
	在宅勤務経験者	22(8.3%)	19(7.2%)	77(29.1%)	107(40.4%)	32(12.1%)	8(3.0%)

全体(N=462),在宅勤務経験者(N=265)

宅勤務を継続させたケース,在宅勤務の恩恵を受けた労働者が在宅勤務を望むケースのいずれかあるいは双方のケースが考えられるが,緊急事態宣言(第1回)時にリモートワーク環境を整えられたことで,在宅勤務継続が実現したのであろう。

　緊急事態宣言(第1回)時と宣言解除後を比べて,職種ごとの在宅勤務継続の変化は見られなかった(表4-4)が,職種ではなく仕事内容の違いによって,在宅勤務継続の変化は生じているのか。表4-5は,全体(N=462)と在宅勤務者(N=265)において,仕事内容に違いがあるのかについてクロス集計したものである。全体の傾向と在宅勤務者の傾向において,分布・割合が大きく異なる部分は確認されなかった。通説的に,他のメンバーとの協働が多い場合や部下を抱える場合は在宅勤務がむずかしいといわれるが,この結果を見る限り,その通説は否定される。コロナ禍のリモートワークが強制的に導入されたことから,仕事内容によって在宅勤務するか否かを選択する余地がなかったことも考えられるだろう。

　緊急事態宣言(第1回)時と宣言解除後の双方で,在宅勤務を行っていた者の在宅日数に変化はあったのだろうか。緊急事態宣言(第1回)が解除さ

表 4-6　緊急事態宣言時と宣言解除後の在宅勤務日数

		平均値	標準偏差	最小値	最大値
a	緊急事態宣言（第1回）時の在宅勤務日数	3.81	1.353	1	5
b	緊急事態宣言（第1回）解除後の在宅勤務日数	3.38	1.451	1	5
c	緊急事態宣言（第1回）時と宣言解除後の在宅勤務日数差(a-b)	0.44	1.147	-3	4

れた後も，テレワークやローテーション勤務の推進が求められていたものの，在宅勤務から段階的に出勤するように，業務体制を切り替える企業も見られた。緊急事態宣言（第1回）時と宣言解除後の在宅勤務日数およびそれらの差を示したものが表4-6である。緊急事態宣言（第1回）時の在宅勤務実施日数（表中 a）は 3.81 日，宣言解除後の在宅勤務日数（表中 b）は 3.38 日であった。

　また，緊急事態宣言（第1回）時と宣言解除後の在宅日数差（表中 c = a から b を除したもの）は 0.44 日であった[11]。別途 a と b のクロス集計も行ったが，緊急事態宣言（第1回）解除後の在宅勤務日数は，宣言中と同一日数であるケースが多く見られた[12]。このことから，在宅勤務日数は，緊急事態宣言（第1回）中も宣言解除後も，大きく変化しているわけではないといえよう。

5.　分析結果：リモートワーク下におけるマネジメントが従業員に与える影響

　本節では，部下たちが感じたリモートワーク下における職場の変化とそれ

11　高見（2020）によると，在宅勤務を「4月頭時点で適用」していた層では，宣言解除後平均在宅勤務日数はやや低下してはいるものの，5月末以降も平均2日程度を維持している（7月平均：2.12日）。一方，在宅勤務を「4月以降に適用」した層では，緊急事態宣言解除後（5月末）以降の在宅勤務日数は大きく減少しており，7月末現在で平均0.75日であった。後者については，コロナ発生前の水準に戻っているという結果であった。

12　緊急事態宣言（第1回）時の在宅勤務日数（以下，a日数）が1日であった者のうち緊急事態宣言解除後の在宅勤務日数（以下，b日数）も1日である者は61.1%である。同様に，a日数・b日数ともに2日である者は74.2%，a日数・b日数ともに3日である者は40.0%（a日数3日，b日数2日の者が31.4%），a日数・b日数ともに4日である者は56.4%，a日数・b日数ともに5日である者は64.8%であった。

らによる部下たちへの影響を検討する。調査に先立って行った企業人事担当者へのヒアリングでは，コロナ以前（＝ COVID-19 感染拡大前の日常）におけるリモートワークの対象者は家族事情（介護など）や怪我・病気のために利用しており臨時的かつ不定期にリモートワークを活用しているケースが多いことも聞かれた。しかし，今回の緊急事態宣言（第 1 回）時のリモートワークは，COVID-19 感染拡大防止のために，可能な範囲・職掌においては強制的に導入された。それゆえ，コロナ以前に見られた一部対象者に対するリモートワーク実施とは異なり，組織全体としてリモートワークに対応するマネジメントを実施する必要性が生じた。表 4-1 で示したように，リモートワークの導入時にはコミュニケーション不足の懸念が指摘されている。そのような中，部下たちが感じる在宅勤務になってからの変化についての回答を示したものが表 4-7 である。回答者は，緊急事態宣言（第 1 回）時に在宅勤務を利用した者（N=265）である。

　表 4-7 の結果によると，在宅勤務開始以前と開始後において，マネジメントの変化がなかったと答える者が多かった。表 4-1 で挙げられているコミュニケーション不足への懸念より，「上司による進捗管理のスパンが以前より短くなる」ことが想定されたが，回答結果を見る限り，進捗管理のスパンが短くなっていないと答える者（＝表中の「まったくそうではない」「あまりそうではない」を選択した者）が，相対的に多かった。「チームメンバーとの進捗共有の回数が以前よりも増える」ことも想定されたが，進捗共有の回数が以前より増えたと答える者より，増えていないと回答する者のほうが多かった。

　コミュニケーション不足への懸念に加えて，部下の勤務状況がわかりにくいという上司の懸念が生じることが考えられる（表 4-1 参照）。オフィスで部下と対面する場合とは異なり，リモートワークでは部下がいかに仕事を進めているのかを即座に把握できない。その状況を解消する手段として考えられるマネジメントとして，上司は部下への指示を具体的にすることであろう。しかし，表 4-7 の結果を見ると，「上司による業務遂行方法への指示が以前より具体的になった」についても，「どちらともいえない」と回答した者の割合が多かった。そして，以前と比べて具体的にはなっていないと回答する者（＝「まったくそうではない」「あまりそうではない」と回答した者）が，具体的になったと回答した者よりも多かった。変化がないと感じる者は

表4-7 在宅勤務によるマネジメントの変化 (N = 265)

(名)

	平均値	標準偏差	まったくそ うではない	あまりそう ではない	どちらとも いえない	ややそうで ある	そうである
在宅勤務になって，課長（また は課長相当上司）による進捗管 理のスパンが以前より短くなっ た	2.76	0.89	20 (7.5%)	77(29.1%)	121(45.7%)	40(15.1%)	7(2.6%)
在宅勤務になって，課長（また は課長相当上司）による業務遂 行方法への指示が以前より具体 的になった	2.80	0.90	22 (8.3%)	63(23.8%)	134(50.6%)	37(14.0%)	9(3.4%)
在宅勤務になって，チームメン バーとの進捗共有の回数が以前 よりも増えた	2.78	0.92	26 (9.8%)	66(24.9%)	119(44.9%)	49(18.5%)	5(1.9%)

過半数ではあるものの，仕事の進め方についての指示の具体化度合いが下がったことを示す結果といえる。上述の進捗管理スパンが短期化されなかったこととあわせて考えると，強制的に導入されたリモートワークという状況において，企業側・上司側は部下に仕事における裁量を与えて，自身の判断・時間配分で仕事に取り組んでもらうようにマネジメントを実施していた可能性が考えられるだろう。

なお，表4-7で取り上げたマネジメントの変化に関わる変数のうち，「在宅勤務になって，課長（または課長相当上司）による進捗管理のスパンが以前より短くなった」「在宅勤務になって，課長（または課長相当上司）による業務遂行方法への指示が以前より具体的になった」の2項目については，信頼性分析[13]を行った結果，「職場マネジメントの短期化・具体化」を示す項目として合成できた。この変数を「職場マネジメントの短期化・具体化」変数とする。リモートワークで懸念される「仕事ぶりをみてもらえているのか」「上司がきちんと評価してくれるのか」といった点を解消するために有用なマネジメントと考えられる。また，「自分の仕事として行うべき仕事が明確になる」ことで，「リモートワーク下でどのように仕事を進めるべきか

---

13 因子分析を行った後，信頼性係数を測定している。因子とは，実際に測定されるものとは異なり測定された変数間における相関関係をもとに導出される，いわば「潜在的な変数」を指す。観測された変数はどのような潜在的な因子から影響を受けているのか，を探る手法が因子分析である。その因子分析によって下位尺度が決定したら，それら尺度の測定誤差が小さいかどうかを判断する分析。クロンバックαの数値が1.00に近いほど，整合性が高い。

図 4-1　各概念を構成する尺度

上司マネジメントの短期化・具体化（2項目）α＝.788
- 在宅勤務になって，上司による業務遂行方法への指示が以前より具体的になった
- 在宅勤務になって，上司による進捗管理のスパンが以前より短くなった

チーム連携の活発化（1項目）
- 在宅勤務になって，チームメンバーとの進捗共有の回数が以前よりも増えた

上司への信頼（2項目）α＝.679
- 上司の行動を監視できなくても，私にとって重要な業務や問題を安心して上司に預けることができるだろう
- もしも誰かが，上司の行動の背後の理由について疑問を持っても，私は上司を大目に見るだろう

同僚への信頼（4項目一部抜粋）α＝.886
- 知りたいことがあるとき，部署のメンバーは常に私のことを助けようとしてくれる
- 必要な時はいつでも，部署のメンバーに手伝いを安心して任せられる

創造的プロセスへの関与（11項目一部抜粋）α＝.921
- 私は，問題の性質を理解しようとかなりの時間を費やしている
- 私は，問題をいろいろな角度から考えている

わからない」という不安も解消されるだろう。そして，リモートワーク下においても上司への信頼を維持（あるいは向上）することも可能であろう。そこで，「職場マネジメントの短期化・具体化」が上司への信頼に与える影響を考える（分析結果の詳細は表4-9参照）。

　リモートワーク下のコミュニケーションで問題となるのは，上司とのコミュニケーションのみではない。同僚とのコミュニケーションも不足する。以前の日常では，毎日のようにオフィスでフェイス・トゥ・フェイス・コミュニケーションを行ってきた仕事仲間と，オンラインコミュニケーションしか行えないようになり，お互いの仕事の進捗度合いの共有や，仕事仲間との相談・雑談の場が奪われる形になってしまった。同僚の顔が見えず，仕事上の連携をとることができない状況は，遠く離れた相手の真意や非言語情報を即座に把握できず不安が生じる。そのような状況によって，リモートワークが進むにつれて，互いへの信頼が揺らぐ可能性もあるだろう。リモートワークのもとで，「チームメンバーとの進捗共有の回数が以前よりも増える」

ことで，同僚への信頼を維持（あるいは向上）することが可能なのだろうか。

　そこで，「チームメンバーとの進捗共有の回数が以前よりも増える」こと（本章では「チーム連携の活発化」と呼ぶ）が，同僚への信頼に与える影響を考える（分析結果の詳細は表 4-9 参照）。上司への信頼・同僚への信頼におけるマネジメントの効果を検証することは，今後リモートワークが進展した際のマネジメントのあり方を考える上で，有意義といえるだろう。

　本章の分析で使用する「上司マネジメントの短期化・具体化」および「チーム連携の活発化」を構成する質問項目は，図 4-1 の通りである。また，上司への信頼および同僚への信頼[14]を測定する尺度は，それぞれ Colquitt & Rodell(2011)および Seba ら(2012)を参照した[15]（詳細は図 4-1 参照）。創造的行動（CPE）については，Zhang & Bartol (2010)を参照した。変数に使用した質問項目については，図 4-1 に示した通りである。在宅日数減少変数は減少した者を 1 とするダミー変数である。また，主要変数の相関関係は表 4-9 の通りである。

　表 4-9 および表 4-10 では重回帰分析を実施している。回帰分析においては，図 4-1 に示した主要変数に加えて，性別（ダミー），年齢，職種①（ダミー：総合職=1，レファレンスは一般職），職種②（ダミー：専門職，営業職，販売職：レファレンスは事務職），企業規模（ダミー：規模 300～999人，規模 1000～4999 人：レファレンスは 5000 人以上），職位（ダミー：主任，係長，：レファレンスは役職なし），勤続年数（年換算），現在の課長の指揮下での経験年数（年換算），地域（ダミー：関東，東海，関西：レファレンスはその他の地域），産業（ダミー：製造業，情報通信，卸売・小売業：レファレンスは金融保険）を，コントロール変数[16]として投入している。

　表 4-9 はリモートワークにおけるマネジメントの変化および緊急事態宣言（第 1 回）時と宣言解除後の在宅勤務日数減少が上司・同僚への信頼に与え

14　重回帰分析にあたって，変数を中心化している。マネジメント変数も同様。
15　それぞれの英文（原文）をもとに逆翻訳（back translation）を行った上で質問項目を作成した。以下の質問項目設計においても同様の手順を踏んでいる。
16　上司や同僚に対する信頼は，年齢，現在の課長の指揮下での経験年数や産業などの要素とも関係があると考えられる。そのため，説明変数と被説明変数との関係において，条件合わせを行うためにコントロール変数を投入する。

表 4-8 主要変数の相関関係

(N = 231)

	平均値	標準偏差	①	②	③	④	⑤
①上司マネジメントの短期化・具体化	2.766	0.822					
②チーム連携の活発化	2.753	0.930	.567***				
③在宅勤務日数減少（ダミー）	0.303	0.461	.074	.094			
④上司への信頼	3.319	0.664	.319***	.262***	.124†		
⑤同僚への信頼	3.304	0.749	.282***	.287***	.182**	.661***	
⑥創造的プロセスへの関与（CPE）	3.159	0.620	.192**	.269***	.136*	.369***	.285***

***p < .001, **p < .01, *p < .05, † p < .10

表 4-9 リモートワーク下のマネジメントが上司・同僚への信頼に与える影響

	被説明変数			
	上司への信頼		同僚への信頼	
説明変数	標準化係数	t 値	標準化係数	t 値
在宅勤務日数減少	.100	1.509	.143*	2.150
上司マネジメントの短期化・具体化	.179*	2.182	.119	1.438
チーム連携の活発化	.161*	1.969	.226**	2.766
コントロール変数：				
規模 1000〜4999 人ダミー	−.126†	−1.847	−.123†	−1.797
主任クラスダミー	.139*	2.032	.044	.640
現在の課長指揮下年数（年換算）	.128*	1.970	.104	.197
Adj R²	.108		.102	
F 値	2.320 **		2.240 **	
N		231		

***p < .001, **p < .01, *p < .05, † p < .10
コントロール変数は統計的に有意であったもののみを示す

る影響を分析した結果である。上司への信頼に対して，上司マネジメントの短期化・具体化とチーム連携の活性化が，有意な正の効果を持つことが明らかになった。また，現在の課長指揮下での経験年数（＝現在の上司との付き合い年数）が長いことが，上司への信頼に正の影響をもたらすことも示されている。この結果を解釈すると，リモートワーク下における上司への信頼維持・向上のためには，上司は部下とのコミュニケーション頻度を増やして，仕事に関する指示や進捗管理をこまめに行うことが求められるといえよう。また，チームメンバーとの進捗共有頻度を増加させることも，上司への信頼が維持・向上されるためには有効性を持つという結果も示された。チームメ

表 4-10　リモートワーク下のマネジメントと上司・同僚への信頼が創造的行動に与える影響

| 説明変数 | 被説明変数：創造的プロセスへの関与（CPE） | | | |
| | 上司マネジメント・上司への信頼の影響 | | チーム連携・同僚への信頼の影響 | |
	標準化係数	t 値	標準化係数	t 値
在宅勤務日数減少	.092	1.459	.067	1.025
上司マネジメントの短期化・具体化	.096	1.430	–	
上司への信頼	.328***	4.906	–	
上司マネジメントの短期化・具体化×上司への信頼	.205***	3.199	–	
チーム連携の活発化	–		.188**	2.790
同僚への信頼	–		.222**	3.225
チーム連携の活発化×同僚への信頼	–		.133**	2.065
Adj R²	.192		.146	
F 値	3.488***		2.791***	
N		231		

***p ＜ .001，**p ＜ .01，*p ＜ .05，† p ＜ .10
コントロール変数に統計的に有意なものは存在しなかった

ンバーとの進捗共有増加は，チームメンバーの自発的行為であるが，上司がチームメンバーとのオンラインでの接点を設定している場合は，上司への信頼は維持・向上できるだろう。

　同僚への信頼を維持・向上させるためには，メンバーとの進捗共有増加とともに，在宅勤務日数の減少が有効である可能性が示唆された。オンライコミュニケーションであっても，メンバー間と頻繁に進捗共有することは，同僚への信頼を維持・向上させることが期待できる。同僚への信頼には在宅勤務日数を減らすことが利くという結果が示されたことから，同僚への信頼を維持・向上させるには，コロナ禍にあっても職場に従業員を戻すこと（いわゆる "return to workplace"）が効果を発揮する可能性が示唆されたといえる。また，（メンバー間の自発的行為である可能性もあるものの）上司が同僚間のコミュニケーションを行う場を設定すること，あるいは同じ「場」を共有することによって，同僚同士の信頼を維持・向上させる可能性も示唆された。

　表 4-10 は，リモートワーク下のマネジメントおよび上司・同僚への信頼，

そしてそれらの掛け合わせが従業員の創造的プロセスへの関与（CPE）に与える影響を検証した結果である。分析の結果，上司マネジメントの短期化・具体化は CPE に直接的な影響を与えなかったものの，上司への信頼，そして上司マネジメントの短期化・具体化と上司への信頼の交差項[17]は統計的に有意な正の影響を CPE に与えることがわかった。すなわち，上司との関係性において，上司への信頼が CPE を高める上で重要な要素になることが明らかになった。このことより，リモートワーク下における CPE を高めるためには，リモートワーク開始前までの信頼貯金を含めて，リモートワーク導入までに部下からの上司への信頼を蓄積できていることが必要であることが示されたといえる。

　また，上司マネジメントの短期化・具体化と上司への信頼の交差項が CPE に有意な正の影響を与えていたことから，上司への信頼が高い場合には上司のマネジメントが短期的・具体的（こまやか）になると，CPE を高める可能性が示された。すなわち，短期化・具体化という上司マネジメント（指示の具体化や高頻度での連携・共有）は，上司への信頼があるからこそ，CPE に対して良い効果を与える。この結果からも，上司への信頼が大きな影響を与える前提に立って，リモートワーク導入までに上司への信頼蓄積をしておく必要性が示唆されよう。

　表 4-10 は，リモートワーク下における同僚とのコミュニケーションや信頼が，CPE に与える影響を示したものでもある。チームメンバーとの進捗管理を増やすこと，同僚への信頼が CPE を促進する結果が示されている。加えて，チームメンバーとの進捗管理，すなわちチーム連携の活発化と同僚への信頼の交差項も，有意な正の影響を示している。すなわち，同僚への信頼がある上でチームメンバーとの進捗管理の増加が起こると CPE を促進することがわかった。

　本節での分析結果は以下のような含意を示す。まず，リモートワーク下において，上司が部下に対して進捗管理の頻度を増やす，あるいは仕事内容の指示を具体化するなど，部下に細やかに目配りする（そして，それらを上司からの配慮として部下が受け取る）マネジメントによって，上司への信頼を

17　交差項とは，変数 A（原因）と変数 B（結果）の間を調整する（調整効果：脚注 7 参照）変数 M の効果を図るために分析に投入する A × M の掛け合わせ変数を指す。

維持できる可能性が高くなる。そして，同僚（チームメンバー）との進捗共有増加を促すようなマネジメントによって，同じ「場」を共有する場面を設定することで，同僚への（あるいは同僚同士の）信頼を高めること，あるいは維持できることも期待できる。それゆえ，リモートワーク下において，それまでの信頼を維持する（場合によっては，信頼貯金を増やす）ためには，情報共有の頻度を上げること，仕事に関する指示を明確に行うことが求められるといえる。また，同僚同士の信頼を維持・向上させるためには，緊急事態宣言時のような特殊な社会環境でない場合は，従業員をオフィスに戻す（＝週あたり一定の日数は出社させる）ことが有用であろう。

「場」を共有してフェイス・トゥ・フェイス・コミュニケーションをとるという以前の日常から考えると，「当たり前」だった状況こそが，実は，部下からの／部下間の信頼構築のためにきわめて有効であったことに改めて気づかされる。フェイス・トゥ・フェイスによるコミュニケーションには，オンラインコミュニケーションでは実現しえない情報量の多さや，場の共有による共感・共鳴という副次的な作用も生まれやすい。ICT が発達しても，当然ながら，コミュニケーションの基本要素であるフェイス・トゥ・フェイス・コミュニケーションはその有効性を持続し続ける。

また，緊急事態宣言（第1回）時のマネジメントの変化が，従業員の創造的行動に与える影響については，上司・同僚への信頼，チームメンバーとの進捗管理共有を増やしチーム連携を活発化することで，創造的行動を促進できる可能性が示された。加えて，「上司マネジメントの短期化・具体化×上司への信頼」「チーム連携の活発化×同僚への信頼」のそれぞれの交差項が，従業員の創造的行動を促進させることもわかった。この結果から，リモートワーク下において従業員の創造的行動を促進するには，信頼を前提として，チームメンバー間のコミュニケーションを増やすことが必要といえる。また，上述した在宅勤務日数の減少が同僚への信頼を向上（あるいが維持）させることも踏まえると，緊急事態宣言後も在宅勤務を認める企業では，在宅勤務日数をセーブして，上司も含み同僚同士がフェイス・トゥ・フェイス・コミュニケーションを行うことで，信頼貯金の減少を食い止めることが求められるだろう。

6.　おわりに

　本章では，COVID-19 感染拡大防止のために取り入れられたリモートワークによって，職場で起こったマネジメントの変化が，労働者の抱く上司・同僚への信頼や，従業員（部下）の創造的行動に与えた影響について検証した。その結果，上司が部下に対してきめ細やかに仕事状況を尋ねることや仕事に関する指示をわかりやすく伝えることで，上司への信頼が向上する可能性が示された。また，チーム内での情報共有が同僚間の信頼を向上させる可能性も示唆された。加えて，同僚への信頼に対しては，緊急事態宣言（第 1 回）解除後に宣言中よりもリモートワーク日数を減らすことが正の影響を与えることも示された。また，リモートワーク下でも上司・同僚への信頼感を持つことが従業員の創造的行動を促進することも明らかになった。

　本章の結果から，リモートワークの成功の可否は，上司・同僚への信頼がカギとなることが示されたといえよう。そして，本章での検証結果を見る限り，よほどの準備ができていないかぎりフルリモートを進めることは危険であろう。信頼がもたらす効果は看過できないため，リモートワークをむやみに進めて信頼貯金を食いつぶすことは賢明ではないだろう。リモートワークに向けた設備面の整備もさることながら，いざ不測の事態が起こった際にも的確に職務に関する指示を出せるようにしておく，あるいは個々人の仕事および責任の範囲を常に決めておきリモートワークになっても個々人の仕事にスムーズに取り組めるようにしておく必要がある。もしそのような状況でないのであれば，リモートワークは可能な限り避けること，あるいはやむをえず導入した場合はリモートワークの必要がなくなったら従業員を職場に戻すことが求められるかもしれない。

　柔軟な働き方を推進するためリモートワークを行う場合，仕事が在宅勤務に適合するかどうかによって，リモートワーク実施の可否が左右されること（高見・山本，2021）にも注意しながら，職場における不公平感に基づく信頼構築の阻害を避ける必要も出てくるだろう。例えば，リモートワークを実施できる同僚と実施できない自身の間での不公平を感じる状況では信頼の構築もむずかしいだろう。それゆえ，働き方改革が進み働き方や労働時間に柔軟性が出てきた場合であっても，週に数回コアタイムを設けて在宅勤務者，時短勤務者やフレックスタイム適用者も含んで，上司・同僚と直接フェイ

ス・トゥ・フェイスでコミュニケーションをとる場づくりを，きちんと行うことも必要であろう。

なお，本章での分析はマネジメントのあり方が信頼やコミュニケーション，創造的行動に与える影響を考察したが，信頼の構築における個人特性への考慮ができていない。上司や同僚への信頼は，その当人が持つ個人特性による部分は大きい。同じ職場で同じ上司のもとで働いていても，A さんと B さんでは，上司 C さんへの信頼貯金の量が大きく異なる。とりわけ，オンラインコミュニケーションにおける信頼構築には，その個人特性の差がより大きな影響をもたらす（Yakovleva et al., 2010）が，本章では，データの制約上，そこまで分析できていない。とはいえ，本章では，COVID-19 収束後もさらに進むことが期待されるリモートワーク実施のマネジメントに対していくつかの示唆を導き出した。緊急事態宣言（第 1 回）時のリモートワークの導入は，アフター COVID-19（あるいはウィズ COVID-19）時代に向けた一種の「社会実験」として機能したという見方もできる。本研究も含む，COVID-19 関連の研究を参照され，今後のリモートワークがより良い実施形態を確立できることを望む。

謝辞
　本研究は，同志社大学「新型コロナウイルス感染症に関連する緊急研究課題」としての助成を受けた。質問票作成をともに行った流通経済大学経済学部　佐藤佑樹先生にはディスカッションを通じて様々な知見を共有いただいた。また，本章のアイデアにあたる内容を同志社大学 STEM 人材研究センター主催 RISTEM セミナーにおいて報告した際にコメンテーターを務めていただいた同志社大学経済学部・経済学研究科　宮本大先生，立命館大学テクノロジーマネジメント研究科　古田克利先生から有益なコメントをいただいた。皆様に対して，ここに謝意を示す。

参考文献
阿部智和（2013）．「オフィス空間のデザインと組織内コミュニケーション：メンバー間の距離の影響に関する考察」『經濟學研究』62(2)，75-86。
安達房子（2016）．『ICT を活用した組織変革：マネジメントの視点からのテレワークの分析』晃洋書房。
Amabile, T. M., Conti, R., Coon, H., Lazenby, J., & Herron, M. (1996). Assessing the work environment for creativity. *Academy of Management Journal, 39*, 1154-1184.
Baer, M. (2012). Putting creativity to work: The implementation of creative ideas in organizations. *Academy of Management Journal, 55*(5), 1102-1119.
Becerra, M., & Gupta, A. K. (2003). Perceived trustworthiness within the organization: The

moderating impact of communication frequency on trustor and trustee effects. *Organization Science, 14*(1), 32-44.

Colquitt, J. A., & Rodell, J. B. (2011). Justice, trust, and trustworthiness: A longitudinal analysis integrating three theoretical perspectives. *Academy of Management Journal, 54*(6), 1183-1206.

Csikszentmihalyi, P. (1996). *Creativity: Flow and the psychology of discovery and invention.* HarperCollins.

江夏幾多郎（2020）.「第 8 章　統計的検証：個人レベルで求められること②―働き方の変化をどう活かせばよいか：リモートワークを事例に―」中川功一（編著）『感染症時代の経営学』千倉書房。

藤村直子（2020）.「テレワーク環境下における職場の信頼」『RMS Message』*60*, 23-30。

古川靖洋（1998）.「日本企業のオフィス形態とコミュニケーション」『総合政策研究』(6), 1-20。

Hirst, G., & Mann, L. (2004). A model of R&D leadership and team communication: The relationship with project performance. *R&D Management, 34*(2), 147-160.

（公財）関西経済連合会労働政策部（2021）.「新型コロナウイルス感染症の影響およびテレワークの実施に関するアンケート調査結果」, https://www.kankeiren.or.jp/material/210218release.pdf（最終閲覧日：2021 年 3 月 24 日）。

片桐恭弘・石崎雅人・伝康晴・高梨克也・榎本美香・岡田将吾（2015）.「会話コミュニケーションによる相互信頼感形成の共関心モデル」『認知科学』*22*(1), 97-109。

Kraut, R. E., Fish, R. S., Root, R. W., & Chalfonte, B. L. (1990). Informal communication in organizations: Form, function, and technology. In *Human reactions to technology: Claremont symposium on applied social psychology* (pp. 145-199). Sage Publications.

Mehrabian, A. (1972). *Nonverbal communication.* Transaction Publishers.

内閣府（2020）.「第 2 回 新型コロナウイルス感染症の影響下における生活意識・行動の変化に関する調査」, https://www5.cao.go.jp/keizai2/keizai-syakai/future2/20210119/shiryou3-1.pdf（最終閲覧日：2021 年 3 月 31 日）。

Neeley, T. (2021). Fifteen questions about remote work, answered: How leaders, managers, and employees can make the sudden shift. *Harvard business review: Coronavirus: Leadership and recovery* (pp.39-51). Harvard Business Publishing.

野中郁次郎（1990）.『知識創造の経営：日本企業のエピステモロジー』日本経済新聞出版。

Perry-Smith, J. E., & Shalley, C. E. (2003). The social side of creativity: A static and dynamic social network perspective. *Academy of Management Review, 28*(1), 89-106.

リクルートマネジメントソリューションズ（2020）.「テレワーク環境下における会社・上司への信頼に関する実態調査」リクルートマネジメントソリューションズ。

Rousseau, D. M., Sitkin, S. B., Burt, R. S., & Camerer, C. (1998). Not so different after all: A cross-discipline view of trust. *Academy of Management Review, 23*(3), 393-404.

Seba, I., Rowley, J., & Lambert, S. (2012). Factors affecting attitudes and intentions towards knowledge sharing in the Dubai Police Force. *International Journal of Information Management, 32*(4), 372-380.

高見具広（2020）.「JILPT リサーチアイ第 46 回　在宅勤務は誰に定着しているのか—『緊急時』を経た変化を読む—」労働政策研究・研修機構，https://www.jil.go.jp/researcheye/bn/046_200916.html#note1（最終閲覧日：2021 年 6 月 3 日）。

高見具広・山本雄三（2021）「緊急事態宣言（2020 年 4〜5 月）下の在宅勤務の検証」『JILPT Discussion Paper 21-01』1-37。

東京都（2020）．報道発表資料「テレワーク導入実態調査結果」東京都産業労働局，https://www.metro.tokyo.lg.jp/tosei/hodohappyo/press/2020/09/14/10.html（最終閲覧日：2021 年 3 月 13 日）。

Yakovleva, M., Reilly, R. R., & Werko, R.（2010）. Why do we trust? Moving beyond individual to dyadic perceptions. *Journal of Applied Psychology*, *95*(1), 79-91.

山岸俊男（1998）.『信頼の構造：こころと社会の進化ゲーム』東京大学出版会。

Yilmaz, C., & Hunt, S. D.（2001）. Salesperson cooperation: The influence of relational, task, organizational, and personal factors. *Journal of the Academy of Marketing Science*, *29*(4), 335-357.

Zhang, X., & Bartol, K. M.（2010）. Linking empowering leadership and employee creativity: The influence of psychological empowerment, intrinsic motivation, and creative process engagement. *Academy of Management Journal*, *53*(1), 107-121.

第5章
リモートワーク下の職場コミュニケーション
すれ違いを回避する上司との関係性と職場の心理的安全性

　新型コロナウイルス感染症（COVID-19）の流行をきっかけに，かなり多くの人が初めてのリモートワークを経験した。今後どのくらい普及するかは定かではないが，リモートワークが１つの働き方になったのは間違いない。本章では，従来型のワークスタイルとリモートワークで大きな違いをなす職場コミュニケーションについて考える。

　リモートワークの利点を生かせる仕事といえば，オフィスワークである。オフィスワークの場合，様々な情報通信機器（ICT）を利用することによって，出勤してもリモートワークであっても，職務遂行にはあまり支障をきたさないように思える。それでも，仕事の効率低下を感じる人は多い。効率低下の直接的な原因は，仕事のアサイン（割当て）の不適切さだったり，職務に集中できない環境だったり，情報が十分に得られないことによる判断ミスだったりと，多岐にわたっている。一方で，組織が効率低下の解決にあたって活用するのは，コミュニケーションである。また，情報不足や孤独感のように，コミュニケーションそのものが，問題となっていることも多い。

　本章では，リモートワークで働く個人が直属の上司や同僚と行うコミュニケーションに着目して，海外の研究と日本の調査データを用いながら，日本の職場におけるリモートワークの実際，研究課題，実践に向けた考察を行う。

1. 問題意識と背景

1-1. リモートワークに関する先行研究

　本書ではリモートワークという用語を用いているが，心理学研究では，テレコミューティング（telecommuting：直訳すれば遠隔通勤）という用語が中心的に用いられている。その定義もまちまちだが，Allen et al.（2015）の次の定義を本章のリモートワークの定義として用いる。

> 「テレコミューティングとは，組織メンバーが仕事時間の一部を（週に数時間からフルタイムで），職場から離れ（主に自宅から），職務遂行に必要なコミュニケーションを，テクノロジーを使ってとりながら，仕事を行うこと」
>
> （Allen, Golden, & Shockley, 2015）

　本章で扱うリモートワークのポイントは，毎日ずっとというわけではなく仕事時間の一部をリモートワークに充てている状態で，その程度にはばらつきがあること，主に自宅から仕事を行うこと，コミュニケーション・テクノロジーを利用することの3つが挙げられる。

　米国でリモートワークが行われるようになったのは1970年代であり，すでに多くの実証研究が行われている。その効果に関して，積み上げられてきた研究成果を集約するメタ分析も行われている（Gajendran & Harrison, 2007）。メタ分析では，リモートワークの心理学的関心事として，3つの観点が取り上げられている。第1はリモートワークによって仕事の自律性が高まるのか，第2はワークライフバランス（WLB）に関するもので仕事と家庭のコンフリクトが軽減されるのか，第3は職場の人間関係にどのような影響があるのかである。

　Gajendran & Harrison（2007）のメタ分析で使われたモデルを図5-1に示した。メタ分析では，職場の関係性以外では，おおむね想定された結果——仕事の自律性は高まるが，仕事と家庭の切り分けがうまくいかず，コンフリクトが多く見られること——が報告されている。本章では仕事の自律性やWLBというよりは，職場のコミュニケーションに関連が深い，職場の人間関係にリモートワークが及ぼす影響に主に関心を向ける。メタ分析の結果で

図 5-1　リモートワークの影響についての理論的フレームワーク

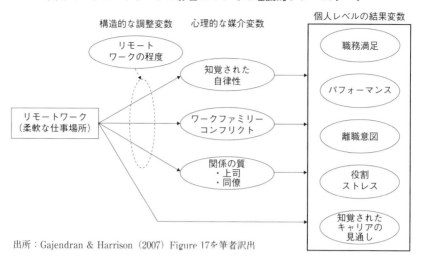

出所：Gajendran & Harrison（2007）Figure 17を筆者訳出

も，職場の人間関係については，リモートワークによってよくなった部分と悪くなった部分が混在しており，さらに詳細な検討が必要である。

1-2.　本章で扱うリモートワーク

　本章で扱うリモートワークはオフィスワークに限定し，「リモート営業」のように仕事そのものが変化したものは含まない。本来，営業のようなリモートワークに向かない仕事であっても，コロナ禍の影響によりリモートで行われるようになったものもある。しかし，オフィスワークと比べると，仕事そのものが変質していて，適応しなければならないむずかしさが，オフィスワークよりも断然高いことから，考慮の対象から外すことにする。また，新規雇用のオフィスワーカーも除く。転職者や新卒入社者など組織への新規参入者は，リモートワークに加えて新しい職場に慣れるために組織社会化のプロセスを経る必要があり，こちらも仕事と職場への適応の困難さが特に高いからである。

1-3.　職場のコミュニケーションにおける問題意識

　本章では，オフィスワーカーの新しい働き方としてリモートワークに注目

し，そのカギを握る「職場のコミュニケーション」について考える。職場だけでなく，あらゆる社会生活において，他者とのコミュニケーションは重要である。それゆえ心理学では，様々な視点から対人コミュニケーションが研究されてきた。そこから明らかになってきたのは，コミュニケーションの目的や文脈情報に加えて，自分の期待や判断などから，相手の反応を主観的に解釈しているということである（Higgins & Bargh, 1987）。コミュニケーションには多くの主観的要素が含まれ，相手に伝えたはずの情報が，そのまま伝わっているわけではない。

　これは職場のコミュニケーションにも当てはまる。コミュニケーションの小さな離齬は，必ずしも感情を害したり関係を壊したりすることがなく，仕事が滞りなく進んでいる場合には，さしたる問題ではない。コミュニケーションのすれ違いが，職場の人間関係や職務の遂行に問題を生じさせて，はじめて問題となる。対面からリモートへとコミュニケーションのあり方が変化したために，すれ違いは大きくなっているのだろうか。本章の前半では，リモートワークのもとで，上司・部下コミュニケーションに生じるすれ違いについて考える。

　もう1つの問題意識が，職場のコミュニケーションが，「職場」という文脈の影響を受けることにある。最近，「心理的安全性」という考え方が注目されている（Newman, Donohue, & Eva, 2017）。心理的安全性とは，職場メンバーからのネガティブな反応を不安に思うことなく，自分の考えを安心して発言できる状態を指す。対面から電話やテレビ会議へとコミュニケーションのとり方が変わったことで，職場の心理的安全性に変化はあったのだろうか。本章の後半では，リモートワークのもとで感じる職場の心理的安全性が仕事の適応感に関連しているのかを見ていく。

　本章では日本企業で働くホワイトカラーを対象に，リモートワーク下でのコミュニケーションについて尋ねた調査結果を紹介しながら，論を進める。回答者は，対面での職場を経験した上でリモートワークを行っている人であり，前述の通り新卒採用や中途採用で組織社会化の最中にある人は含めない。これをもとに，上司・部下のコミュニケーションのすれ違いや，心理的安全性の認知に影響を及ぼすコミュニケーションが何か，働く人の仕事の適応感にどのような影響があるかについて考える。

2.　コミュニケーション量と上司・部下の関係性

　職場のコミュニケーションで特に大切なのが，上司・部下コミュニケーションであろう。上司・部下コミュニケーションは，仕事を進める上で，様々な機能を果たしている。リモートワークの影響を検討するにあたって上司・部下コミュニケーションの機能を分類した枠組みは見当たらないため，マネジメント行動を分類した Yukl, Gordon, & Taber（2002）の分類を参考にする。

　Yukl et al.（2002）の分類を参照しながら，上司・部下のコミュニケーションの内容に関する調査項目を作成したものが，図 5-2 である。コミュニケーションの機能といっても，ともに管理職ということもあるだろうし，若手上司にベテランの部下ということもあり，上司と部下の属性により異なってくる。本章の調査では，上司・部下の属性を定めて，20〜34 歳の若手社員と，若手社員を部下に持つ管理職に対象を絞った。

　そもそも，リモートワークになって上司・部下コミュニケーションにはど

図 5-2　リーダシップ行動の分類と上司・部下コミュニケーションの内容リスト

課題遂行行動
・短期間の活動計画
・課題の目的と役割期待の明確化
・職務のオペレーションや遂行状況をモニタリングする

1. 仕事の進捗に応じて，適切なアドバイスをすること
3. 部下Aさんの間違いや足りない点を指摘すること
4. 仕事で困っていることや支援の必要なことはないかを確認すること
5. 担当する仕事の意味について説明すること
6. 期待や達成してほしい水準について要望すること

対人行動
・支援と励ましを提供する
・達成や貢献を認める
・メンバーのスキルと自信を開発する
・意思決定に際してメンバーに相談する
・課題解決に主体的に取り組むよう，メンバーをエンパワーする

2. 部下Aさんの成果や良い点をほめること
7. 部下Aさんの関心事や仕事のやりがいについて話をすること
8. 部下Aさんに期待をかけていることを明確に伝えること
9. 部下Aさんの貢献に対して感謝を示すこと
10. 部下Aさんのキャリアや成長課題について話をすること
11. 部下Aさんの心身の健康状態について話をすること
14. 上司である自分への要望を確認すること
15. 世間話やプライベートに関する雑談をすること

変革行動
・外的環境をモニタリングする
・革新的な戦略や新たなビジョンを提案する
・革新的な考えを奨励する
・必要な変革促進のためのリスクをとる

12. 会社や自部署の長期的な目標について話すこと
13. 仕事や職場の課題について，部下Aさんの意見やアイデアを求めること

注：枠内1〜15は調査にあたってリストアップした上司・部下コミュニケーションの項目（管理職用）。一般社員の場合は，「部下Aさん」の部分を「あなた」に置き換え。数字は調査時の項目の順。
出所：Yukl, Gordon, & Taber(2002) のTable 1.を参考に筆者作成

のような変化があったのだろうか。またその変化は，上司・部下の人間関係にどのような影響を及ぼしたのだろうか。本章ではこれらの疑問について考えていく。

Dambrin（2004）がまとめたインタビュー調査では，リモートワークが従業員とその上司の仕事上の会話を減らし，解釈によるバイアスを増加させることが報告されている。一方で，組織内の立場の違いが目立たなくなって，より上位層と会話がしやすくなったことも報告されている。リモートワークによって，コミュニケーションは，質量ともに影響を受ける。そこで，日本企業で働くホワイトカラーのうち，リモートワークを行っている人を対象に，上司・部下コミュニケーションについて調査を実施した（今城・藤村，2021）。以降で，この調査結果を紹介する。

2-1. 調査概要

データ収集は，2020 年 9 月 28〜29 日に，調査会社のパネルを用いてインターネットで行った。対象者は，従業員 300 名以上の会社に勤務する正社員のうち，テレワーク（リモートワーク・在宅勤務）を「ほぼ毎日行っている」「週の半分，隔週など，おおむね月の半分程度行っている」人，729 名（男性 62.3%，女性 37.7%；営業系 24.0%，事務系 38.7%，技術系 37.3%）である。その内訳は，20〜34 歳の一般社員 443 名と，20〜34 歳の正社員の部下を持つ管理職 286 名であった。

勤務先の従業員規模は，300 名以上 1000 名未満 24.8%，1000 名以上 3000 名未満 19.8%，3000 名以上 5000 名未満 12.8%，5000 名以上 1 万名未満 9.7%，1 万名以上 32.9%であり，業種としては製造業 38.4%，非製造業 61.6%であった。

主な質問内容は，上司・部下間のコミュニケーション頻度，言いたかったのに言えなかったことの内容や理由，コミュニケーションの十分度・重要度，上司・部下間の関係性，職場の状況，個人特性，適応感などである。なお，上司・部下間のコミュニケーションや関係性についての設問は，一般社員は直属の上司を，管理職は「リモートで会話をすることが多い 20 代から 30 代前半」の部下を 1 名思い浮かべてもらって，回答を求めた。

2-2. リモートワーク下で，どの程度上司・部下コミュニケーションがとられているか

　図5-3は，リモートワーク下での普段のコミュニケーションの頻度について尋ねた結果である。一般社員と管理職のデータを合わせて集計した。多くの人がメールやチャットを用いて，毎日，上司・部下コミュニケーションを行っていることがわかる。対面，テレビ会議，電話などの方法を用いて，同時双方向のコミュニケーションが，週に何回かはとられている。対面でのコミュニケーションは，月に数回やそれ以下であるが，メールやチャットは頻繁に行われている。概観すると，即時対応が求められない連絡や報告をメール等で毎日行いつつ，必要に応じて対面やそれ以外の同時双方行型のコミュニケーションツールを使って，上司・部下コミュニケーションを行っていることがうかがえる。

図5-3　リモートワークでの上司・部下コミュニケーションの頻度

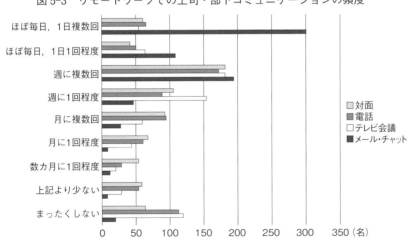

2-3. コミュニケーション量は上司・部下の関係性にプラスの影響があるか

　上司・部下間の交換関係の良好さの指標（leader member exchange：LMX），上司への信頼（一般社員の場合）／部下への評価（管理職の場合），仕事がうまくいっている感覚を表す仕事の適応感，自身のキャリアに方向性

と責任感を有している程度であるキャリア意識と，上司・部下コミュニケーションの量（上司・部下コミュニケーション頻度）との相関をまとめたものが，表5-1である。

　一般社員の場合，上司・部下コミュニケーション頻度とLMX（r＝.154），上司・部下コミュニケーション頻度とキャリア意識（r＝.113）には有意な相関があるものの，いずれも相関の程度は管理職に比べて低く，上司信頼（r＝-.018）や仕事の適応感（r＝.046）とは，有意な関係性が認められなかった。一般社員にとって，上司とコミュニケーションを多くとることは，上司への信頼や，自分の仕事がうまく進んでいると思う程度に関係がなかった。一方，管理職では，部下とのコミュニケーションの多さは，部下評価（r＝.123）やLMX（r＝.218）といった部下との関係性に関連する概念はもちろん，自分自身の仕事の適応感（r＝.228）や，キャリア意識（r＝.237）と有意な相関があった。頻繁に部下とコミュニケーションをとることで，管理職としての自分の仕事がうまくいっているという感覚が生まれてくるというのは，コミュニケーションが多くの場合，上司主導で行われていることに起因するのだろう。管理職は部下と多くコミュニケーションをとるこ

表5-1　上司・部下コミュニケーション頻度と関連変数間の相関

	「管理職」	1	2	3	（n ＝ 286） 4
1	上司・部下コミュニケーション頻度	—			
2	LMX	.218**	—		
3	部下評価	.123*	.685**	—	
4	仕事の適応感	.228**	.479**	.486**	—
5	キャリア意識	.237**	.458**	.420**	.629**

**p ＜ .01，*p ＜ .05

	「一般社員」	1	2	3	（n ＝ 443） 4
1	上司・部下コミュニケーション頻度	—			
2	LMX	.154**	—		
3	上司信頼	-.018	.696**	—	
4	仕事の適応感	.046	.614**	.492**	—
5	キャリア意識	.113*	.348**	.180**	.461**

**p ＜ .01，*p ＜ .05

図 5-4　上司とのコミュニケーション頻度の変化と上司信頼の変化の関係

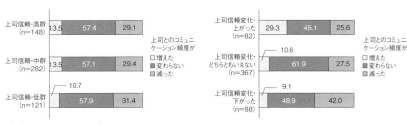

①上司信頼別
　　上司とのコミュニケーション頻度の変化

②上司信頼変化別
　　上司とのコミュニケーション頻度の変化

出所：『RMS message』vol.60，p.27

とで，職場の人間関係や仕事に関わることを，実際以上に高く見積もっている可能性がある。

　図5-4は，リクルートマネジメントソリューションズが同時期に，リモートワークを行っているホワイトカラーに対して行った別の調査結果である。図5-4-①からは，上司への信頼の高低によって，コミュニケーション量の変化には差がなく，例えば信頼している上司と多くコミュニケーションをとるようになったといった変化はなかった。一方で図5-4-②を見ると，リモートワークになってから上司への信頼が高くなったと思う人ほど，上司とのコミュニケーションが増えたと回答した人の割合が多くなっていた。つまり，リモートワークにおけるコミュニケーション量の増加が，信頼感を高めることにつながったと考えられる。ただし，信頼感が低下した人の中にもコミュニケーションが増えたと回答した人が9.1%いることから，どういった内容のコミュニケーションが増えたかにも着目する必要がありそうである。

　自由記述からも，部下から見た上司とのコミュニケーションのポジティブな面と，ネガティブな面が垣間見られる。例えば，上司に相談をしたり，支援を求めたりする場合には，「もともと実施していたワン・オン・ワンの頻度を上げて相談に乗ってくれた。話しやすい雰囲気を作ってくれる（機械・電機機器／技術／30代）」「交替勤務制となり社員間のコミュニケーションが不足しがちな状況で，部下と話す機会を多くしている（金融・保険／営業／50代）」などは，コミュニケーションが増えたことのポジティブな面を示すものである。一方で，「モチベーションを維持しようと部下へ声がけをし

ているが，日頃からしっかりとケアしている方がするからこそ，現場のスタッフは共感し，頑張ろうとするのであって，たまに激励の言葉を投げかけても，あまり効果がないことを知ってほしい（飲食・宿泊／サービス／30代）」といった，コミュニケーションの効果を疑問視するコメントもあった。

情報の共有も，リモートワークになって変化が生じる側面である。例えば，「週1でチームミーティングをオンラインで開くようになり，上司が部下の状況を把握するのに努めていることを感じる（情報処理・ソフトウェア／技術／30代）」「上から降りてきたことをすぐに伝えてくれる（その他サービス／サービス／20代）」といったポジティブなコメントや，反対に「情報の共有がなく，他から入手することがある（その他製造／事務／40代）」といったネガティブなコメントがあった。

コロナ禍の状況に特徴的なものとして，心身の健康への配慮がある。「在宅勤務が始まってからは常に部下の健康を気遣い，少しでも体調が悪い場合は体調優先で休むように指示があったため，安心できた（食品／技術／30代）」「私自身だけでなく，家族のことも心配する連絡をくれた（金融・保険／営業／30代）」などのコメントがあったかと思えば，「家族に重症化のリスクがある人がいるので，なるべく在宅ワークにしてほしいと伝えたら，関係ないと言われた（その他製造／事務／50代）」「心身の健康への気遣いはあるが，定時に終えられるボリュームの業務になるような配慮が欲しい（機械・電機機器／事務／30代）」といった厳しいコメントも見られた。

コミュニケーションの内容によって，部下の反応や効果が異なるのは当然である。加えてこれらのコメントから見えてくるのは，それまでの上司との人間関係によって，部下がメッセージをどのように受け取るかが左右されるということである。情報共有に関しては，人間関係に関係なく，コミュニケーションの頻度やタイミングを考慮することで解決するように思える。一方，相談・支援要請や，健康面の配慮になると，リモートワークになる前の人間関係の影響が大きそうである。それまでの上司・部下の関係が良好であれば，リモートワークになっても心配ないが，関係が良好でなかった場合には，リモートワークになることで，コミュニケーションが悪化する可能性もある。

上司・部下コミュニケーションを考える際に，コミュニケーションの量，コミュニケーションの内容は，上司・部下の関係に影響を及ぼすとともに，

リモートワーク以前の上司・部下の関係もまた，コミュニケーションの質の評価に影響を及ぼすと考えられる。

3.　上司・部下間のコミュニケーションのすれ違い

　上司，部下それぞれの立場から，どういった内容のコミュニケーションが重要であるか，どういったコミュニケーションが十分にとれているかについて，一般社員と管理職の違いについてみてみる。上司と部下のペアデータではないため，すれ違いを直接に比較検証することはできないが，管理職と一般社員という立場の違いに起因する系統的な違いや，上司・部下関係や仕事の適応感に及ぼす影響については，検討することができる。

3-1.　コミュニケーション内容による「重要度」の上司・部下間の違い

　コミュニケーションの重要度について，管理職と一般社員に評定を求めた結果を表したものが図5-5である。一般社員と管理職で差がない1〜6の項目は，「2. あなたの成果や良い点をほめること」を除いて，図5-2で分類されたリーダーシップ行動（Yukl, Gordon, & Taber, 2002）のうちの「課題遂行行動」に対応する。部下の課題遂行に関連するマネジメント行動であり，頻繁に交わされるコミュニケーションを含んでいるため，重要度に関する認識に上司・部下間で違いがない。7〜15の項目は主に，「対人行動」と「変革行動」に対応する。人間関係や革新行動に関する会話は，日々行われるものではなく，頻度は相対的に低いだろう。7〜15の項目のうち，管理職の重要度の評定が，一般社員の重要度評定に比べて有意に高くなっているものがあった「8. あなたに期待をかけていることを明確に伝えること（管理職評価 m＝4.60，一般社員評価 m＝4.31）」「9. あなたの貢献に対して感謝を示すこと（管理職評価 m＝4.75，一般社員評価 m＝4.42）」「11. あなたの心身の健康状態について話をすること（管理職評価 m＝4.49，一般社員評価 m＝4.22）」「13. 仕事や職場の課題について，あなたの意見やアイデアを求めること（管理職評価 m＝4.53，一般社員評価 m＝4.31）」の4項目である。管理職の重要度評定は，項目15を除いて，どの項目も同程度であったことから，管理職と一般社員の間で差が生じたのは一般社員の重要度評定が

図5-5　上司・部下コミュニケーションの重要度評価：一般社員と管理職の比較

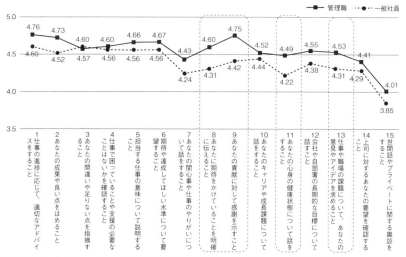

注：得点は「1：まったく重要でない2：重要でない3：どちらかといえば重要でない4：どちらか
　　といえば重要である5：重要である6：とても重要である」という回答を平均したもの。設問は
　　一般社員向けの内容を表示。管理職については「あなた」を「部下Aさん」に置き換えて提示。

低かったことによる。要するに，職務遂行に関するコミュニケーションは，
立場によって重要度に違いはないが，対人行動や変革行動に関しては，その
職責から上司がより重視しており，部下はあまり気にとめていないようであ
る。

　この結果の解釈はいくつか考えられる。今回取り上げた一般社員のデータ
は若手社員に限られており，職務の遂行に際して，上司のサポートを必要と
する程度が大きい。そのため，仕事のマネジメントのほうが重要で，相対的
に人間関係のマネジメントの重要さが低く評価された可能性がある。キャリ
アの相談などのように，個別に時間をとって行う上司との会話よりも，日々
の職務遂行にまつわる会話のほうが重要ということだろう。リモートワーク
のもとで，業務上の確認事項や仕事での迷いが増えた結果，若手社員にとっ
て職務遂行にまつわるコミュニケーションの重要性は増すだろう。
COVID-19への感染不安や健康への配慮など，状況が見えにくくなったこ
とで必要性が増すものもある。

　管理職が考えるコミュニケーションの重要性は，若手部下のニーズを反映

していないように見える。若手社員にすれば，日々の仕事の相談ができていない上司と，たまにキャリアをめぐる会話を行うことには違和感があるだろう。近年，部下を中心に置き，部下の活躍を支援するサーバント・リーダーシップに注目が集まっている（Van Dierendonck, 2011）。外形的には，人間関係行動を中心としたこれまでのリーダーシップと違いがないように思えるが，サーバント・リーダーシップの本質は部下を中心に置くことにある。サーバント・リーダーシップの発揮を考えるならば，上司が部下にとって必要だと思うことを行うのではなく，部下のニーズの把握が必要なのである。

3-2.　コミュニケーション内容による「十分度」の上司・部下間の違い

コミュニケーションに対する意見を表す重要度には，項目群による違いがみられたが，コミュニケーションの十分度は現状評価のため，項目群による違いはみられなかった（図5-6）。ただし，一般社員と管理職の評定結果には差があり，コミュニケーションが十分にとれていると思う程度には，立場によって違いが生じていた。

全体的にみて，十分度の評定は管理職のほうが高かったが，重要度評定もほとんどの項目で管理職のほうが高かった。つまり，管理職自身が重要だと思うからこそ，重点的に取り組んでおり，その結果，十分にできていると思っている可能性がある。一方で，「11. あなたの心身の健康状態について話をすること」については，管理職の重要度評定は高かったものの（管理職評価 m＝4.49，一般社員評価 m＝4.22），十分度では管理職と一般社員の間に差がなかった（管理職評価 m＝3.72，一般社員評価 m＝3.71）。部下の心身の健康については，例えば部下の気持ちが落ち込んでいるといった観察による評価が可能であったり，上司自身も意識してやってはいるが十分だとは思えなかったりするということだろう。あるいは，重要だがリモートでは話しにくい内容なのかもしれない。

「3. あなたの間違いや足りない点を指摘すること（管理職評価 m＝3.80，一般社員評価 m＝4.03）」「15. 世間話やプライベートに関する雑談をすること（管理職評価 m＝3.62，一般社員評価 m＝3.96）」については，一般社員のほうが十分度の評定が高かった。特に一般社員の重要度が高い項目でもなく，また管理職と一般社員の間で，重要度に違いもなかった。つまり，部下

図5-6　上司部下コミュニケーションの十分度評価：一般社員と管理職の比較

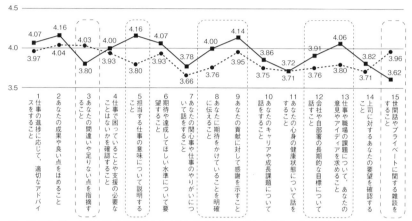

──■── 管理職　　‥●‥ 一般社員

注：得点は「1：とても不十分である2：不十分である3：どちらかといえば不十分である4：どちらかといえば十分である5：十分である6：とても十分である」という回答を平均したもの。設問は一般社員向けの内容を表示。管理職については「あなた」を「部下Aさん」に置き換えて提示。

にとっては十分にコミュニケーションがとられていても，管理職は不十分であると感じている。どの程度のコミュニケーションが適切かに立場による違いがあって，部下からするともう十分だと思っているが，上司はもっと話すべきだと考えているのだろう。

　コミュニケーションに何を求めるか，なぜ満足でき，なぜ満足できないのかについては，立場による違いがあるということをデータは示している。一見当然のことのように思えるが，普段のコミュニケーションの中で意識されないことも多い。

4.　上司・部下コミュニケーションの量と質の関係

　ここまで，リモートワーク下での上司・部下間のコミュニケーションの量と内容の違いについて見てきた。ここでは，異なる内容のコミュニケーションについて，その重要度や十分度の立場による違いがなぜ生じるのかを見て

いくことにする。

4-1. コミュニケーションの量と質の関係は上司と部下で異なるか

　管理職・一般社員別に，コミュニケーションの内容ごとに，対面や電話やチャット，テレビ会議などのメディアを用いたコミュニケーションの平均的な頻度と，コミュニケーションの十分度の評価の関係性を示したものが，図5-7である。左側の一般社員の結果と比べると，右側の管理職のほうが，様々な内容について，コミュニケーションの量が多いほど，十分コミュニケーションができているとする傾向がはっきりと表れている。

　一般社員では，コミュニケーション量の3群間——コミュニケーション小・中・高群——で統計的に有意な違いが確認されたのは，「3 あなたの間違いや足りない点を指摘すること（F＝3.45，p＜0.05，小群 m＝3.84，中群 m＝4.03，高群 m＝4.18）」のみであった。コミュニケーションの量が多ければ，十分コミュニケーションができていると認識する傾向は，管理者に特徴的である。部下の側では，会話の量が多くても，十分なコミュニケーションがとられているという認識にはならない。それは，職場のコミュニ

図 5-7　リモートワークでのコミュニケーションの頻度と十分度との関係

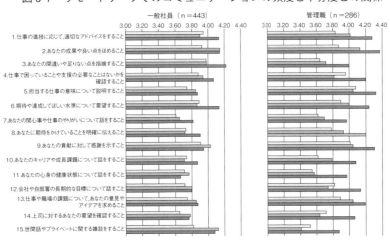

注：数値はコミュニケーション十分度の評定値平均

ケーションが，上司側から一方的にとられることが多いことによると考えられる。部下は受身となり，上司とのコミュニケーションから自分にとって有益なものが得られない限り，十分だとの認識にはつながらないのだろう。反対に，部下から積極的に会話をする状況を，どうすれば増やすことができるのかが重要なポイントになる。

　上司が部下の求めていることを理解した上で対応することによって，部下は話しやすくなる。上から目線で，指導の名のもとに部下に一方的にフィードバックしたり，説教したりすることではすれ違いは解消しない。

　リモート下では，オンラインでの会話が多くなるため，部下の求めるものを察することはむずかしい。部下の気持ちを察したり，配慮したりするのではなく，相手が求めているコミュニケーションが何なのかを，部下に直接問うことが必要かもしれない。その際，部下が正直に話をするかどうかには，上司と部下の関係性が影響する。

4-2.　上司との関係性の良さはコミュニケーションの評価にどのように影響を及ぼすか：一般社員からの視点

　一般社員の場合，コミュニケーションが良い効果をもたらすためには，単に会話の量を増やせばよいというものではない。そこには，上司に対して感じる信頼感や，上下関係の良好さなどが介在していることが想像される。そこで一般社員データを用いて，上司に対する信頼（上司信頼）と，上司との関係性の良さ（leader member exchange：LMX）が，コミュニケーションの十分度と重要度に影響を及ぼすモデルを作成し，共分散構造分析を行った。

　共分散構造分析とは，概念間の関係性を検討することができる統計的手法の1つである。研究者が関係性をモデルにし，データを当てはめて概念間の関係性の強さを推定する。また，データがモデル全体に当てはまる程度を，適合度指標により検討する。概念間をつなぐ矢印は，プラスの値はポジティブな関係性を，マイナスはネガティブな関係性を表す。パス係数が標準化されている場合は，絶対値が大きいほど関係性が強いことを示す。

　コミュニケーションの項目のうち特徴的に異なるものを2つ選んで，図5-8に示した。左図は，「あなたの間違いや足りない点を指摘すること」への重要度と十分度，右図は，「あなたの心身の健康状態について話をするこ

図 5-8　上司との関係性が上司・部下コミュニケーションに及ぼす影響

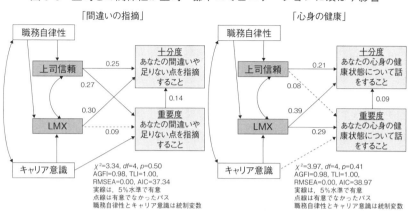

と」への重要度と十分度に対して分析を行ったものである。間違いの指摘と心身の健康といった異質なコミュニケーションに関して，上司信頼と LMX の影響をモデルにした。職務の自律性とキャリア意識については，上司との関係性に影響を及ぼすと思われるため，統制する意図でモデルに組み込んでいる。

　「上司信頼」と「LMX」の影響の違いを考える際に，参考になるのが，期待地位理論（expectation states theory；Berger, Conner, & Fisek, 1974）である。コミュニケーションのダイナミズムを自分や相手に対する期待によって説明するものであり，実証研究によって支持されている（Correll & Ridgeway, 2006）。コミュニケーション時に相手に対する期待を形成するには，3 つのプロセスが考えられている。①性別や年齢などの属性や社内での地位といった相手の社会的特徴に基づく期待，②社会的報酬（ex., 他者からの評価や評判など）をベースにする期待，③実際に相手とやりとりするパターン（ex., いつも相手が先に発言する）による期待である。

　期待地位理論によれば，「上司信頼」は，①の属性によるものであり，上司という立場に対する一般的な期待をベースとする。上司信頼の尺度には，例えば「私は上司を信頼している」「上司は信頼に足る人物である」といった項目が含まれる。「LMX」は，②の社会的報酬や③のやりとりのパターンによって形成されたものと考えることができる。やりとりを通して知った上

司の価値観や自分への対応を評価した結果，上司との良好な人間関係（LMX）ができあがると考えられる。LMX の測定項目には，「本人がいないところでも，上司の判断の正当性を主張できる」「上司との仕事上の関係性は，有益なものであるといえる」などが含まれている。

　図 5-8 の左図では，上司への信頼があれば，自分の間違いや足りない点を指摘してもらうことが重要であると感じられる。上司は，部下の間違いや不足を指摘する権限を持っており，自分が組織内で活躍するためにアドバイスをしてくれるはずという期待があるからだろう。右図では，上司への信頼ではなく，上司との良好な人間関係（LMX）が，心身の健康について話をすることの重要度を高めている。プライベートに関わるセンシティブな話題は，上司という役職よりは，関係性が構築された相手に打ち明けることが重要だと考えているのだろう。

　十分度に関しては，間違いの指摘でも，心身の健康に関わる相談でも，上司への信頼と上司との良好な人間関係（LMX）のポジティブな影響があった。LMX の高さは，間違いや足りない点を指摘することが重要であるという認識には影響しなかったが，指摘が十分なされているという認識につながっている。上司との人間関係（LMX）がよければ，期待をしていない指摘であっても，その発言の意図や内容を良く理解でき，上司は自分のことを理解した上で指摘を行っていると思って，指摘への納得感を高めたのだろう。上司への信頼はまた，心身の状態について相談することの重要度を高めることはなかったが，話が十分できているという認識を高めた。自分の心身の健康状態について，上司に相談すべきだと思っていなくても，上司が自分の健康状態を気遣ってくれることは，十分にありがたいことだろう。

4-3.　すれ違いの解決方法：実務での活用を考える

　上司・部下コミュニケーションのすれ違いを解決する方法は，組織や仕事，上司と部下の特徴によっても異なるため，一概に論じられない。しかし，すれ違いが生じる状況について正しく理解することで，改善のためのヒントが得られるだろう。

　例えば仕事のアサインを考えてみる。メンバー A に新しく仕事を割り当てたが，なんとなく不満そうである。仕事の意味づけが不十分なこともあり，それが原因かもしれない。また，A の貢献に対する感謝が伝わってい

ないのかもしれない。あるいは，リモートワークであるため，メンバーは同僚の様子（最近，みんなとても忙しそうだ）がわからず，自分だけ仕事を押し付けられたと感じているかもしれない。上司は全メンバーの様子をある程度把握して，比較的手の空いているメンバーに声をかけただけかもしれないが，その判断はメンバーには伝わらない。この場合は，リモートワークをきっかけに，上司と部下で持っている情報に偏りが出てしまったことで，すれ違いが生じている。

　上司への信頼が高ければ，「上司たるもの適切なアサインをするべきだ」との期待があるため，仕事割当ての理由をしっかり伝えれば，メンバーの納得感は高まる。上司との人間関係（LMX）がよい場合は，理由を細かに説明する必要はなく，ひと声ねぎらってくれればよいということかもしれない。

　コミュニケーションがうまくいかないと感じる場合というのは，コミュニケーション内容への期待（こんな話をして欲しい），相手の意図（なぜこの話を私にするのか），内容の解釈（この話をどう解釈すればいいのだろう）など，様々なところでボタンの掛け違いが起きている可能性がある。また，コミュニケーションの不全は，上司との関係性によっても影響を受ける。大切なのは，自分の違和感や懸念をそのままにせず，相手に都度確認することである。

　職場のコミュニケーションは上司・部下の間でだけ行われるわけではない。相手のネガティブな反応を心配することなく，自分の思ったことを率直に発言できる状態は，心理的安全性と呼ばれており，職場の特徴を表す概念である。職場の心理的安全性は，上司・部下のコミュニケーションにおいても率直なやりとりを促進する効果が期待できる。

5.　職場のコミュニケーション

　仕事を進める上では先輩，同僚，後輩との会話も欠かせない。職場での会話がリモートになることは，仕事を進める上でどのような影響をもたらすのだろうか。

　職場のコミュニケーションについても，はじめに前提を述べておく。共通の目標を持ち，仕事を分担して進め，普段から何らかの手段でコミュニケー

ションをとっている人の集団を職場とする。課やプロジェクトチームを想定
しており，100人単位の部は含まない。コミュニケーションをとり合う関係
なので，多くの場合，10名前後の集団になる。社外や他部署の人とも仕事
上のコミュニケーションはあるが，「共通の目標」と「仕事の分担」を前提
とするため，一般には自組織内を想定する。

5-1. 心理的安全性に関する先行研究

　心理的安全性は，近年，様々な場面で注目されている。ただし，誤解も含
まれていることがあるため，この概念の意味するところについて述べてお
く。心理的安全性は，「チームにおいて，他のメンバーが自分が発言するこ
とを恥じたり，拒絶したり，罰を与えるようなことをしないという確信を
持っている状態であり，チームは対人リスクをとるのに安全な場所であると
の信念がメンバー間で共有された状態」と定義されている（Edmondson,
1999）。定義からわかるのは，心理的安全性は，発言することに関して感じ
る安全の規範であり，個人が感じているだけでなく，チーム内で共有された
状態であるということだ。まさに職場のコミュニケーションを考えるのに適
した概念である。

　心理的安全性の高い職場では，皆が脅威を感じることなく，必要だと思う
ことを率直に発言することで，職場での情報共有と学習が促進される
（Sanner & Bunderson, 2015）。また，人間関係が良好になることで（Leung,
Deng, Wang, & Zhou, 2015），職務満足や組織コミットメントなどの態度や，
職務パフォーマンスも向上する（Frazier, Fainshmidt, Klinger, Pezeshkan,
& Vracheva, 2017）。バーチャルチームと呼ばれるオンラインでのコミュニ
ケーションを行うチームでも，心理的安全性が知識の共有を促進することが
示されている（Zhang, Fang, Wei, & Chen, 2010）。

　心理的安全性は，リモートワークに移行した場合に，職場のコミュニケー
ションがうまくいっているかどうかをモニタリングする指標となる。また，
立場の違いによる影響を受けにくいことから，職場全体のコミュニケーショ
ンの指標としては，上司・部下コミュニケーションよりも使いやすい。

5-2. リモートワーク下の職場の人間関係

　同僚との関係が，働く個人の職務満足度や職務パフォーマンスなどに及ぼ

す影響について，メタ分析が行われている（Chiaburu & Harrison, 2008）。
同僚からのサポートはプラスの，同僚からの反抗はマイナスの影響を，個人
のパフォーマンスに及ぼすことが報告されている。リモートワークの問題点
として職場における社会的孤立（social isolation；Marshall, Michaels, &
Mulki, 2007）が取り上げられているように，同僚との関係が悪くなること
で，パフォーマンスは低下することが予想される。

　リモートワークの人間関係に関するものに，バーチャルチームの研究があ
る。対面で会うことなく，オンライン上でやりとりをしながらプロジェクト
を推進するグローバルチームが，典型的な研究対象である。企業のグローバ
ル化や専門性の分散，商品開発のスピードアップ，情報テクノロジーの進展
によって，その利用が加速した。1990 年代から研究がさかんに行われてお
り，すでに多くの知見が得られている。例えば，対面チームと比べて，メン
バー間でゴールの共有や信頼関係の構築がむずかしいこと，チームへの同一
化の程度が下がること，モチベーションが下がることなど，多くの欠点が指
摘されている（Hertel, Geister, & Konradt, 2005）。

　バーチャルチームは，特に人間関係においてネガティブな影響が指摘され
る一方で，情報共有の視点からはポジティブな結果も報告されている。例え
ば，Mesmer-Magnus et al.（2011）では，メディアを用いる程度が高いほ
ど，職務遂行のために重要な情報が共有されるほど，情報共有の同時性が低
いほど，他のメンバーが知らないユニークな情報の共有が促進される。対面
のチームでは，メンバーがすでに知っている情報ほど会話にのぼりやすいこ
とがわかっているが，バーチャルチームでは，秘密の情報が共有されやす
く，対面チームの欠点が克服される（Stasser & Titus, 2003）。その一方で，
バーチャルチームでは，オープンな情報共有が阻害される。バーチャルチー
ムでは相手の状況が見えないことから，多くのメンバーとオープンに情報を
共有することはむずかしい。

5-3.　職場のコミュニケーションと心理的安全性

　職場でのコミュニケーションと心理的安全性は，上司・部下間の関係性の
良さに加えて，仕事の適応にも効果を及ぼすのだろうか。それとも，良好な
上下関係があれば，コミュニケーションはさして重要ではないのか。一般社
員のデータを用いて，良好な上司・部下関係（LMX）と，職場の心理的安

図 5-9　LMX と心理的安全性が個人の仕事の適応感に及ぼす影響（一般社員）

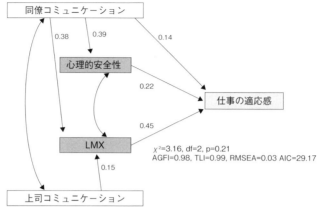

注：パスはすべて，5％水準で有意

全性が，仕事の適応感（仕事がうまくいっていて自分が活躍できているとの実感値）に及ぼす影響について，共分散構造分析を行った。上司とのコミュニケーション頻度と，同僚とのコミュニケーション頻度が，LMX や心理的安全性に影響を及ぼすことも想定したモデルを作成した。結果は図 5-9 の通りである。

　適応感に最も強く，かつ直接的な影響があったのは，上司との人間関係（LMX）であったが，それに加えて，心理的安全性も適応感を高める効果があった。上司とのコミュニケーション頻度は，程度は弱いものの，上司との人間関係（LMX）を高めた。一方で，同僚とのコミュニケーション頻度は，心理的安全性だけでなく，上司との人間関係（LMX）も高める効果を持った。つまり，仕事の適応感は，上司との関係性だけでなく，同僚との間で忌憚ない発言ができ，その結果上司とも関係がよくなることで，適応感を高めることが示唆された。もちろん一時点の調査結果であり，モデルに示された関係性と適応感の因果関係（どちらが原因で結果か）についてはさらに検討を必要とするが，少なくとも職場のコミュニケーションが，個人の仕事の適応感を高める可能性を示すものである。

　リモートワーク下で，何も手を打たなければ，同僚との会話は減ってしまう。雑談による情報共有はもちろんのこと，心理的安全性のような人間関係

にも影響があるため，同僚とのコミュニケーション機会の確保については，特に意識する必要があるだろう。

6.　おわりに

　日本においてリモートワークの活用は，外的状況に押されて一気に進んだ。すでにリモートワークを取り込みはじめていた欧米に後れは取ったものの，リモートワークを経験したことで，その利点や欠点などについて，知ることができた。

　本章では，職場コミュニケーションを取り上げた。まず，リモートワークに関するデータの分析から，上司・部下のコミュニケーションにはすれ違いが生じていることが見えてきた。対面でもすれ違いは起きるだろうが，リモートワークでは互いの状況を観察することがむずかしいから，すれ違いが大きくなったり，以前はない新たな形のすれ違いが生じる可能性がある。上司も部下も，互いに相手の期待を意識しつつ，コミュニケーションを行うことが必要になる。

　また，上司・部下間だけでなく，同僚や先輩・後輩を含めた職場全体でのコミュニケーションや心理的安全性についても考えた。今回のデータは，対面での人間関係が構築された職場を扱っているが，やはり同僚との関係性が仕事での適応感にプラスの影響を及ぼしていた。メンバーが対面して働くことが躊躇される状況で，雑談を通じて得られるインフォーマルな情報の流通も減少している。どのようにして同僚間のコミュニケーションを活性化し，心理的安全性を高めるかは，むずかしい課題である。また最初からバーチャルチームで仕事を行う場合など，対面での人間関係が十分にできていない場合は，困難度はさらに増すことが予想される。管理職は自分とメンバーの1対1の関係に加えて，横のつながりにも配慮することが求められる。

　今後，感染症の状況が落ち着いたとしても，リモートワークという働き方はなくならないだろう。リモートワークのメリットを享受している組織メンバーも多い。組織はこの働き方を積極的に取り入れることで，海外や遠隔地にいる人材や，時間や場所の制約は多いが専門性や求める能力を持っている人材に，無理なく仕事を依頼できる可能性は広がる。働く個人だけでなく，組織にとってのメリットも大きい。だから，リモートワークを効果的な働き

方としてポジティブにとらえ，さらに研究を進める価値は高いと言える。

参考文献

Allen, T. D., Golden, T. D., & Shockley, K. M. (2015). How effective is telecommuting? Assessing the status of our scientific findings. *Psychological Science in the Public Interest, 16*(2), 40-68.

Berger, J., Conner, T. L., & Fisek, M. H. (Eds.) (1974). *Expectation states theory: A theoretical research program.* Winthrop.

Chiaburu, D. S., & Harrison, D. A. (2008). Do peers make the place? Conceptual synthesis and meta-analysis of coworker effects on perceptions, attitudes, OCBs, and performance. *Journal of Applied Psychology, 93*(5), 1082.

Correll, S. J., & Ridgeway, C. L. (2006). Expectation states theory. In J. DeLamater (Ed.), *Handbook of social psychology* (pp. 29-51). Springer.

Dambrin, C. (2004). How does telework influence the manager-employee relationship?. *International Journal of Human Resources Development and Management, 4*(4), 358-374.

Edmondson, A. (1999). Psychological safety and learning behavior in work teams. *Administrative Science Quarterly, 44*(2), 350-383.

Frazier, M. L., Fainshmidt, S., Klinger, R. L., Pezeshkan, A., & Vracheva, V. (2017). Psychological safety: A meta-analytic review and extension. *Personnel Psychology, 70* (1), 113-165.

Gajendran, R. S., & Harrison, D. A. (2007). The good, the bad, and the unknown about telecommuting: Meta-analysis of psychological mediators and individual consequences. *Journal of Applied Psychology, 92*(6), 1524.

Hertel, G., Geister, S., & Konradt, U. (2005). Managing virtual teams: A review of current empirical research. *Human Resource Management Review, 15*(1), 69-95.

Higgins, E. T., & Bargh, J. A. (1987). Social cognition and social perception. *Annual Review of Psychology, 38*(1), 369-425.

今城志保・藤村直子（2021）「リモートワーク下での上司・部下コミュニケーションの課題と特徴」日本心理学会第85回大会。

Leung, K., Deng, H., Wang, J., & Zhou, F. (2015). Beyond risk-taking: Effects of psychological safety on cooperative goal interdependence and prosocial behavior. *Group & Organization Management, 40*(1), 88-115.

Marshall, G. W., Michaels, C. E., & Mulki, J. P. (2007). Workplace isolation: Exploring the construct and its measurement. *Psychology & Marketing, 24*(3), 195-223.

Mesmer-Magnus, J. R., DeChurch, L. A., Jimenez-Rodriguez, M., Wildman, J., & Shuffler, M. (2011). A meta-analytic investigation of virtuality and information sharing in teams. *Organizational Behavior and Human Decision Processes, 115*(2), 214-225.

Newman, A., Donohue, R., & Eva, N. (2017). Psychological safety: A systematic review of the literature. *Human Resource Management Review, 27*(3), 521-535.

Sanner, B., & Bunderson, J. S. (2015). When feeling safe isn't enough: Contextualizing models of safety and learning in teams. *Organizational Psychology Review, 5*(3), 224-243.

Stasser, G., & Titus, W. (2003). Hidden profiles: A brief history. *Psychological Inquiry, 14*(3-4), 304-313.

Van Dierendonck, D. (2011). Servant leadership: A review and synthesis. *Journal of Management, 37*(4), 1228-1261.

Yukl, G., Gordon, A., & Taber, T. (2002). A hierarchical taxonomy of leadership behavior: Integrating a half century of behavior research. *Journal of Leadership & Organizational Studies, 9*(1), 15-32.

Zhang, Y., Fang, Y., Wei, K. K., & Chen, H. (2010). Exploring the role of psychological safety in promoting the intention to continue sharing knowledge in virtual communities. *International Journal of Information Management, 30*(5), 425-436.

第6章
リモートワークにこそユーモアを

　本章では，リモートワークの生産性を下げる原因となっているコミュニケーション不足を補うために，ユーモアを活用することを提案する。リモートワークがなぜコミュニケーション不足に陥るのかについて，日本人のコミュニケーションの特徴から考察する。そして，リモートワークを実施している人々への意識調査を通じて，コミュニケーションを円滑に進めるにはユーモアが効果的であることを明らかにする。一口にユーモアと言ってもいろいろな種類が存在し，また，ユーモアの使い手の心の持ちよう（動機）によってその効果が左右される。このため本章では，ユーモアの種類や使い手の動機も踏まえ，リモートワークでのコミュニケーションの活発化に資するユーモアと，ユーモアを使いこなすための職場のあり方について提案する。

1.　はじめに

　多くの職場では，リモートワークによって社員間のコミュニケーションが不足し，仕事が円滑に進まなくなったからといって，雑談を取り入れようとしている。たしかにコミュニケーションを活発化させるには雑談は有効に見えるが，入社したての新入社員が年の離れた上司といきなり雑談ができるだろうか。ましてや，2020年春入社の新人は，入社式すらオンラインであったということが少なくない。一度もリアルに対面したことがなかった配属先の上司と，いきなりオンラインで雑談できる若者はそれほど多くはないはずである。

　大学でもオンライン授業に切り替えたところが多かった。筆者のゼミでも

オンラインに切り替えたことにより，普段であれば何事もない簡単なコミュニケーションがうまくとれず，効率が上がると言われているリモートワーク（オンライン）なのに，スムーズに進まないことが頻発した。学年を超えて（異なる年次の学生が同じオンライン空間にて）話し合うような場合には，互いに遠慮しあって沈黙するようなことが少なくなかった。

　ところが，その日にあった些細なユーモア，ちょっと口角が上がるような出来事をシェアすることから始めたところ，これがまた嘘みたいにコミュニケーションが活発化した。

　リモートワークにユーモアを取り入れたらすべてがうまくいく，というのは乱暴すぎる。ユーモアと一口に言っても，関西人がよく使う自虐的なユーモアもあれば，洒落た言葉遊びのようなユーモアまで非常に幅広い。そもそも，なぜリモートワークがうまく進まないのかについて，原因をていねいに見ておく必要がある。その原因とユーモアの関係性を見ておかない限り，ユーモアがうまく機能する条件（例えば職場の環境）などは特定できない。要するに，リモートワークにユーモアが貢献できることを論理的に説明し，その機能する条件を明らかにしなければならないのである。

　本章では，リモートワークによって仕事が捗り，対面式よりもずっと効率的に仕事ができるといったポジティブな側面をリモートワークの「利点」と呼び，反対にリモートワークによってコミュニケーションが低下して仕事がうまく進まないといったネガティブな側面を「弱点」と呼ぶことにする。

　以下では，日本人のコミュニケーションの特徴とリモートワークの弱点との関係，リモートワークの弱点とユーモアの関係，ユーモアと職場環境の関係について見ていく。

2.　リモートワークと雑談

2-1.　日本でのリモートワーク

　新型コロナウイルス感染症（COVID-19）の感染拡大の影響を受け，新たな生活様式が全国的に求められた。不要不急の外出を避け，できるだけ人とのリアルな接触を避けることが求められたのである。いわゆる3密を避けるために，産業界をはじめ多くの組織に導入されたのがリモートワークである。

リモートワーク（テレワーク）という働き方は，働き方改革の一環として，コロナ禍よりも前から国の施策として進められてきた。業務の効率化や生産性の向上，働く自由度が高められるなどの多くの利点が見込まれるからである。ところが，笛吹けども踊らずのごとく，平時にはリモートワークを取り入れる企業は多くはなかった。勤怠管理をどうするのか，セキュリティは大丈夫かといった心配もあり，一向に進まなかった。

　コロナ禍にあっては，そのような心配もよそに一気にリモートワークが広まった，というか広げざるをえなくなったのである。多くの企業では（もちろん多くの大学もそうだが），リモートワークに向けての準備をていねいに進める余裕もなく，緊急事態宣言が発出され，一気にリモートワークに舵を切った。

　しかし，業務の効率化や生産性が高まるはずのリモートワークが，「業務上のやりとりがしづらい」「なにげない交流が生まれにくい」といったコミュニケーション不足に陥り，「孤独を感じる」「人事評価・労務管理に不安感を抱く」といった社員の声が増加し，精神的不健康が問題視されるなどの，リモートワーク（テレワーク）の弱点が多く報道されることになった[1]。これらの弱点によって，日本企業の生産性低下を招いているという指摘も少なくない。

　リモートワークでのコミュニケーション不足に対処するために，勤務中に敢えて雑談を用いることでリモートワークの弱点を克服し，業務の円滑化を図ろうとする企業も存在する。業務の大半をリモートワークに切り替えたある大手企業では，ウェブ会議システムに「雑談ボタン」を設けて雑談を推進しているそうだ。雑談の機会をなんとか工夫して創出しようとしている企業が少なくない。

　企業が雑談を取り入れる狙いは，社員の会話をはずませ，楽しい雰囲気や環境を形成することで，職場の協調的な環境や一体感を醸成することにある。雑談にコミュニケーションの潤滑油としての機能が期待されているのである。

　雑談は業務に関係のない無駄話でもあり，効率性を重視するリモートワー

1　2020年2月21日から10月1日までの日本経済新聞の報道だけでも，40件以上にのぼる。テレワークという語を用いて記事を検索している。

クではかえって生産性を下げるとも考えられる。業務効率を上げるためのリモートワークが，雑談によって効率低下を招くと，本末転倒になってしまいかねない。コミュニケーションを円滑化しつつ，生産性を下げない雑談の用い方を探らねばならない。

　コロナ禍での働く人の意識調査で，リモートワーク（テレワーク）の生産性に関する調査が存在する。公益財団法人日本生産性本部が，「自宅での勤務で効率が上がったかどうか」について連続的に調査している[2]。2020年5月に第1回調査が開始され，2021年1月には第4回目の調査結果がレポートされている。それによると，効率が「やや下がった」「下がった」を含めると，約45%の人が効率は下がったと回答している。第1回調査よりも効率が下がったと感じる人の割合が減少してきているが，第1回目の緊急事態宣言のときよりも，リモートワークの実施率そのものが下がっており，生産性が上がらないと判断した企業は，リモートワークをやめてしまっていることがうかがえる。

　民間企業の調査でも，主要先進国に比べて，「生産性が下がった」と感じている人が多いことが明らかにされている。リモートワークを導入している約5割の経営者が，コミュニケーション不足や従業員の管理のむずかしさを感じていることも報道されており，これらが生産性の低下に関係していると考えられる。

　リモートワークは仕事の効率性が高まると指摘されているが，なぜ日本では他国に比べ，生産性に対して大きな影響を受けるのだろうか。そこには，日本企業の職場環境や仕事の進め方が影響していると考えられる。そこで，日本の職場環境についての先行研究から見てみたい。

　日本は「大部屋主義」と呼ばれ，仕事の分担が明確ではなく，部課単位での協力・相談によって1つの仕事を進めていく傾向にあり，「コミュニケーションへの依存度」が高くなりやすい。そのため，リモートワークの導入によって社員同士のコミュニケーションに支障が生じ，結果として生産性が低下する。すなわち，日本の組織環境・組織風土の特徴が，リモートワークでのコミュニケーション不足を招くことになり，職場のチーム力や一体感が失われ，結果的に生産性の低下を生じさせていると考えられる。

2　日本の企業・団体に雇用されている20歳以上の人1100名を対象にした調査。

リモートワークでのコミュニケーション不足問題に対し，IT 環境の整備やソフトウェアの開発（例えばバーチャルオフィスでのアバターの利用）といった科学技術によって，対策を講じる企業が存在する。一方で，ビデオ会議で雑談の機会を設けるなど，コミュニケーションのとり方に工夫を講じる企業も存在する。しかし，日本のコミュニケーションの特徴とリモートワークの関係性を明らかにせずに，一律に雑談を取り入れても，機能しない場面も生まれる。

このため，雑談とは何か，雑談にはどのような機能があるのかを見てみたい。

2-2. コミュニケーションと雑談

雑談の定義は，社会言語学者の村田（2016）の定義を参考に用いることにする。仕事や業務の本題に関わる情報伝達を行う談話のことを「正談」とし，本題から逸脱した話題で対人関係機能を持つものを「雑談」と呼ぶ。ただし，仕事に関連する話の中で，「ここまでは仕事に関連する話でここからは雑談」というようにはっきりとは線を引くことはできない。

仕事や業務でのコミュニケーションを，「あいさつ」「社交的な話題」「本題に関連する話」「本題」というように変化していくものととらえると，雑談は，「あいさつ」と「社交的な話題」の部分であると考えられる。ただし日付変更線のように明確に分かれるものではない。ここから雑談でここから正談とビシッと分けることはできず，一部には本題に関連する話題も含んでいる。職場での会話全体から正談を除いた部分が雑談であるが，雑談の中には，正談に関連するような話題も含まれることもあるというのが，実態に即した雑談のとらえ方であろう。

正談ではない（話の本題ではない）雑談ではあるが，そこには重要な機能があることに着目せねばならない。村田（2016）は，自治体，企業，NPO，市民といった価値観もバックグラウンドも異なる者同士で行われた話し合いの実証的研究から，話し合いを活発に進め，参加メンバーが忌憚なく建設的な意見を出し合える環境づくりに，雑談は非常に重要な役割を担うと指摘している。雑談は話し合いの基礎づくりに重要な役割を担っており，良好な対人関係の構築や一体感の醸成には，雑談が不可欠なのである。

日本のコミュニケーションの特徴は，遠慮や察しのコミュニケーション文

化によって，対人関係を維持しようとする傾向にある。職場だけでなくクラブ活動や家庭内でもよく見受けられるが，すべてを語らなくても相手の思いを察して行動することが，「よく気が利く」と好意的にとらえられ，重用されることが多い。「一を聞いて十を知る」ことが，日本でのコミュニケーションでは好まれる。「言わなくてもわかる」といったコミュニケーションの文化は，「高コンテキスト文化」と呼ばれる。

　高コンテキスト文化である日本では，仕事中にペチャクチャと雑談をすることなく，静かに黙々と業務をこなしており，同僚とのコミュニケーションに，目配せを用いる光景を目の当たりにすることが多い。上司に対しては，上司が言葉を発する前に言わんとしていることを悟って部下が行動する「忖度」が多用される。一方アメリカでは，航空会社のカウンター，スーパーマーケットのレジ，工場などで，社員が雑談しながら業務をこなしている光景をよく見かけるが，日本とは対照的である。日本では言語ではなく，非言語でのコミュニケーションが多用されている。

　図で整理すると，図 6-1 のようになる。縦軸に，言語的なコミュニケーションなのか，非言語的なコミュニケーションなのかを表す「言語・非言語」の軸を用いて，横軸に，業務内容に関する話なのか，業務に関わりのない話なのかを表す「業務内容・非業務内容」の軸を用いて日本のコミュニ

図6-1　仕事におけるコミュニケーションのとり方（高コンテキスト文化と低コンテキストの違い）

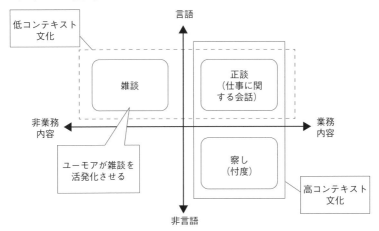

ケーションのスタイルを整理する。

　日本では非言語的なコミュニケーションを重視しており，チームの一体感を強めるための協調的な環境形成には，察するという非言語的なコミュニケーションが重要な役割を担っている。

　一方，アメリカでは，言語的なコミュニケーションを多用し，自分の意思を他者に伝えるコミュニケーションの特徴を有しており，そのようなコミュニケーションの文化は「低コンテキスト文化」と呼ばれる。雑談を上手に用いた言語的なコミュニケーションを重視し，お互いがよく話し合うことで，一体感を高めて協調的な環境を形成している（図6-1）。そこにユーモアが使われることが多い。ユーモアは雑談を活発化させる機能を果たしていると考えられる。

　日本のように高コンテキスト文化のコミュニケーションは，察するという非言語的なコミュニケーションへの依存度が高い。その場の雰囲気を言葉以外の方法で感じ取って察することで，互いの思いを理解しあっている。当然のことながら，そのようなコミュニケーションはリモートワークでは機能しない。コンピューターの画面を見て場の雰囲気を読むことなどは，至難の業である。チームのだれかが落ち込んだり調子が悪そうだということは，休憩時間などのなにげない仕草を見ていて感じることが少なくなく，そのような情報は，コンピューターの画面からは伝わってこない。だから，ちょっとした思いやりの言葉をかけたり，だれかが仕事を代わってあげるという気遣いが生まれにくい。まさに，高コンテキスト文化はリモートワークの影響を受

図6-2　コミュニケーションのとり方とリモートの関係性

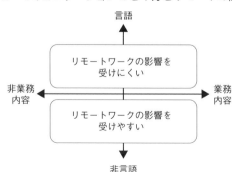

けやすいのである（図6-2）。リモートワークでは非言語でのコミュニケーションが制限され，信頼関係の構築を阻害していると指摘される所以である。

このような文化で，はたしてビデオ会議で雑談を取り入れたとしても，うまく機能するのであろうか。異なった価値観や考え方を持つ人たちが集まる環境では，信頼関係の構築はむずかしく，雑談はうまく機能しないとも言われている。入社したての若者が，ほとんど話したこともない上司や先輩といきなり雑談ができるとは思えない。無駄口をたたかないで黙々と仕事をすることを美徳とする価値観の中で育った人が，いきなりコンピューター上で雑談をせよと命じられても，苦痛に思う人も少なくないはずである。

ならば，どうすれば雑談がはずむのか。筆者はそこにユーモアを用いることが効果的と考える。ユーモアは人と人との心理的な距離を縮める機能がある。心理的な距離が近くなることで話も進む。しかめっ面の人よりも楽しい人とのほうが会話がはずむ。ユーモアのコミュニケーションの潤滑油としての機能が期待できるのである。

また，ユーモアには抑うつを低減する物質「セロトニン」の活性化に効果があることが明らかにされており，コミュニケーションの潤滑油としての機能に加え，社員の抑うつ低減などの精神的健康にも役立てられ，結果的に組織の生産性に寄与する効果が見込まれる。

低コンテキスト文化であるアメリカでは，雑談によってコミュニケーションを活発化し，多様な価値観を有する人たちの価値観の共有に役立てていると考えられるが，そこにユーモアが機能していると思われる。そこで，雑談にユーモアがどう関係しているのか，アメリカの様子を見ることにする。

3.　アメリカでのユーモアと雑談

アメリカはユーモアを多用すると言われることが多い。筆者はアメリカ滞在中に現地の企業をいくつか訪問して，労働の特徴についてインタビューしたことがある。また，永住権を取得して複数の企業での勤務経験がある日本人にも話を聞くことができた。多くの人々が口にするのは，アメリカでは細かなところにはこだわらない大雑把なところがある一方で，仕事の内容は「職務記述書（job description：業務に関する契約事項）」にきちんと記載す

る必要があるということ。いちいち言わなくても「常識的」に通じるだろうという勝手な思い込みは通用しない。いろいろな価値観を有する人たちが集まった多民族的・多文化的国家でもあり、仕事の内容にかかわらず、大事なことは言葉にして伝える必要がある。

　現地の日系企業（製造業）をいくつか訪問して、KAIZEN（カイゼン）や5S（整理・整頓・清掃・清潔・躾）の進め方について取材したところ、個人主義思想が強く、多様な価値観を持つ人たちをまとめて、品質向上に向けた共通の価値観（経営理念）の理解を深めてもらうことに対して、かなりの努力をしていた。

　ただ、いずれの職場でも President（社長）や Vice President（副社長）らが、現場（工場）にいる社員一人ひとりに親しく声がけをしては、なにげない会話を楽しんでいる様子であり、工場のだれもが笑顔であった。

　今回改めて、現地の日系企業に対して、ユーモアに関してのインタビューをお願いしたところ、快く受けていただいた。自動車部品を製造する Advanced Special Tools Inc.（以下 AST と表記）（ミシガン州）と、化学品製造業の Tateho Ozark Technical Ceramics（以下 TOTC と表記）（ミズーリ州）の2社であり、それぞれの CEO にインタビューした[3]。

　AST の CEO は、現地で20年以上の勤務経験があり、アメリカの文化に詳しかった。TOTC の CEO は日本から現地に赴任して5年が経過し、まさにアメリカと日本の文化や価値観の違いを乗り越えるための努力を、日々続けているとのことであった。

　職場でユーモアを意識的に使っているのかどうかを尋ねたところ、特に意識はしていないという。「この場面ではユーモアを使わないと」とか「ここは笑わさないと」というようなことを特別に意識することなく、職場では自然に笑いが生まれやすい。前日の TV スポーツ（フットボール）の話とか、ペットの話とか、車での通勤途中に野生動物に遭遇した話など、たわいもない話を笑顔で話すと、皆がそれに対して、「よかったね」とか「すごいね」と笑顔で返して談笑する。当初は「その話の何がおもしろいのか」と思うこともあったが、実はそのなにげないことを楽しみながら聞くという姿勢が大

3　AST に対しては2020年10月24日、TOTC には2020年10月27日に Zoom を用いてヒアリングを実施した。

事なのだという。話し手だけでなく受け手も会話を楽しむという姿勢が，非常に大切なのである。そうすれば，なにげない会話の中からユーモア（おもしろ・おかしいという気持ち）が生まれるのだ。

すなわち，楽しいという雰囲気を醸成することで，そこでの会話が同じ空間にいる多様な価値観を有する人たちの共通の「話題」となり，一体感を醸成することが自然にできている。

高度なお笑いのテクニックが要求されるのではなく，なにげない会話を楽しもうという気持ちが大事なのである。その気持ちを育むために，アメリカには，幼少期から学校にパジャマで登校するパジャマデーなどを通して，日常的にユーモアに触れて一体感を醸成する機会が多い。職場ですらハロウィンの日には仮装して仕事をするなど，ふだんからユーモアや遊び心を持ったイベント等を多く取り入れている。

また，イベントだけでなく，少しすれ違うだけで"How are you?"といったあいさつを一日に何度も交わし，「週末はどうだった？」などといった雑談をすることが多い。つまり，ユーモアや雑談を用いてコミュニケーションの円滑化を図っているのである。一方で，ビジネスの場面では，真剣な議論で白熱することも多く，議論後の雰囲気の緩和にユーモアが非常に効果的であるので，職場でのユーモアは不可欠なものとなっている。

アメリカでは多様性を認める文化であるがゆえに，個人主義的な働き方をする人々が多い。ただし，KAIZEN や知恵の共有などの場面では，共通の価値観に理解を示した一体感の醸成が不可欠であり，ユーモアを交えたコミュニケーションが重要な役割を果たしている。思想や信条が異なる多様な人々が集まる職場では，ユーモアによって人々の心理的距離を縮め，職場の雰囲気の向上や一体感を醸成し，職場への愛着や助け合いを生み出している。要するに，ユーモアが職場の協調的な環境の形成にきわめて有効なのである。ユーモアは，特別な笑いのセンスやスキルを要求されるものではない。大事なのは，良い関係性を築きたい，良い雰囲気にしたいという思いやりの心なのである。

ここでのユーモアの多くは，だれかを皮肉ったり，失敗をいじったり，だれかを傷つけたりする攻撃的なユーモアではない。攻撃的なユーモアはむしろ信頼をなくしてしまう。仮装や言葉遊び，ペットのおもしろい動きといった，だれも（相手も自分も）傷つけない純粋なおもしろさが大切なのであ

り，その象徴がパジャマデーやハロウィンでの仮装といった遊び心のあるユーモアなのである。

ちなみに，アメリカと日本のリモートワークの特徴（違い）についても聞いてみた。

すると，勤怠管理（労務管理）に違いが見られた。もちろん，2社のリモートワークがアメリカ中のリモートワークを代表しているというには乱暴すぎるが，リモートワークにおいても社員の働きやすさへの気遣いが見られた。

アメリカは成果を重視した人事管理（成果主義）の場合が多いことから，日々の業務報告には時間を割かずに，「いまから仕事を始める」「いまから休憩する」という簡単なメール報告で十分という。一方，リモートワークであったとしても，そこでのあいさつや雑談等のやりとりから，社員の健康状態や心の状態に気を配り，社員が気持ちに余裕を持って仕事に取り組めるように，リモートワークの環境改善に努力していた。

日本の場合には，リモートワークでの社員（部下）の管理に，詳細な業務報告書などの提出を求める場合がある。どの時間帯に何の業務をしたのかという管理をするために，その報告を社員に求めている。もちろん，社員の働きすぎ予防の意味合いもあるが，その根底には社員に対する信頼の欠如が垣間見える。管理をしておかねば，リモートワーク中に怠けているのではないのかという心配である。ガチガチの管理による職場の不満に耳を傾けて，緩やかなルールに変更してリモートワークの効率を上げている事例が，日本でもいくつか報道されている（日本経済新聞，2021など）。

リモートで働く社員に対する信頼が不十分な状態で雑談の時間を設けても，管理目的のための雑談の時間となってしまい話は進まない。その分の労働時間が長くなり逆効果となることが少なくない。生産効率を上げるために雑談を取り入れるという気持ちはわかる。しかし，雑談を取り入れるには，いろいろな価値観を有する人たちを尊重し，お互いの意見を自由に言い合える環境を形成することで，協調的な環境が醸成されていき，結果的に生産効率が上がるという流れを理解しておく必要がある。社員間や社員と管理者の間の心理的な距離が縮まるように，ふだんから話しやすい雰囲気を醸成し，コミュニケーションが活発化する環境を形成することに努力しておくことが大切である。そこにはユーモアが効果的なのである。

4.　ユーモアの種類と効用

4-1.　ユーモアの定義と効用

　ユーモアの機能に関する研究はもちろん，生じ方（仕組み）に関する研究や，効果（ストレス緩和）に関する研究など，幅広い領域にてユーモアが研究されている。研究目的によってユーモアの定義は多岐にわたっているが，ここでは心理学者の雨宮（2016）が指摘する語義を用いる。ユーモアと聞くと，上品なおかしみと想像する人がいるだろう。英語では laughter よりも humor のほうが広い意味を持っている。Laughter は「笑い」と訳されることもあるが，「笑い声」を出しての笑いを指している。むしろ日本語での笑いのほうが幅広い「笑い」を含んでおり，humor の概念に近いと指摘されている。

　先行研究で共通することは，ユーモアは「おもしろい」「おかしい」と人が感じることを対象にしているということである。要するに，人が心の中でおもしろさを感じることである。したがって，本章でのユーモアは笑いと同様に広くとらえ，「おかしさ」や「おもしろさ」という心の現象を指すものとする。

　ユーモアがもたらす効果や特徴は，大きく分けて 3 つに整理できる。

　1 つは，人間と人間の心理的な距離を縮め，他者との衝突の回避や，関係性の構築，職場のコミュニケーションに好影響を与えるといった社会的な効果。2 つ目に，身体の緊張を解きほぐし，筋肉のリラックス，血液循環の促進といった生理的・身体的な効果。3 つ目は，心理的な緊張の緩和や抑うつ低減といった心理的な効果。この 3 つの効果が存在する。

　医療分野においては，笑いを引き起こすユーモアは，苦痛の軽減やがん療法としての効果も指摘されており，精神を安定させるセロトニンの放出を促し，身体面に加え精神面での効果も大きく期待されている。さらに，職場におけるユーモアの効果として，職場の生産性向上や創造性の向上などが挙げられる。このようにユーモアには，リモートワークでのコミュニケーション不足や精神的不健康を改善する効果が期待できる。

　しかし，いかなる種類のユーモアも効果的だというのは早計にすぎる。リモートワークにおいて効果を発揮するユーモアにはどのような種類があって，どのような動機で発せられると効果があるのかについて，ユーモアの種

類ごとにていねいに比較する必要がある。そこで次に，ユーモアの種類について整理する。

4-2.　ユーモアの種類と動機

　ユーモアにもポジティブな側面とネガティブな側面がある。ユーモアを使うことで皆が楽しくなるときもあれば，話し手（一方）は楽しいが，聞き手（他方）は傷ついたりすることがある。他人の失敗をネタにした笑いなどが典型例である。要するに，攻撃性のある有害なものをネガティブ，そうでない良性なものをポジティブとする考え方である。

　だれが楽しいのかという，楽しむ人に目をやると，自分が楽しんで気分良くなりたいという側面と，相手（他者）を楽しませて良好な関係を築くという側面がある。これらの2つの考え方（攻撃性の有無とだれが楽しいのか）を用いて，ユーモアを4つに区分することができる。だれかを皮肉ったりからかったりすることで自分が楽しくなる攻撃的なユーモアと，単に自分の気持ちが前向きになる自己高揚的なユーモア。相手を楽しませるときに自分を犠牲にして（自分をコケにして）相手を笑わせる自虐的ユーモアと，純粋に冗談を言い合って笑い合うような親和的ユーモア，である。

　攻撃性のないポジティブなユーモアに限って再度整理すると，親和的ユーモアと自己高揚的ユーモアで使われるものに共通点が見られる。すなわち，笑う（笑わせる）相手が自分であろうと他者であろうと，言葉遊びやペットのおかしい仕草の映像を使うなど，日常にある純粋なおもしろさを遊戯的に使っているのである。このため，両者を合わせて遊戯的ユーモアとしてくくることができる（図6-3）。

　ユーモアの効果は，ユーモアの使い手の動機によって変わることが少なくない。相手をからかうような攻撃的なユーモアであったとしても，相手のことを思いやって支援する（相手を持ち上げる）動機で使えば，ネガティブな影響を与えにくい。例えば結婚披露宴の宴席で新郎（あるいは新婦）の失敗談を話題にしつつ当人（の親しみやすさなど）を紹介するようなケースである。このためユーモアの種類を見るだけでは，職場のコミュニケーションでのユーモアの効果を正確に分析することはできない。すなわちユーモアの動機も考慮する必要がある。相手の気持ちを無視して自分の満足のためにユーモアを使っているのか（利己的なのか），職場の雰囲気を和らげ，相手

図 6-3　ユーモアの種類

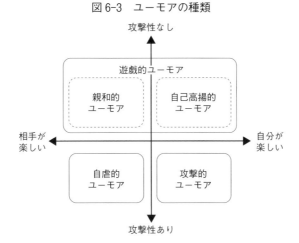

の気持ちを慮って使っているのか（利他的なのか）を考慮して影響を見極める必要がある。

　したがって，本章では皮肉やからかいといった「攻撃的ユーモア」，日常にある純粋なおもしろさの「遊戯的ユーモア」，自己の失敗談などを用いた笑い話の「自虐的ユーモア」の 3 つの種類に加え，動機は「利他的動機」と「利己的動機」という 2 つ動機を用いて，その効果や関係性を見ることにする。

5.　ユーモア・リモートワークの利点と弱点・職場環境の尺度

　本節では，ユーモアの種類や動機，リモートワークの利点や弱点，職場環境を測る尺度を開発する。尺度の開発にあたりアンケート調査を実施した。質問項目は先行研究を整理して複数の先行研究で用いられている事項を参考に作成した。

　アンケート回収は調査会社に依頼し，オンライン調査にて実施した。調査期間は 2020 年 10 月 17〜19 日であり，リモートワークを週に一度以上実施している人を対象に，ユーモアに関する質問 55 項目，組織環境に関する質

問 10 項目，リモートワークの利点・弱点に関する 15 項目，生産性に関する質問等 15 項目の合計 95 項目と，年齢や性別といった属性に関する質問を加えて調査した。有効回答数は 1049 件であった。

5-1.　ユーモアの種類と動機
5-1-1.　ユーモアの種類
　ユーモアの種類に関する質問では，用意した 10 個のユーモアについて，職場内で使われる機会の多さを尋ねた。選択肢は「1. まったくない」から「5. いつもある」の 5 段階のリッカートスケールを用いた。その回答データを用いて因子分析を行った。因子分析とは，複数の変数に共通する因子を見つける分析法である。例えば，複数の科目についてテストを実施し，物理と化学と数学の点数に影響している共通の要素（この場合「理数系」という因子）を見つけだすといった場合に使う。それにより 3 つのユーモア因子が抽出された（表 6-1）。
　1 つ目は，「他人を皮肉る笑い」や，「他人をからかうような笑い」「他人を茶化した笑い」といった他人を攻撃する内容の 3 項目で構成され，それらに共通する要素して「他人への攻撃」を感じることができる。このため，因子の名前を**攻撃的ユーモア（からかい）**と命名した（信頼性係数[4] $a = .925$）。
　2 つ目は，「単純な言葉遊びによる笑い」や，「わかりやすい駄洒落による笑い」「言葉の語呂合わせによる笑い」「心が和むような，ほのぼのとした笑い」といった日常の純粋なおもしろさに関する 4 項目から構成され，**遊戯的ユーモア（洒落）**と命名した（ $a = .889$ ）。
　3 つ目は，「発言者が自分の失敗談をネタにした自虐的な笑い」や，「発言者が自分の欠点をネタにした自虐的な笑い」「発言者が自分の未熟さをネタにした自虐的な笑い」といった自虐的な内容の 3 項目から構成され，**自虐的ユーモア（自虐）**と命名した（ $a = .915$ ）。
　因子分析の結果を用いて，各因子を構成する項目（変数）を足し上げて，項目数で除する（割る）ことによって，各因子の尺度を作成した。例えば，攻撃的ユーモア（からかい）尺度は，3 つの変数「他人を皮肉る笑い」「他

4　信頼性の係数に用いているのは，クロンバックの a 値であり，1 に近いほど同じ概念や対象を測定したものと評価でき信頼性が高いと判断する。

表6-1　ユーモアの種類の因子分析

	攻撃的ユーモア（からかい）	遊戯的ユーモア（洒落）	自虐的ユーモア（自虐）
他人を皮肉る笑い	.882	-.035	.056
他人をからかうような笑い	.881	.028	-.003
他人を茶化した笑い	.846	.045	.037
単純な言葉遊びによる笑い	.038	.842	.015
わかりやすい駄洒落による笑い	.069	.834	-.046
言葉の語呂合わせによる笑い	.076	.830	-.016
心が和むような，ほのぼのとした笑い	-.244	.524	.439
発言者が自分の失敗談をネタにした自虐的な笑い	.024	-.014	.883
発言者が自分の欠点をネタにした自虐的な笑い	.145	.020	.768
発言者が自分の未熟さをネタにした自虐的な笑い	.109	.071	.759
α係数	.925	.889	.915

因子抽出法：最尤法
回転法：プロマックス法

人をからかうような笑い」「他人を茶化した笑い」を足し上げて項目数「3」で割って作成した。以下の変数も同様にして尺度を作成した。

5-1-2.　ユーモアの動機

　ユーモアの動機に関する質問（10項目）では，職場ではどのような目的でユーモアが発せられていると感じるかどうかについて尋ねた。選択肢は「1. まったく感じない」から「5. いつも感じる」の5段階のリッカートスケールを用いた。因子分析の結果，2つの因子が抽出された（表6-2）。

　1つ目は，「相手の不安を解消するため」「相手をリラックスさせるため」「その場の雰囲気を和らげるため」「落ち込んでいる人を励ますため」「相手の孤独感を緩和するため」といった相手を思いやる気持ちが感じられる5つから構成され，**利他的動機（相手のため）**と命名した（a = .936）。

　2つ目は，「発言者が自分だけの気分を良くするため」「発言者が会話の中で自分を優位にするため」「発言者が自分の存在感をアピールするため」「発言者が自分の意見を通しやすくするため」「発言者が自分のイメージを良くするため」といった自分の利益を重視することが感じられる5つの項目から構成され，**利己的動機（自分のため）**と命名した（a = .930）。

表 6-2　ユーモア表出動機の因子分析

	利他的動機 （相手のため）	利己的動機 （自分のため）
相手の不安を解消するため	.894	-.001
相手をリラックスさせるため	.886	-.021
その場の雰囲気を和らげるため	.883	-.090
落ち込んでいる人を励ますため	.837	.065
相手の孤独感を緩和するため	.781	.115
発言者が自分だけの気分を良くするため	-.102	.914
発言者が会話の中で自分を優位にするため	-.063	.905
発言者が自分の存在感をアピールするため	.044	.836
発言者が自分の意見を通しやすくするため	.082	.796
発言者が自分のイメージを良くするため	.138	.757
α 係数	.936	.930

因子抽出法：最尤法
回転法：プロマックス法

5-2.　リモートワークの弱点と利点

　リモートワークの弱点と利点に関する先行研究を整理すると，弱点（リモートワークが機能しにくい要因）は，会社の制度や仕事の進め方に関する，いわゆる会社組織に関する「組織要因」，家庭環境や心理的ストレスなど利用者本人に関する「主体要因」，ネット環境や情報技術に関係するリモートワークの手段に関する「手段要因」の3つの種類に整理することができる。これらの3種類の要因は，リモートワークの問題として新聞で報道される頻度の高いキーワードと共通する点も多い。

　リモートワークの利点（メリット）は，業務効率に関する「組織要因」，時間の有効活用やワークライフバランス，心理的な側面に関する「主体要因」の2つの要因に整理できた。

　この整理をもとに，リモートワークの弱点に関する質問10項目と，利点に関する質問5項目を設け，いずれもリッカートスケールの7件法（1.まったく当てはまらない〜7. 非常によく当てはまる）を用いてアンケートに回答してもらい，因子分析を経て尺度（変数）を作成した。

5-2-1.　リモートワークの弱点

　「リモートワークの弱点」は，2つの尺度を作成した。

　1つ目は「メンバーに相談することがむずかしい」「コミュニケーション不足によって孤独感を感じる」「上司と部下の信頼関係を築くことはむずかしい」「職場内の一体感が低下している」「長時間労働になることが多い」「仕事とプライベートの切り替えがむずかしい」といった孤独に関する6つで構成されており，**孤独感**と命名した（a = .816）。

　2つ目は，「同僚や部下の健康状態の変化に気づきにくい」「仕事と関係ない会話が生まれにくい」「結果ではなく努力の過程で評価することはむずかしい」「同僚や部下の仕事の進捗を把握することがむずかしい」といった，人との関わりや仕事の評価において，表面的な部分しか見ることができずに，しっかりと評価ができないという問題が共通して見られ，**表面的**と命名した（a = .785）。

5-2-2.　リモートワークの利点

　リモートワークの利点でも，2つの尺度を作成した。

　1つ目は「余分な作業が減って業務効率が上がる」と「仕事における時間管理がしやすい」という業務効率に関する共通要素が見て取れ，**効率的**と命名した（a = .790）。

　2つ目は，「プライベートで自由な時間が増える」「場所の制約を受けずに仕事ができる」「総合的（業務，人間関係，通勤等）にみてストレスが軽減される」という，制約からの解放に関する項目で構成されていることから，**解放的**と命名した（a = .765）。

5-3.　職場環境

　仕事の進め方の違いで，リモートワークの生産性に差が生じているとも考えられる。チームワークを重視した仕事の進め方と，ライバルと競い合うように仕事を進めるのでは，リモートワークの活用にも差が生じるだろう。このため，職場での仕事の進め方に関する尺度を作成した。

　職場環境に関する先行研究を整理すると，日本の職場環境を「大部屋主義」と紹介するもの，チームで相談しあいながら共通の仕事を進めるチーム・コミュニケーションへの依存度が高い職場だと指摘するもの，日本の会

社組織の強みはチーム力だというものなどが見られた。いずれも，チーム力を高めるには協調的な職場環境が必要とされている。

　一方で，仕事の分業化や専門化が進められており，個人の成果を重視する職場環境も増えてきている。この場合，顧客やノウハウなどをシェア（共有）しあって仕事を進めるよりも，個々人が競い合って知識やスキルの獲得を目指すことのほうが，親和性が高い。この場合の職場環境は，協調的な環境というよりも競争的な環境である。

　先行研究の整理をもとに職場環境に関する質問10項目について尋ね，各回答を用いて因子分析を経て2つの尺度を作成した。

　1つ目は「チームの目標を達成するために皆で協力しあう」「メンバー間で知識や情報を共有する」「職務上で困っているメンバーがいたら協力する」「些細なことでもメンバーに気軽に相談する」「チームで同じ目標を達成するための過程を重視する」といった協調関係に関する5つで構成され，**協調的環境**と命名した（$a = .889$）。

　2つ目は，「チームよりも個人の成果を重視する」「各自の持つノウハウや情報を共有しない」「問題の解決方法はチームによらず各自で解決する」「チームよりも個人の目標を達成するために自身の技能を磨く」「メンバー同士で競い合う」といった競争関係に関する5つから構成され，**競争的環境**と命名した（$a = .813$）。

6.　ユーモアとリモートワークの関係性

6-1.　ユーモアとリモートワークの弱点・利点との関係

　本節では，ユーモアがリモートワークの弱点や利点に対して，どのような影響を与えているのかを確認する。分析には構造方程式モデル[5]（Structural Equation Modeling（SEM））を用いて，ユーモアの動機がユーモアの種類にどう影響しているのか，ユーモアがリモートワークの弱点や利点にどのよう

5　構造方程式モデルを使うことで，多くの変数（多変量変数）の因果関係を一度に分析することができ，設定したモデルの当てはまりの良さについても見ることができる。また，潜在変数（今回でいうところのユーモアの変数のように因子分析等によって作成した変数など）に関する誤差の影響を取り除いて分析できることから，通常の相関分析や回帰分析よりも誤差による希薄化の影響がなくなり，変数そのものの影響度を測ることができる。また，変数の関係性をビジュアルに示すことができ，（分析法を知らない人にとっても）変数間の関係性を判断しやすい。

に影響するのかを確認する。この分析を用いると，ユーモアとリモートワークの弱点・利点の因果の流れを，各変数の間を矢印で結んでパス図として確認することができる。

　これまで見てきた通り，ユーモアを発するには動機がある。その動機に見合う種類のユーモアがあるはずである。さらに，使用されるユーモアの種類に応じて，リモートワークの弱点あるいは利点を緩和したり反対に押し上げたりするであろう。

　この関係性を確認するために，ユーモアの動機とユーモアの種類，リモートワークの弱点と利点に関する尺度（変数）を用いて分析したもの（パス図）が図 6-4 である。それぞれの変数から変数への有意なパスを表にしたものが，表 6-3 である。

　最初に，動機からユーモアの種類への有意なパスを見る。利他的動機に関しては，利他的動機—遊戯的ユーモアパス（.614, p<.001）と利他的動機—自虐的ユーモアパス（.406, p<.001）が有意であり，利己的動機に関しては，利己的動機—攻撃的ユーモアパス（.644, p<.001），利己的動機—遊戯的ユーモアパス（.242, p<.001），利己的動機—自虐的ユーモアパス（.387, p<.001）が有意であった。このことから，「相手を喜ばせるためには，からかいを使わない」「自分のためには，からかい，洒落，自虐が使われるが，からかいが多く用いられる」ことが明らかになった。

　リモートワークの弱点とユーモアの関係を見ると，攻撃的ユーモア—孤独感パス（.173, p<.001）が有意，攻撃的ユーモア—解放的パス（−.146, p<.001）が（負に）有意であり，「からかいは，リモートワークの孤独感を高めてしまう」「からかいは，リモートワークの利点である解放的を低下させる」ことがわかる。

　遊戯的ユーモアでは，遊戯的ユーモア—孤独感パス（−.168, p<.001），遊戯的ユーモア—表面的パス（−.280, p<.001）がいずれも（負に）有意であり，「洒落を使うと，リモートワークの弱点の孤独感と表面的の両方を軽減させる効果がある」と言える。

　一方，自虐的ユーモアでは，自虐的ユーモア—孤独感パス（.309, p<.001），自虐的ユーモア—表面的パス（.375, p<.001），自虐的ユーモア—効率的パス（.119, p<.050），自虐的ユーモア—解放的パス（.138, p<.010）が有意であり，「自虐はリモートワークの弱点と利点の両方を高める」こと

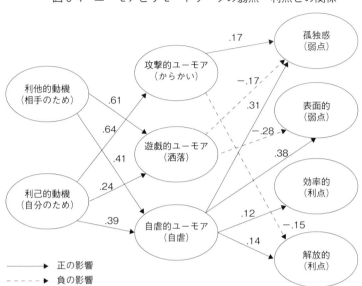

図 6-4　ユーモアとリモートワークの弱点・利点との関係

CFI=.869, GFI=.836, AGFI=809, RMSEA=.077

がわかる。

　リモートワークの弱点と利点にユーモアが影響することがわかった。ユーモアを上手に使えばリモートワークの弱点の緩和に役立ちそうだが，その使用する種類を間違うと，リモートワークの弱点を軽減するどころか高めてしまったり，あるいは，リモートワークの利点を低下させたりしてしまうことがある。

　洒落（遊戯的ユーモア）が発出されると，リモートワークの弱点である孤独感や表面的という弱点を軽減させることにつながるが，利己的な動機によってからかい（攻撃的ユーモア）が発せられると，リモートワークの弱点である孤独感を高め，利点である解放的を低下させてしまうのである。だれかを腐したり，相手の失敗を追及したりして場を盛り上げるシーンを TV のバラエティ番組などでよく見かけるが，それらは攻撃される側（腐される側）が役所（やくどころ）として受容しているから成立するのである。場を盛り上げるつもりであっても，攻撃される側にとったら笑えないことが少なくないのである。ましてやオンラインでは，攻撃された側の表情を瞬時に読

表6-3　ユーモアとリモートワークの弱点・利点との関係

	利他的動機 ↓ 遊戯的ユーモア	利他的動機 ↓ 自虐的ユーモア	利己的動機 ↓ 攻撃的ユーモア	利己的動機 ↓ 遊戯的ユーモア	利己的動機 ↓ 自虐的ユーモア
推定値	.614***	.406***	.644***	.242***	.387***

***p＜.001，**p＜.01，*p＜.05

	攻撃的ユーモア ↓ 孤独感	遊戯的ユーモア ↓ 孤独感	自虐的ユーモア ↓ 孤独感	遊戯的ユーモア ↓ 表面的	自虐的ユーモア ↓ 表面的
推定値	.173***	-.168***	.309***	-.280***	.375***

***p＜.001，**p＜.01，*p＜.05

	攻撃的ユーモア ↓ 解放的	自虐的ユーモア ↓ 効率的	自虐的ユーモア ↓ 解放的
推定値	-.146***	.119*	.138**

***p＜.001，**p＜.01，*p＜.05

　み取って（察して）フォローすることはむずかしい。このため，職場でだれかを皮肉ったり，からかったりするような攻撃的なユーモアを使うのはお勧めできない。男性のほうが女性に比べて攻撃的ユーモアを使うことが多く（渡部ほか，2013），男性は特に注意が必要である。

　自虐（自虐的ユーモア）は，リモートワークの利点の効率的や解放的を高める効果があるが，リモートワークの弱点である孤独感や表面的をより感じさせてしまうこともあるので，その使用には注意が必要である。自虐は相手のため（利他的動機）でも自分のため（利己的動機）でも使われる。落ち込んだ相手の気分を楽にさせるためという利他的な動機でも，おもしろい自分をアピールして目立ちたいという利己的な動機でも使われるが，1対1の関係ならともかく，複数の人が参加するリモートワークの画面越しに，相手を慮っての自虐であることは伝わりにくいのではないだろうか。したがって，リモートワークの弱点を克服するためには，自虐的なユーモアよりも純粋におかしい遊戯的ユーモアの使用をお勧めする。

6-2. 雑談と職場環境とユーモアの関係

　ここまで，ユーモアには3つの種類と2つの動機が見て取れた。次に，ユーモアと職場環境の関係を考察する。あらゆるユーモアが等しく職場環境に影響するとは思えない。また，職場環境が変われば，雑談の必要性も変化するに違いない。加えて，雑談の必要性を感じる人は，リモートワークの弱点を感じているのかどうかも確認せねばならない。リモートワークに雑談を取り入れようとしている企業があるが，リモートワークの弱点と雑談の必要性が無関係であったのならば，それを導入しても無意味だからである。

　ユーモアと職場環境，雑談とリモートワークの弱点の関係性を分析したものが，図6-5である。それぞれの変数から変数への有意なパスを表にしたものが表6-4である。

　最初に，ユーモアから職場環境への有意なパスを見ると，遊戯的ユーモア―協調的環境パス（.279, p<.001）と利他的動機―協調的環境パス（.368,

図6-5　ユーモアと職場環境と雑談とリモートワークの弱点との関係

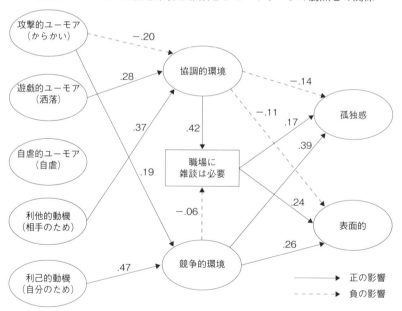

CFI=.909, GFI=.858, AGFI=838, RMSEA=.058

p<.001）が有意となっている。協調的環境の構築には，洒落（遊戯的ユーモア）や，相手のため（利他的動機）が有効であることがわかる。一方，攻撃的ユーモア—協調的環境パス（-.197, p<.001）は（負に）有意となっており，からかい（攻撃的ユーモア）は協調環境の形成にマイナスに作用すると言える。さらに，攻撃的ユーモア—競争的環境パス（.185, p<.010）と，利己的動機—競争的環境パス（.472, p<.001）も有意であり，からかい（攻撃的ユーモア）と，自分のため（利己的動機）が競争的環境を押し上げることがわかる。

　次に，職場環境と職場の雑談の必要性の関係を見ると，協調的環境—雑談パス（.418, p<.001）が有意であり，競争的環境—雑談パス（-.064, p<.050）が（負に）有意であった。そもそも雑談は，仕事とは関係のない無駄話であることはすでに述べた。その無駄を敢えて導入するにはその場でのコミュニケーションを円滑にするためである。したがってチームのコミュニケーションを重視する協調的環境には，職場での雑談が必要だと思う人が結構多いのだと考えられる。一方，競争的環境では個人の目標達成が重視され

表 6-4　ユーモアと職場環境と雑談とリモートワークの弱点との関係

	攻撃的ユーモア↓協調的環境	遊戯的ユーモア↓協調的環境	利他的動機↓協調的環境	攻撃的ユーモア↓競争的環境	利己的動機↓競争的環境
推定値	-.197***	.279***	.368***	.185**	.472***

***p＜.001，**p＜.01，*p＜.05

	協調的環境↓雑談	競争的環境↓雑談
推定値	.418***	-.064*

***p＜.001，**p＜.01，*p＜.05

	協調的環境↓孤独感	雑談↓孤独感	競争的環境↓孤独感	協調的環境↓表面的	雑談↓表面的	競争的環境↓表面的
推定値	-.137***	.170***	.391***	-.107**	.237***	.256***

***p＜.001，**p＜.01，*p＜.05

る。もちろんコミュニケーションが不要とは言わないが，仕事と関係のない無駄話である雑談が不可欠だと考える人よりも，必要ないと考える人のほうが多いと見るのが妥当である。

　職場環境とリモートワークの弱点を見ると，協調的環境―孤独感パス（-.137，p<.001）と協調的環境―表面的パス（-.107，p<.010）はともに（負に）有意であり，協調的環境はリモートワークの弱点である孤独感や表面的を低下させることがわかる。一方，競争的環境―孤独感パス（.391，p<.001）と競争的環境―表面的パス（.256，p<.001）は有意であり，競争的環境がリモートワークの弱点である孤独感や表面的を押し上げることことが見て取れる。

　ところが，リモートワークの弱点と職場の雑談の必要性との関係性を見ると，雑談―孤独感パス（.170，p<.001）と，雑談―表面的パス（.237，p<.001）が有意である。このことから，協調的環境はリモートワークの弱点を軽減するものの，協調的環境であっても「チームの皆と雑談でもしたいなぁ」と感じるようだと，リモートワークの弱点である孤独感や表面的を感じていると言える。

　まとめておくと，競争的環境ではリモートワークの弱点である孤独感や，評価が表面的（ていねいに評価されていない）と感じやすいということである。反対に協調的環境ではリモートワークの弱点を軽減しやすいと言える。そして，ユーモアのうち洒落（遊戯的ユーモア）が職場の協調的環境形成に有効である。また，相手のため（利他的動機）のユーモアの表出が協調的な職場環境の形成に役立つと言える。一方，からかい（攻撃的ユーモア）は協調的関係の構築にはマイナスであると言える。反対に競争的な職場環境には，からかい（攻撃的ユーモア）と，自分のため（利己的な動機）のユーモア表出が影響しやすい。相手をからかったり，自分が満足感を得るためにユーモアを発することで，競争環境を煽ることにつながると言える。

　協調的環境では雑談が必要とされるが，競争的環境では必要とはされない。だから，どのような環境においても雑談を導入すれば良いというのではなく，仕事の進め方など職場の環境を考慮して雑談を用いるべきである。

　そして，協調的環境はリモートワークの弱点を軽減するものの，協調的な環境には雑談の必要性を感じる人は多く，雑談を必要としている人ほど，リモートワークの弱点を感じやすいために，協調的な環境に雑談を上手に取り

入れることが大切だと思われる。

7.　職場での雑談とユーモアのあり方

　最後に，雑談とユーモアを職場に取り入れるための注意点を紹介しておきたい。特に，雑談とユーモアの目的について検討したい。これまでユーモアがリモートワークの弱点や利点に影響することを見てきた。本章ではユーモアを笑い，すなわち「おもしろさ」や「おかしさ」という心の現象としてとらえてきた。そこには，協調的な環境や相手を思いやる気持ちが大事であることがわかってきた。では，なぜ笑いに相手への思いやりが必要なのだろうか。それを考えるにあたって，そもそも笑いはコミュニケーションにとってなぜ大事なのかという根本的なことを考えてみたい。

　それには人間に近いヒト科（hominidae）のゴリラの笑いと遊びの特徴や目的が参考になる。ゴリラ研究の第一人者の山極（2019）によると，ゴリラやチンパンジーというヒト科の類人猿は，笑い声を上げて笑う。ニホンザルなどの猿にはない特徴で，類人猿の特徴の１つだという。猿も歯を見せて笑顔を見せるそぶりをする。それは，力の弱い猿が強い猿に対して見せるおべっか笑いであって，従順さ（歯向かわない）ことを示すそうだ。われわれ人間も，目上の人や権力者に媚を売る作り笑いをするが，それと同じかもしれない。

　ゴリラは遊びの中で声を上げて笑う。おべっかではなく，楽しいから笑う。楽しい遊びを通じて相手を思いやる共感力が備わっていくそうだ。

　われわれ人間にとっても，このことは非常に大事なことだ。例えば，遊びを通じて体が大きく力の強いほうが，力の弱いほうを気遣う力が養われる。子どもと大人が腕相撲をして遊んだとして，本気で勝負したら大人が全勝する。それでは子どもは楽しくない。楽しくないから笑いは生まれないし遊びは続かない。つまり遊びは，力の弱いものが主導権を持つことが必要なのだ。子どもが楽しんで笑う，それを見た大人がまた笑う。純粋な笑顔を見ているだけでも楽しくなってくる。その関係性が保たれるから皆が楽しいし笑うのである。そのような（力の差のある）大人と遊んだ経験が，自分が大人になった時に，力の弱いものを思いやる気持ちとして表れる。遊びを通じて相手のことを思いやる力，共感する力が備わっていくのである。

遊びには遊び以外の目的を入れると続かないという点も大事だ。遊びは遊びであって，それ以上でもそれ以下でもない。つまり遊ぶために遊ぶのである。だから遊びを経済的な視点で眺めると，まったくの無駄である。無駄であるがゆえに遊びが遊びとして機能する。遊びに遊び以外の経済的な目的を持ち込むと楽しくない。例えば，勝つと 100 円もらえる条件のもとに腕相撲をする子どもにとって，遊ぶことが目的でなくなってしまう。それでは，笑いは生まれないし遊びを通じて相手を思いやる気持ちは生まれない。

　遊びはだれかに命令されてすることでもない。自発的でなければ心から遊びを楽しめない。ゴリラも力の弱いものがイニシアチブをとって遊びを始め，強いほうが力をセーブしながら自分も楽しむことで笑いが生まれ，相手の身体や気持ちに配慮するという気持ちが養われるそうだ。相手の身体や気持ちを推し量ることができなければ，遊びは続けられないしそこに笑いは生まれないのである。そして，遊びにはルールはない。遊びを通じて相手の様子を見極めながらその場に合った遊びを作っていく。相手を思いやりながら，そこに適した遊びを創りあげていくのである。

　相手を思いやる力を持っているので，ゴリラは自分とは異なる種族（例えばフクロウなど）と遊ぶことができるそうだ。人間も同様に，犬や猫と遊ぶことができる。それは犬や猫のことを思いやることができるからなのだ。

　遊びと笑いの関係性を職場に当てはめて考えてみたい。遊びはゴリラにとって重要なコミュニケーション・ツールである。遊びを通じて相手を理解し，相手との心理的な距離を縮め，そこに共感を育んでいる。だから，雑談は遊び，ユーモアは楽しさや笑いと考えると，大切なことが見えてくる。

　雑談は楽しくなければならない。雑談をすることが楽しくて，笑いが自然に生まれてくるようでなければ続かない。そして雑談の目的は雑談でなければならない。そこに仕事の目的や経済的な目的を持ち込むと，雑談は進まない。仕事の効率を上げて生産性を高めるために雑談を取り入れたいという経営者や管理者側の気持ちは痛いほどわかるが，それでは雑談は楽しくない。雑談をする以上は，経済的にはまったくの無駄なものと割り切っていないといけない。雑談によって，これだけの追加費用が生じているとか，これだけ雑談に投資しているということを意識させられて楽しいはずはない。

　雑談は命令されてするものではない。雑談は自発的に生まれなければならない。それも，上司や権力・権限を行使できるポジションの人ではなく，部

下や若手などが雑談のイニシアチブをとりながら進めていかねばならない。上司や権限を有している立場の人は，力をセーブする必要がある。上司ばかりが話したり，部下の話を最後まで聞くことなく割って入ったりしては進まない。特に日本では，ユーモアを用いる際に，役割や立場を踏まえた「わきまえ」の論理が行き渡っている組織が多いとの指摘がある（村田，2020）。上司しかユーモアを発せず，部下がセーブする文化になっていることが少なくない。このため，力の強い者はバランスを図ることが必要であるが，その際に，上司は発話量だけでなく，攻撃的にならないようにユーモアを使うことが必要である。

　雑談やユーモアにルールはない。ユーモアには何らかのズレを生じさせねばならないと考える人もいるだろう。例えば，あるところに，あるべきものがなかったり，予想しているものよりも大きすぎたり（小さすぎたり）することでズレを感じたり，川柳のように文脈の中で予想していたものと異なる結論（オチ）が出てきたりすると，笑いが生じるという笑いの仕組みを知っていることは有益である。もちろんユーモアの構造を研究したり，笑いのプロを養成したりするには，構造や機能を知っておく必要はある。

　ユーモアの使い手になるには，ユーモアスキルが必要で，自分にはそれが無いから使えないと思っている人も多い。企業インタビューなどでも，「自分にはユーモアのセンスがない」という言葉を何度も耳にした。たしかに，プレゼンテーションの場面で会場を沸かせるようなウィットに富んだジョークを発するには，スキルが必要かもしれない。しかし，本章の狙いは，楽しい職場が実現し雑談がはずむことで組織のコミュニケーションが活発化することであって，大爆笑の連続の職場を作ろうというのではない（そうであったら楽しいには違いないが，笑いすぎて仕事が手につかなくなっても困る）。

　つまり，事象や文脈にズレがなくても，楽しければそれでよい。なにも大声を上げて爆笑することではない。何かを見て，何かを聞いて，少し口角が上がるだけで十分なのである。それにはユーモアを発する側だけでなく，受け手の受容が必要である。アメリカに行って感じた人が多いと思うが，「それの何がおかしいの」という，たわいもない会話で笑い合えるのは，相手の言うことを楽しみながら聞こうという受容の気持ちがあるからである。

　なにより大事なことは，雑談や笑い・ユーモアを通じて，相手の身体や気持ちを推し量り，配慮するという共感力を高めることである。雑談は経済的

には無駄である。しかし，立場の違う者への共感や思いやりを持つことができるのが人間であって，われわれはその共感力を雑談や笑いを通じて育んできたのである。

リモートワークの効用は，時間や空間の制限という無駄を削ぎ落とすのに適している。しかし，それによって共感力が低下してしまっている。それが孤独感や表面的にしか相手のことを評価できないというリモートワークの弱点を生み出している。雑談という無駄の効用を理解して，ユーモアに寛容な姿勢で，雑談がはずむ楽しい雰囲気を醸成してもらいたい。

それには，雑談を許す環境，ユーモアを受け入れる環境，相手を思いやる心が必要で，それで十分なのである。

謝辞

本章を執筆することができたのは，ゼミ生の献身的な努力とユーモアのおかげである。新型コロナウイルスの感染拡大によって，突然に全面的にリモートワーク（オンライン授業）に切り替えられた。閉塞感漂う中にも，そこにはいつもユーモアがあり，相手を思いやる心があった。まさにその実践がここに生きており，本章はリモートワークにユーモアを導入した実践の賜物なのである。龍谷大学政策学部 中森ゼミナール（石黒一帆，伊藤悠希，大山明日香，奥田愛永，落合了介，木村冬美，栗原萌乃香，田中颯，辻ノ智輝，濱口朋哉，濱田ゆうか，山口奈々帆）の諸氏に，貴重な紙幅を割いてここに感謝の気持ちを記すことをお許しいただきたい。

本章の執筆の機会を賜わりました立命館大学総合心理学部 教授 髙橋潔先生，社会言語学的視点から多くの示唆をいただいた龍谷大学政策学部 教授 村田和代先生に心から御礼申し上げます。アメリカの日系企業のマネジメントについてご教示をいただいたAdvanced Special Tools Inc 社長 飯田晴康様，Tateho Ozark Technical Ceramics 社長 小谷登志一様をはじめ，インタビューや企業訪問にご協力をいただいた日系企業の皆様に心から御礼申し上げます。

本研究の実施にあたり，科学研究費基盤研究(B) 19H01535 のご支援をいただいています。ここに心から御礼申し上げます。

参考文献

安達房子（2010）．「テレワークの現状と課題：在宅勤務および在宅ワークの考察」『京都学園大学経営学部論集』*20*(1)，49-70。

相川充・高本真寛・杉森伸吉・古屋真（2012）．「個人のチームワーク能力を測定する尺度の開発と妥当性の検討」『社会心理学研究』*27*(3)，139-150。

雨宮俊彦（2016）．『笑いとユーモアの心理学』ミネルヴァ書房。

Bennett, M. P., & Lengacher, C. A. (2006). Humor and laughter may influence health. I. History and background. *Evidence-Based Complementary and Alternative Medicine, 3* (1), 61-63.

段上朋子・徳永淳也（2014）.「企業社員におけるユーモア感覚, presenteeism と精神的健康度の関連」『民族衛生』*80*(3), 127-143。

栄藤稔（2020）.「SmartTimes　テレワークの課題と未来」『日本経済新聞』3 月 27 日, https://www.nikkei.com/article/DGXKZO57174610U0A320C2XY0000/

宮本邦男（2003）.「利他心と経済学」『作新地域発展研究』*3*, 1-34。

宮戸美樹・上野行良（1996）.「ユーモアの支援の効果の検討：支援的ユーモア志向尺度の構成」『心理学研究』*67*(4), 270-277。

Morganson, V. J., Major, D. A., Oborn, K. L., Verive, J. M., & Heelan, M. P. (2010). Comparing telework locations and traditional work arrangements: Differences in work–life balance support, job satisfaction, and inclusion. *Journal of Managerial Psychology, 25*(6), 578-595.

森下伸也（2003）.『もっと笑うためのユーモア学入門』新曜社。

村田和代（2016）.「まちづくりの話し合いを支える雑談」村田和代・井出里咲子（編）.『雑談の美学：言語研究からの再考』(pp.51-70) ひつじ書房。

村田和代（2020）.「ビジネスミーティングにみられるユーモアから発話の権利を考える」定延利之（編）『発話の権利』(pp.139-164). ひつじ書房。

Nakamori, T., Takahashi, K., Han, B. T., & McIver, D. (2019). Understanding KAIZEN practice in Japanese overseas manufacturing: A framework. *International Journal of Knowledge Management Studies, 10*(3), 271-298.

中村和彦・塩見康史・高木穣（2010）.「職場における協働の創生：その理論と実践」『人間関係研究』(9), 1-34。

仲谷美江・西田正吾（1994）.「インフォーマルコミュニケーション研究の動向」『計測と制御』*33*(3), 214-221。

日本放送協会（2020）.「『テレワーク』一定程度浸透も 職場出勤 徐々に戻りつつあるか」『NEWS WEB』11 月 25 日, https://www3.nhk.or.jp/news/html/20201125/k10012730141000.html

日本放送協会（2021）.「リモートの"気持ち"が見える！？」『おはよう日本：おは Biz』2 月 24 日, https://www.nhk.or.jp/ohayou/biz/20210224/index.html

日本経済新聞（2020a）.「雑談から新発想　パナソニック, ネット会議に 2 分の掟」7 月 24 日, https://www.nikkei.com/article/DGXMZO61831060S0A720C2XXA000/

日本経済新聞（2020b）.「テレワークで『生産性向上』2 割　従業員管理難しく：社長 100 人アンケート」9 月 28 日, https://www.nikkei.com/article/DGXMZO64302620X20C20A9TJC000/

日本経済新聞（2020c）.「本社・在宅 2 択じゃない　『第 3 の場所』で社員つなぐ：働き方 innovation テレワークできてますか(4)」9 月 28 日, https://www.nikkei.com/article/DGXMZO64264670V20C20A9FFV000/

日本経済新聞（2021）.「在宅勤務の苦悩　サイボウズは脱「リモハラ」に 10 年」2 月 1 日, https://www.nikkei.com/article/DGXZQOFK283Z50Y1A120C2000000/

西田豊昭（2000）.「職務満足, 組織コミットメント, 組織公正性, OCB が職場の有効性に及ぼす影響」『経営行動科学』*13*(3), 137-158。

西田裕子・寺嶋繁典（2019）.「日本人の働き方と「働き方改革」: 長時間労働の是正および

テレワーク導入の課題」『Psychologist: bulletin of the Graduate School of Professional Clinical Psychology, Kansai University = サイコロジスト：関西大学臨床心理専門職大学院紀要』(9), 61-69。

野口彦治 (1970). 「アメリカ人の精神構造-2」『横浜商大論集』3(2), 48-67。

岡本英嗣 (1999). 「日米企業の事例比較からみた日本的テレワークの可能性」『オフィス・オートメーション』19(3), 79-86。

大島希巳江 (2005). 「高コンテキスト社会と低コンテキスト社会のコミュニケーションにおけるユーモア」『笑い学研究』12, 29-39。

大島希巳江 (2006). 『日本の笑いと世界のユーモア：異文化コミュニケーションの観点から』世界思想社。

Romero, E. J., & Cruthirds, K. W. (2006). The use of humor in the workplace. *Academy of Management Perspectives, 20*(2), 58-69.

佐堀大輔 (2002). 「組織的テレワーク導入に向けた課題に関する一考察」『日本テレワーク学会誌』1(1), 79-96。

佐藤彰男 (2003). 「国内における実証的テレワーク研究の展開」『大手前大学人文科学部論集』4, 165-180。

Savage, B. M., Lujan, H. L., Thipparthi, R. R., & DiCarlo, S. E. (2017). Humor, laughter, learning, and health! A brief review. *Advances in Physiology Education, 41*(3), 341-347.

関本昌秀・鎌形みや子・山口祐子 (2001). 「組織風土尺度作成の試み（I）」『豊橋創造大学紀要』(5), 51-65。

小豆川裕子 (2020). 「BCP とテレワーク：業務を継続するための環境整備」『情報の科学と技術』70(9), 447-451。

品田房子 (2002). 「日本企業におけるテレワーク定着阻害要因の考察」『日本テレワーク学会誌』1(1), 41-58。

高岡しの・松見淳子 (2012). 「社会的相互作用におけるコーピングとしてのユーモア研究の展望」『人文論究』62(2), 25-42。

高柳和江 (2007). 「補完代替医療としての笑い」『日本補完代替医療学会誌』4(2), 51-57。

立道信吾・守島基博 (2006). 「働く人からみた成果主義」『日本労働研究雑誌』554, 69-83。

田澤由利 (2010). 「テレワークの日米比較報告と日本型テレワークの可能性」『日本テレワーク学会誌』8(1), 61-64。

外山滋比古 (2003). 『ユーモアのレッスン』中公新書。

塚脇涼太 (2011). 「ユーモア表出の類型ごとにみた動機の構造」『広島大学心理学研究』(11), 49-56。

塚脇涼太・深田博己・樋口匡貴 (2011). 「ユーモア表出が表出者自身の不安および抑うつに及ぼす影響過程」『実験社会心理学研究』51(1), 43-51。

塚脇涼太・樋口匡貴・深田博己 (2009). 「ユーモア表出と自己受容，攻撃性，愛他性との関係」『心理学研究』80(4), 339-344。

塚脇涼太・平川真 (2012). 「ユーモア表出及びその動機と心理社会的健康」『パーソナリティ研究』21(1), 53-62。

塚脇涼太・越良子・樋口匡貴・深田博己（2009）．『なぜ人はユーモアを感じさせる言動をとるのか？：ユーモア表出動機の検討』『心理学研究』*80*(5)，397-404。

宇惠弘（2008）．「ユーモア測定尺度の作成」『関西福祉科学大学紀要』*11*，31-40。

上野行良（1992）．「ユーモア現象に関する諸研究とユーモアの分類化について」『社会心理学研究』*7*(2)，112-120。

渡部美晴・稲畑陽子・妹尾香苗・境泉洋（2013）．「ユーモア表出がソーシャルサポート及び表出者の精神的健康に与える影響─ユーモアの形態に着目して」『徳島大学人間科学研究』*21*，49-60。

山極壽一（2019）．「《特別寄稿》（第 25 回大会記念講演）ゴリラから見た笑いの進化と AI社会」『笑い学研究』*26*，1-25。

矢澤美香子（2018）．「ワーク・ライフ・インテグレーションに関する研究の現状と課題」『武蔵野大学心理臨床センター紀要』(18)，15-24。

Zhao, Z., Renard, D., Elmoukhliss, M., & Balague, C. (2016). What affects creative performance in idea co-creation: Competitive, cooperative or coopetitive climate?. *International Journal of Innovation Management*, *20*(4), 1640002 (24pages).

参考 URL

（公財）日本生産性本部（2021）．「第 4 回　働く人の意識に関する調査」，https://www.jpc-net.jp/research/assets/pdf/4th_workers_report.pdf．（最終確認日 2021 年 3 月 6日）。

日本オラクル（2020）．「コロナ禍の日本における働き方と人工知能（AI）利用実態に関する調査」，https://www.oracle.com/jp/corporate/pressrelease/jp20201104.html（最終確認日 2021 年 3 月 6 日）。

第 **7** 章
リモートワーク・シフトとその揺り戻しの規定要因

　本章の目的は，対面からリモートワークへの早期移行と後期移行，そして対面への揺り戻しが，どのような特徴を持つ個人において発生しているのかということを，経験的に検討することである。2020 年 4 月中旬および 2020 年 7 月下旬において，日本の就労者 2653 名を対象に行われた質問票調査によって得られたデータ分析に基づき，この点を検討する。分析の結果，緊急事態宣言が発出された直後の 4 月時点において，他者（他社）に先行する形で対面からリモートワークへとシフトを果たした就労者（早期移行組），それからおよそ 3 カ月が経過した 2020 年 7 月時点でシフトした就労者（後期移行組），さらには，4 月から 7 月にかけて，対面へと回帰した就労者（揺り戻し組）とが，それぞれどのような特徴を持つ個人から構成されているのか，ということが明らかになる。

1. はじめに

1-1. 問題の所在
　日本社会におけるリモートワークは，インターネットの普及と同時に始まった，いわば古くて新しい現象である。日本においては，ワークライフバランス推進や働き方改革の流れを受けて，また震災をはじめとする不測の事態への対応の必要性に応じて，一部の大企業，外資系企業，情報系の企業において，緩やかではあるが確実に導入が進んできた。また学術研究においては，このようなリモートワークの緩慢な進行・普及を背景に，「リモートワークの導入が起こりやすい条件とは何か」ということが，理論的・実証的

に検討されてきた（Bloom et al., 2015；Felstead & Henseke, 2017；Groen et al., 2018；Kröll & Nüesch, 2019；Sherman, 2020）。

　このような緩慢なリモートワーク推進を，図らずも急速に進めることになった契機が，新型コロナウイルス感染症（COVID-19）の感染拡大であった。2020 年 4 月 7 日， COVID-19 の「全国的かつ急速な蔓延による国民生活及び国民経済に甚大な影響を及ぼす」可能性を考慮し，改正新型インフルエンザ等対策特別措置法第 32 条第 1 項に基づき，緊急事態宣言が発出された。この時点で緊急事態措置の実施対象とされたのは，7 都府県（埼玉県，千葉県，東京都，神奈川県，大阪府，兵庫県，および福岡県）であり，その後 16 日に，対象が全国に拡大された。緊急事態宣言の実施期間は，当初 2020 年 4 月 7 日から 5 月 6 日までとされたが，発表からおよそ 1 カ月後の 5 月 4 日には延長が発表され，最終的には 5 月 25 日まで継続することとなった。この期間を通じて，感染拡大が進んでいた 7 都府県を中心に，健康維持に必要な場合を除く外出の自粛，各種施設の休業，産業セクターに対しては，出勤者数の 7 割減少とリモートワークの推進などが奨励されることになった。

　本章は，COVID-19 感染拡大下における就労者のリモートワークへのシフトが，どのような要因によって起こったのか，ということに注目する。具体的には，緊急事態宣言が発出された直後の 4 月時点において，他者（他社）に先行する形で対面からリモートワークへとシフトを果たした就労者（早期移行組）と，多くの企業がリモートワークシフトを検討しだした 7 月時点でリモートワークシフトした就労者（後期移行組），さらには，4 月時点で一旦リモートワークへとシフトしたが，その後，対面へと再シフトした就労者（揺り戻し組）とが，それぞれどのような特徴を持つ個人から構成されているのか，ということを経験的に検討する。冒頭で紹介した，リモートワークの緩やかな進行・普及を背景とした先行研究の知見に依拠しつつ，そこにオリジナルの変数をビルドインすることで，2020 年 4 月から同 7 月にかけて，日本企業において起こったリモートワーク・シフトとその揺り戻しの現象を，経験的に検証してみたい。

1-2. リモートワークがもたらす成果に関する先行研究[1]

　リモートワークの導入がどのような成果をもたらすかということを検討する研究は，COVID-19 の流行以前にも，数多く行われてきた（Bloom et al., 2015；Felstead & Henseke, 2017；Groen et al., 2018；Kröll & Nüesch, 2019；Sherman, 2020）。主要な論点は，リモートワークを行うことが就労者の行動や心理に対してどのような影響を与えるかというものであるが，種々の実証研究が提示してきた結果は，リモートワークへの肯定と否定とに大きく2分される。

　1つ目は，リモートワークが肯定的な成果をもたらすとする研究群である。この種の研究では，リモートワークによって離職可能性が低下すること（Bloom et al., 2015；Kröll & Nüesch, 2019），ワーク・ファミリー・コンフリクトが低下し，職務業績が向上すること（Sherman, 2020），また職務満足（Felstead & Henseke, 2017；Kröll & Nüesch, 2019；Sherman, 2020），組織コミットメントや仕事関連のウェルビーイング（Felstead & Henseke, 2017），公正感（Lee & Kim, 2018）が高まることなどが報告されてきた。リモートワークは，生活時間の配分に関して就労者自身に大きな裁量の余地をもたらす。そのことが，一方で，ワーク・ファミリー・コンフリクトを減らし現在の雇用者のもとでの雇用継続可能性を高め，他方で，自身の生活スタイルにあった，満足度の高い働き方を可能にし，業績を押し上げる，ということである。

　リモートワークによって，働き方に対する組織側のコントロールが緩くなり，就労者自身がこれまでよりも高度の自由を享受しているという実感を持ちやすくなる，という研究成果も報告されている。Groen et al.（2018）は，オランダの金融機関に所属する就労者を対象として，リモートワークによる仕事環境下では，上司による部下のプロセス監視的なコントロールが困難になり，就労者の仕事上の成果に着目したコントロールが行われやすくなるという点に注目した調査を行っている。彼らによれば，全体の就労時間に占めるリモートワーク時間の割合が高いほど，就労者は，仕事のプロセスではなくアウトプットについてのコントロールを受けていると知覚するようにな

---

[1]　レビューパートの記述は，江夏ほか（2021）第7章に大きく依拠している。リモートワークがもたらす成果に関する研究をはじめ，COVID-19 と就労に関わる包括的なレビューについては，同書第2章をご参照いただきたい。

る。また興味深いことに，所属企業からリモートワークを行うことを許可されるということ自体が，アウトプットに着目したコントロールがなされていることに対する就労者の知覚を弱めていた。実際のコントロールのあり方ではなく，リモートワークを実施していることの方が，組織から統制されているという就労者の意識を弱める，ということである。

　2つ目の研究群は，リモートワークがもたらす否定的な結果に注目するものである（Bloom et al., 2015；Felstead & Henseke, 2017；Sherman, 2020）。例えば，Felstead & Henseke（2017）によれば，リモートワークによって就労者は，業務上の負荷を大きく認識するようになり，業務への没頭傾向を強める。対面での業務に比べて，長時間労働の温床となりうるということである。また Bloom et al.（2015）は，リモートワークは，それを希望する就労者には種々のポジティブな影響を，それを希望しない就労者にとっては，家庭内の種々の問題あるいは周囲から孤立することに関わるストレスなど，ネガティブな影響を，それぞれもたらすことを指摘している。

　このように，リモートワーク導入の成果に関する研究成果は，必ずしも一貫していない。リモートワークには，仕事，および生活上の時間配分に関して，就労者に高度の自律性をもたらすという側面があり，そのことが一方でワーク・ファミリー・コンフリクトの低下に，他方で家庭内の問題と仕事上の問題との相互浸透につながるようである（Sherman, 2020）。またこれは，上司・部下関係に代表される職場での人間関係の制約から就労者を解放し，コントロールされているという感覚を低下させる一方で，その解放性ゆえに，自らが周囲から孤立しているという知覚や，支援者がいないという知覚を引き起こすのであろう。

1-3.　COVID-19 感染拡大下におけるリモートワーク

　こうした研究成果から，リモートワーク導入のプラス面とマイナス面の正味の差し引きがどうなっているのか，断定することはできない。多くの企業や個人がリモートワークの導入を検討する今日を生きるわれわれにとっての示唆があるとすれば，それは「リモートワークの導入には種々のポジティブな影響と，その裏返しとしてのマイナスの影響がともに起こりうる。したがって導入を検討するとすれば，後者を最小化しつつ，リモートワークによる業務成果の向上を図るべきである」ということである。

事実，海外の実証研究が示すところによれば，COVID-19 感染拡大下においてもリモートワーク導入の有効性は高い。例えばオランダの就労者を対象とした Baert et al.（2020）の調査によれば，COVID-19 流行下でのリモートワーク利用が生産性やワークライフバランスを向上させる傾向があり，調査協力者の多くが今後もリモートワークを継続したいと回答していた。就労者たちは明らかにリモートワーク環境下での就労に対してポジティブな態度をとっており，実際に彼らは，そのもとで高い生産性を維持していたのである。

ところが，日本国内の調査によれば，わが国におけるリモートワークの導入状況は芳しくない。COVID-19 流行以前にリモートワークを何らかの形で行う就労者が全体の 10% 程度にとどまっていたことが，いくつかの調査（江夏ほか，2020a；国土交通省，2017；総務省，2020）からは推測される。その後の COVID-19 感染拡大下におけるリモートワーク導入に関しては，すでに多くの調査結果が報告されている（江夏ほか，2020a, 2020b, 2020c；原ほか，2020；服部ほか，2020；大久保・NIRA 総合研究開発機構，2020a, 2020b；パーソル総合研究所，2020）。これらによれば，日本企業に所属する就労者に占めるリモートワーク実施者の割合は全体の 4 分の 1 程度である。COVID-19 を契機にわが国においてリモートワークが広く普及・定着したとは，言いがたい。

調査設計のあり方や社会情勢の違いがあるため数値の単純な比較はできないが，海外の調査結果と比較することでこの点がより明確になる。例えば EU では，COVID-19 流行前のリモートワーク導入率は 10% 台前半であった（Milasi et al., 2020）[2]。その後の COVID-19 流行に伴い，40% 以上の就労者が少なくとも部分的にリモートワークを実施するなど（Eurofound, 2020）[3]，リモートワーク普及の流れは日本と比べて強い。またアメリカ労働省労働統計局（Bureau of Labor Statistics）のデータに依拠した Desilver（2020）によれば，2019 年時点でリモートワークを利用するアメリカ人就労者は約 7% にとどまっていたが，COVID-19 流行後の 2020 年 5 月には約 35% まで普及していた。「揺り戻し」を経た 8 月に至っても 25% の水準を維

2　部分的なリモートワークも含む。もちろん EU 加盟国内での分散は大きく，北欧諸国やベネルクス 3 国（ベルギー，オランダ，ルクセンブルク）における普及の傾向が特に強かった。
3　調査時期は 2020 年 4 月である。

持しており（Bureau of Labor Statistics, 2020），リモートワーク普及の流れが，日本よりもやや強いことがわかる。

1-4.　リモートワーク導入を規定する要因，導入時期に分散をもたらす要因

　日本と諸外国との間になぜこのような差が生まれたのかという問いは，それ自体，興味深いものであるが，本章は，日本国内における分散のほうに注目したい。なぜリモートワークの導入に産業や企業や個人による差異が生まれるのか，またその差は，時間の経過とともにどのように是正／拡大するのか，なぜそうなるのか，という問題である。

　これまでの研究においても，リモートワークの導入の有無に関して，産業間や企業間，さらには個人間において，かなりの分散があることが報告されてきた。例えば，Bartik et al. (2020) によれば，COVID-19 流行以前においても，また流行中においても，企業がリモートワークを導入する割合には，かなりの程度，産業による差が見られる。具体的には，教育や所得の水準が高い就労者が多くを占める産業ほどリモートワークが導入されやすく，こうした偏りには，COVID-19 流行の前と最中で，大きな違いがない。情報通信産業のように教育・所得の水準が高い就労者を多く抱える企業ほどリモートワークの導入割合も高く，かつ生産性喪失も起こりにくいのである。

　また COVID-19 感染拡大以前の研究においては，多くの就労者が非ルーティン的業務に従事する集団ほど，各人の職務状況や関連する知識，文書などの共有を容易にするような技術の導入が有効となるという結果も報告されている（Malhorta & Majchrzak, 2014）。この種の集団では，非対面の状況であっても，就労者たちが「同じ場」を共有している感覚を持ったり，相互信頼を醸成したりするために，ディスカッションボードなどのツールが導入されており，かつ，業務に直接関係しない集団性の形成そのものにも目的を置いたコミュニケーションが行われていたのだ（Breuer et al., 2020；Einola & Alvesson, 2019）。加えて，オンラインでも他者に対する敬意や配慮を失わないといった，オンライン・コミュニケーションに対する人々の「慣れ」も，リモートワークの有効性を大きく規定する（Konradt et al., 2013）。いずれも，同一の産業の同一の企業内においても，就労者が従事する職種や職務特性によって，リモートワークの導入の有無や導入のタイミングが変わりう

る，ということを示唆する結果である（Dingel & Neiman, 2020；小寺, 2020）。

　リモートワークの実施の有無が，個別の就労者レベルの要因によって規定されることを指摘した研究もある。例えば海外の研究では，高学歴であることや（Giménez-Nadal et al., 2019；Pigini & Staffolani, 2019），配偶者や親と同居していること（Bloom et al., 2015）など，リモートワークの実施可能性に関して，個人レベルでも分散が見られることが報告されている。また COVID-19 感染拡大前の日本の就労者を分析対象とした Kawaguchi & Motegi（2020）によれば，ルーティン業務，肉体労働，対人業務に従事する就労者はリモートワークを実施する確率が低く，成果主義的で上司・部下間で合意された業務目標に基づく雇用管理のもとで働く就労者の場合には，リモートワーク実施確率が高いという。

1-5. 本研究の課題：リモートワーク導入の有無，早さ，揺り戻し

　このように先行研究は「リモートワークの導入が起こりやすい条件とは何か」ということに関して，多くのことを明らかにしてきたわけであるが，そこでは2つの重要な点が見過ごされてきた。

　1つ目は，リモートワークの導入の早さという点である。COVID-19 感染拡大下において各企業が直面した課題は，時事刻々と変化する状況の中で，業務上の成果を維持しつつ，従業員の心身の健康を担保するためのリモートワーク・シフトを，いかに迅速に，かつ多くの従業員に対して行うか，ということであった。リモートワークの早期導入には，当然ながら，これまでの研究が明らかにした「リモートワークの導入が起こりやすい条件」が深く関わっているはずである。就労者が所属する企業が属する産業，企業内に存在する職務特性の違いや個人特性といった要因が，個々の就労者のリモートワーク・シフトの早期導入を規定している可能性は高い。ただし，リモートワークの早期導入には，所属企業の立地（都道府県，都市部であるか否かなど）や所属企業の組織としての能力，さらには就労者個人の能力など，これらとは別種の要件が関連している可能性も高い。

　例えば，所属企業の立地が，2020年4月7日に発表された緊急事態宣言において緊急事態措置の実施対象区域とされた7都府県（埼玉県，千葉県，東京都，神奈川県，大阪府，兵庫県，および福岡県）であるか否かによっ

て，同じ産業の同じ職種に所属していたとしても，リモートワーク・シフトへの切迫性はまったく異なっていたはずである。またリモートワークの導入が困難な産業や業種であっても，高い組織能力を持つ企業や，高い情報リテラシーを有する個人においては，それが早期実現した可能性が十分にある。

　「リモートワークを早期に導入すること」と「リモートワークを単に導入すること」を区別することで，本章では，これまでの研究が明らかにしてきた「リモートワークの導入が起こりやすい条件」をさらに深く検討してみたい。以上より，2 つの研究課題が導出される。

　研究課題 1：2019 年 12 月時点で対面業務を実施していた就労者の中で，緊急事態宣言発出後の 2020 年 4 月時点でリモートワークへとシフトした早期移行組には，どのような特徴が見られるだろうか。

　研究課題 2：2020 年 4 月時点で対面業務を実施していた就労者の中で，2020 年 7 月時点でリモートワークへとシフトした後期移行組には，どのような特徴が見られるだろうか。

　研究課題 1 は，政府による緊急事態宣言の発出直後に対面からリモートワークへとシフトした早期移行組に共通する特性を，研究課題 2 は，2020年 4 月の緊急事態宣言の発出直後は対面業務を行っていたが，その後 2020年 7 月までの間にリモートワークへとシフトした後期移行組に共通する特性を，それぞれ問うものである。これらを区別することで，先行研究が明らかにしてきた「リモートワークの導入が起こりやすい条件」の中でCOVID-19 感染拡大下での早期導入を規定する要因は何であり，これまでの研究が見過ごしてきた要因とは何であるか，早期移行組と後期移行組とを区別する要因とは何か，といったことを検討する。

　先行研究が見過ごしてきた 2 つ目の点は，リモートワークの導入の継続性である。海外の先行研究においては，リモートワークの導入後に，少なからぬ企業が対面業務への揺り戻しを経験していることが報告されている（Bartik et al., 2020）。また日本においても，2020 年 5 月 25 日の緊急事態宣言解除以降，多くの企業において対面業務への揺り戻しが起こっていることがわかっている（大久保・NIRA 総合研究開発機構，2020b）。ただし，その

ような揺り戻しが，どのような就労者において発生しているのか，記述的な分析を超えた本格的な分析はまだなされていない。これが本章の3つ目の研究課題である。

研究課題3：2020年4月時点でリモートワークに移行したにもかかわらず，2020年7月時点で対面へと回帰した揺り戻し組には，どのような特徴が見られるだろうか。

研究課題1，2に加えて，この研究課題3をあわせて検討することで，リモートワークの早期移行には寄与するが継続にはつながらない要因と，リモートワークの継続性につながる要因とを，弁別することができるようになるはずである。

2．調査方法

2-1．データの収集

本章の研究には，筆者たちがリクルートワークス研究所と共同で，2020年の4月中旬と7月末に実施した質問票調査で得たデータを用いる。この調査は，COVID-19の感染拡大に対して，組織や個人がどのような対応をしており，そのことが個人の就労上の心理・行動にどのような影響を及ぼしているのか，という関心のもとで実施したものであり，3篇の報告書（江夏ほか，2020a，2020b，2020c）および学術書（江夏ほか，2021）に，その結果をまとめている。このデータに含まれるサンプルは，二度の質問票調査に回答した者のうち，条件に合わない一部を除外した3073名である[4]。

2-2．従属変数

本章の関心は，2019年時点から2020年4月時点，2020年4月時点から2020年7月時点にかけての，対面からリモートワーク，あるいはリモートワークから対面への，就労形態の変化にある。これをとらえるためには，各

4　男女比などの回答者の個人属性，および質問項目の詳細は，江夏ほか（2021）を参照されたい。

時点における各就労者の就労形態（対面／リモートワーク）を把握した上で，同就労者の就労形態が次の時点でどのように変化したか，ということを把握する必要がある。

　われわれの調査では，2020 年 4 月中旬の測定時点において，2019 年および 2020 年 4 月の 2 時点における，1 週間あたりのリモートワーク実施日数について尋ね，また 2020 年 7 月下旬の測定時点において，2020 年 7 月時点におけるリモートワーク実施日数について尋ねている。回答者に対して，それぞれの時点における平均的な 1 週間を想定してもらい，自宅やサテライトオフィスで終日勤務した日数を，「まったくない」「1 日」「2 日」「3 日」「4 日」「だいたい 5 日かそれ以上」の 6 段階で回答してもらった。本研究ではこれを，「1. まったくない（完全対面）」「2. 1 日から 4 日（部分リモートワーク）」「3. 5 日かそれ以上（完全リモートワーク）」の 3 段階に再区分して分析を行う。

　3 段階に区分した際の人数を集計したのが，表 7-1 である。これによれば，2019 年 12 月時点で，全 3073 名中 2653 名（86.33%）が完全に対面で業務を行っており，週に 1 日以上のリモートワークを実施していたのは 420 名（13.67%）である。このうち前者の 2653 名が，2019 年から 2020 年 4 月にかけてのリモートワークへのシフトを規定する要因を検討する，研究課題 1 のサンプルとなる。2653 名のうち，2020 年 4 月時点においても完全に対面での業務を継続していたのは 2259 名（85.15%），部分あるいは完全なリモートワークへとシフトしたのは 394 名（14.85%）である[5]。以下で詳述するが，研究課題 1 を検討するモデル①の従属変数は，2020 年 4 月時点において，リモートワークの実施が「1. まったくない」「2. 1 日から 4 日」「3. 5 日かそれ以上」の 3 段階からなる順序尺度水準の変数である。

　2020 年 4 月時点でまだ完全対面で業務を行っていた 2259 名のうち，どのような人たちが 2020 年 7 月時点までにリモートワークへとシフトしたかということが，研究課題 2 の検討事項になる。7 月になると，完全対面での業務を継続している就労者は 1516 名（67.11%）と全体に占める割合がかなり

5　2019 年 12 月時点での人数の合計よりも 2020 年 4 月以降の人数の合計のほうが少なくなっているのは，前者においてすでに部分的あるいは完全にリモートワークを行っていたサンプルが除外されているからである。なお，2019 年 12 月時点ではリモートワークを行っていたが，2020 年 4 月時点では対面に回帰するということも論理的にはありうるのだが，今回に関してはそのような回答者はほとんど見られなかった。

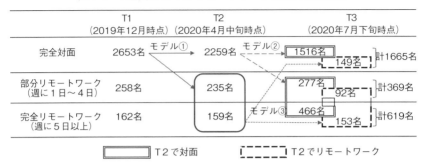

表7-1　1週間あたりのリモートワーク実施日数の推移

注：カッコ内の人数は T2 時点で 1 日以上リモートワークを行っていた者の，T3 時点での状況（人数）を示す

減少し，部分的にリモートワークを実施（277 名：12.26%），完全にリモートワークを実施（466 名：20.63%）の割合が明らかに増加している。とりわけ完全リモートワーク実施者の増加が著しい。研究課題 2 の検討を行うモデル②においては，2020 年 4 月時点で完全対面であった 2259 名がサンプルとなる。モデル①と同じように，従属変数は，2020 年 7 月時点において，リモートワークの実施が「1. まったくない」「2. 1 日から 4 日」「3. 5 日かそれ以上」の 3 段階からなる順序尺度水準の変数である。

　全体としてみれば明らかに，2019 年 12 月から 2020 年 4 月，4 月から 7 月にかけて，完全対面から部分リモートワークあるいは完全リモートワークへのシフトが進んでいるのだが，他方で，2020 年 4 月時点でリモートワークにシフトしたが，7 月時点で対面へと回帰した者も少なくない。具体的には，2020 年 4 月時点で少なくとも 1 日以上リモートワークを実施していた就労者 394 名のうち，149 名（37.82%）が 7 月時点では完全対面に戻っている。このような揺り戻しが，どのような就労者において起こったのかということを検討するのが研究課題 3 である。研究課題 3 を検討するモデル③のサンプルは，2020 年 4 月時点で「2. 1 日から 4 日」もしくは「3. 5 日かそれ以上」リモートワークを実施していた 394 名である。従属変数となるのは，このうち 2020 年 7 月時点で完全対面へと回帰した場合に 1，そうでない場合に 0 を示すダミー変数である。

2-3.　独立変数

　各時点におけるリモートワークへのシフト，あるいは対面への回帰を規定する要因を検討することが，本章の目的である。これらを規定する独立変数として，本章が注目するのは，産業や種々の職務特性，個人特性など，先行研究において「リモートワークの導入が起こりやすい条件」とされてきたものに加えて，所属企業の立地や，所属企業および個人の能力である。

　先行研究によれば，リモートワークの実施割合には，産業ごとに大きな違いが見られる。そこで本調査では，就労者に対して，自身が所属する企業が，製造業，資源・インフラ業，情報通信業，運輸業，卸売・小売業，動産・不動産業，飲食・宿泊業，医療・福祉業，サービス業，その他のいずれに該当するかということを，2020年4月時点で回答してもらった。これらすべてについてのダミー変数が，以下の分析では用いられる。

　同じ産業内であっても，企業が保有する組織としての能力によって，リモートワークへのシフトのタイミングが変わる可能性がある。企業レベルのCOVID-19対策に注目した服部ほか（2020）によれば，従業員のケアにおいて充実している企業は，経営者の情報発信力も高く，COVID-19対策の専門組織の立ち上がりも早いといったように，企業における種々のCOVID-19対策にかなりの相関がみられ，しかもそうした対策の充実度は，組織のレジリエンスで測定される組織能力ときわめて高い相関が確認される。この発見が正しいとすれば，例えば，COVID-19に関わる専門組織・チームを編成し，かつ十分な資金や人員を投入している企業においてはリモートワークの早期導入も進んでいるといったように，企業レベルのCOVID-19対策の充実そのものが，リモートワーク・シフトと深く関わっている可能性が高い。そこで本調査においては，組織能力の代理指標として，企業によるCOVID-19への対応の充実度を測定した。2020年4月時点で，所属企業が，「会社としての明確なビジョン」「COVID-19対応に関する十分な情報提供」「専門組織・チームの編成」「十分な資金や人員の投入」といった8項目について，どの程度，十分な対応をしているかということを，「1. そう思わない」から「5. そう思う」の5段階で測定している。8項目相互の相関が高く，また探索的因子分析（最尤法，プロマックス回転）の結果[6]，1因子構造が確認されたため，以下の分析においては，これらの平均値を使用することにする。

所属先企業の立地にも注目したい。2020 年 4 月 7 日時点で緊急事態措置を実施すべき区域とされたのは，埼玉県，千葉県，東京都，神奈川県，大阪府，兵庫県，および福岡県の 7 都府県であった。16 日になるとこれに，北海道，茨城，石川，岐阜，愛知，京都の 6 道府県を加えた 13 の都道府県が，「特定警戒都道府県」として加わることになったが，上記 7 都府県においては他所よりも特に，健康維持に必要な場合を除き外出の自粛，各種施設の休業，出勤者数の 7 割減少とリモートワークなどの推進が強く奨励されることになった。こうした理由から，本研究においては，所属先が 4 月 7 日時点で緊急事態宣言の対象となった 7 都府県に立地する企業に所属する就労者であるか否かということを測定した。

　同一企業内部においても，リモートワーク・シフトの早さに分散が見られる可能性が高いため，本研究では，就労者の職務特性や職種，個人の能力，さらには種々の個人特性にも注目する[7]。職務特性については，職務デザインに関する先行研究（Morgeson & Humphrey, 2006）を参考に，職務の自律性，職務遂行過程の依存性，成果の依存性，役割の明確性，成果の明確性について，オリジナルの尺度により測定を行った。いずれも 2020 年 4 月時点において測定を行っている。個人の能力については，Rothwell & Arnold (2005) で用いられた内的エンプロイアビリティ（いまのものと異なる仕事を社内でやることになっても，ちゃんとやっていけるだろう），外的エンプロイアビリティ（いまの仕事で培ってきた知識・スキル・技能は，社外の広い領域で活用できる），そしてオンラインリテラシーを測定するオリジナル項目（オンライン上での会議やコミュニケーションのツールを介したやりとりであったとしても，対面のコミュニケーションと同等の成果を出せる）の 3 つの項目を用いた。

6　因子分析とは，アンケート調査において測定される具体的な個々の項目の背後に，それらに共通する何らかの要因（因子）が存在するかどうかということを確認する方法である。過去の研究などを参考に，どのような要因が背後にあるかということに関してかなりの程度，予測を立てうる場合に行うのが確証的因子分析，そのような予想がむずかしい場合に行うのが探索的因子分析である。本章は後者を採用している。例えば本章の場合，「会社としての明確なビジョン」「COVID-19 対応に関する十分な情報提供」「専門組織・チームの編成」「十分な資金や人員の投入」といった複数の項目に，ある程度の相関が確認される。このような場合，これらを 1 つ 1 つが独立した別物の項目であるというよりも，むしろ「組織能力」のような抽象的な要因を背後に持つ一塊の項目群として扱ったほうが良い可能性がある。この点を確認する作業が，探索的因子分析である。

7　具体的な測定項目については，江夏ほか（2021）を参照されたい。

そのほか，主としてオフィス内での事務的業務に従事する事務的職種，オフィス外で渉外的業務に従事する営業的職種という2種の職種（それぞれに該当する職種であれば1，それ以外の職種であれば0を示す，ダミー変数），性別（1＝男性，0＝女性），年齢（実数），正社員か否か（ダミー変数），大卒以上であるか否か（ダミー変数）といった，個人特性も分析に用いている。個人特性はいずれも，2020年4月時点で測定したものである。

2-4.　分析モデル

分析モデルは，3つの研究課題それぞれに対応した，3種の回帰モデルである。

研究課題1に対応するモデル①のサンプルは，2019年12月時点で完全対面にて業務を行っていた2653名である（表7-1）。このモデルの従属変数は，2020年4月時点において，リモートワークの実施が「まったくない」「1日から4日」「5日かそれ以上」の3段階からなる順序尺度水準の変数であるため，推定するモデルは，順序ロジスティック回帰モデルとなる[8]。

［モデル①］
早期移行組（4月時点でのリモートワーク実施がまったくない＝1，1日から4日＝2，5日かそれ以上＝3）
$= a_1 \cdot$ 立地 $+ a_{2\sim10} \cdot$ 産業 $+ a_{11} \cdot$ 企業の能力 $+ a_{12\sim16} \cdot$ 職務特性 $+ a_{17\sim26} \cdot$ 個人特性

8　地震の震度や学業成績の「秀・優・良・可・不可」のように，値の間に大小（順序）関係はあるものの，それらの間隔（e.g.,「震度1と震度2の差」と「震度2と震度3の差」，また「秀と優の差」と「可と不可の差」）が均等でないような形式の変数を順序尺度水準の変数という。このような変数を従属変数とする場合，従属変数が連続していることを前提とする通常の回帰モデル（最小二乗法に基づく回帰モデル）を用いることができない。そこで用いられるのが，順序ロジスティックと呼ばれる回帰モデルである。従属変数Yに対する独立変数Xの「影響」の度合いを推定する，最小二乗法に基づく回帰モデルとは異なり，ロジスティック回帰モデルにおいては，サンプルを「該当する人＝1」と「それ以外の人＝0」というふうにカテゴリーに分けた上で，「該当する人＝1」の集合に含まれる確率を高めるのはどのXであるか，ということを問題にする。したがって，以下の分析において，例えば「企業の能力の偏回帰係数が有意」という結果が得られたとしても，そこから「企業の能力がリモートワークの早期化に影響を与えている」という結論を導くことはできない。ロジスティック回帰モデルの結果からいえるのは，「企業の能力が高くなればなるほど，そのサンプルはリモートワーク早期移行組に含まれる確率が高くなる」ということである。微妙な違いではあるが，結果を理解するにあたって重要な違いである。

研究課題2に対応するモデル②のサンプルは，2020年4月時点で完全対面業務を行っていた2259名である（表7-1）。このモデルの従属変数は，2020年7月時点において，リモートワークの実施が「まったくない」「1日から4日」「5日かそれ以上」の3段階からなる順序尺度水準の変数であり，こちらも先と同様，順序ロジスティック回帰モデルとなる。

［モデル②］
後期移行組（7月時点でのリモートワーク実施がまったくない＝1，1日から4日＝2，5日かそれ以上＝3）
＝a_1・立地＋$a_{2\sim10}$・産業＋a_{11}・企業の能力＋$a_{12\sim16}$・職務特性＋$a_{17\sim26}$・個人特性

　研究課題3に対応するモデル③のサンプルは，2019年時点で完全対面を行っていたが，2020年4月時点で少なくとも部分的にリモートワークにシフトした394名である。このモデルにおける従属変数は，394名のうち7月にかけて完全対面へと回帰した149名とそれ以外とを識別したダミー変数である。推定するモデルは2項ロジスティック回帰モデルとなる[9]。

［モデル③］
揺り戻し組（4月時点ではリモートワークを実施していたが7月時点では完全対面に回帰＝1，それ以外＝0）
＝a_1・立地＋$a_{2\sim10}$・産業＋a_{11}・企業の能力＋$a_{12\sim16}$・職務特性＋$a_{17\sim26}$・個人特性

9　2項ロジスティック回帰モデルも，先に紹介したロジスティック回帰モデルの一種である。特徴は従属変数が0か1のような2値の変数である，ということである。本章の例で言えば，2項プロビット回帰モデルにおいては，サンプルを「7月にかけて完全対面へと回帰した149名＝1」と「それ以外の人＝0」という2つのカテゴリーに分けた上で，「7月にかけて完全対面へと回帰した149名＝1」の集合に含まれる確率を高めるのはどのXであるか，ということを問題にしている。先と同じようにこの場合も，以下の分析において，例えば「企業の能力の偏回帰係数が有意」という結果が得られた場合，これは「企業の能力が高くなればなるほど，そのサンプルはリモートワークへの回帰組に含まれる確率が高くなる」ことを意味する，という点に注意が必要である。

3.　分析結果

表 7-2 がモデル①〜③の推定結果である。

モデル①について，早期移行組であることをプラス方向で規定しているのは，勤務地 7 都府県ダミー（1.738, $p<.01$），情報通信業ダミー（1.078, $p<.01$），企業の能力（0.523, $p<.01$），職務の自律性（0.263, $p<.01$），個人のオンラインリテラシー（0.270, $p<.01$），事務的職種ダミー（0.359, $p<.01$），営業的職種ダミー（0.434, $p<.01$），正社員ダミー（1.089, $p<.01$），大卒以上ダミー（0.571, $p<.01$）である。2020 年 4 月時点で他の道府県に比べて感染拡大が進んでいた 7 都府県に立地する企業であること，情報通信産業であること，企業の能力が高いこと，自律的な職務であること，個人として高いオンラインリテラシーを有すること，事務もしくは営業的な職種であること，正社員であること，大卒以上であることが，早期移行組に含まれる確率を高める，という結果である。反対に，医療・福祉業ダミー（−1.399, $p<.01$）の符号はマイナスであり，医療・福祉系の企業に所属する個人は，リモートワークへの早期移行組に含まれる確率が，有意に低いことが明らかになった。

モデル①において統計的に有意となった多くの独立変数が，モデル②においては，有意となっていなかった。モデル②において有意であったのは，企業の能力（0.400, $p<.01$）と職務の役割明確性（−0.136, $p<.01$），オンラインリテラシー（0.167, $p<.01$）のみであり，企業レベルもしくは個人レベルの能力が高ければ高いほど，後期移行組に含まれる確率が高くなる一方で，従事する職務の明確性が高いほど，反対に，後期移行組に含まれにくくなる，という結果である。

最後に，対面への揺り戻し組を規定する要因を探るための，モデル③の分析結果である。表 7-2 によれば，統計的に有意なのは，製造業ダミー（−1.044, $p<.01$），情報通信業ダミー（−1.380, $p<.01$），企業の能力（−0.284, $p<.01$），職務の自律性（−0.314, $p<.01$）であり，いずれも符号はマイナスである。製造業であること，情報通信産業であること，企業の能力が高いこと，職務の自律性が高いことが，リモートワークから対面への揺り戻しを押しとどめることにつながっている，という結果である。

表7-2　ロジスティック回帰モデルの推定結果

		モデル① 早期移行組 (N=2653)		モデル② 後期移行組 (N=2259)		モデル③ 揺り戻し組 (N=394)	
		標準化係数	標準誤差	標準化係数	標準誤差	標準化係数	標準誤差
立地	勤務地7都府県ダミー	1.738	0.165**	0.071	0.099	-0.352	0.258
産業	製造業ダミー	0.587	0.302†	0.045	0.224	-1.044	0.478**
	資源・インフラ業ダミー	0.145	0.360	0.301	0.255	-0.638	0.575
	情報通信業ダミー	1.078	0.340**	0.176	0.305	-1.380	0.563**
	運輸業ダミー	-0.314	0.405	-0.073	0.273	-0.064	0.603
	卸売・小売業ダミー	-0.448	0.358	-0.008	0.242	-0.160	0.552
	動産・不動産業ダミー	0.139	0.357	0.273	0.273	-0.356	0.568
	飲食・宿泊業ダミー	-0.081	0.616	0.404	0.348	-0.574	0.933
	医療・福祉業ダミー	-1.399	0.542**	0.281	0.253	-0.075	0.766
	サービス業ダミー	0.205	0.313	0.270	0.222	-0.321	0.480
企業	企業の能力	0.523	0.084**	0.400	0.062**	-0.284	0.136**
職務特性	自律性	0.263	0.072**	0.059	0.047	-0.314	0.120**
	職務特性（結果依存性）	-0.090	0.071	0.078	0.052	-0.036	0.117
	職務特性（過程依存性）	-0.127	0.067†	0.015	0.048	-0.022	0.110
	職務特性（役割明確性）	0.002	0.086	-0.136	0.059**	-0.15	0.147
	職務特性（成果明確性）	0.113	0.076	-0.014	0.056	-0.115	0.131
個人	内的エンプロイアビリティ	-0.089	0.090	0.065	0.066	0.078	0.163
	外的エンプロイアビリティ	0.022	0.090	0.004	0.066	0.066	0.152
	オンラインリテラシー	0.270	0.056**	0.167	0.049**	-0.128	0.089
	事務的職種ダミー	0.359	0.171**	-0.199	0.134	-0.465	0.281†
	営業的職種ダミー	0.434	0.179**	-0.011	0.136	-0.095	0.279
	役職なしダミー	0.077	0.159	-0.091	0.132	-0.376	0.251
	男性ダミー	-0.107	0.164	-0.181	0.122	0.407	0.275
	年齢	-0.001	0.006	0.003	0.004	0.010	0.010
	正社員ダミー	1.089	0.209**	0.187	0.127	-0.620	0.324†
	大卒以上ダミー	0.571	0.147**	-0.088	0.104	-0.139	0.246
	対数尤度	1882.6		3184.3		552.744	
	擬似決定係数	0.201		0.014		0.12	

† $p < .10$, *$p < .05$, **$p < .01$

4.　解釈と結論

4-1.　結果の要約と解釈

　対面からリモートワークへの早期移行と後期移行，そしてリモートワーク
から対面への揺り戻しが，どのような特徴を持つ個人において発生している
のかということを，経験的に検討することが本章の目的である。第 3 節で
は，早期（2020 年 4 月時点）リモートワーク移行組であることを規定する
要因を検討したモデル①，後期（2020 年 7 月時点）リモートワーク移行組
であることを規定する要因を検討したモデル②，そして対面への揺り戻し組
であることを規定する要因を検討したモデル③という，3 つのモデルを検討
してきた。以下，それぞれのモデルの推定結果について，まとめてみよう。

　モデル①の結果からまずいえるのは，感染リスクの高いエリアであるかど
うかという立地，リモートワーク化を進めやすい産業であるかというマクロ
的な条件，さらには職種や職務設計など，組織内で分散がみられる要因に
よって早期リモートワーク化が左右されるということである。ただし，こう
した要因を統制してもなお，正社員であることや大卒であることといった個
人レベルの要因が，早期リモートワーク化を有意に規定している。先行研究
の主張の頑健性が，改めて確認されたことになる。企業レベルの能力や個人
レベルの能力（オンラインリテラシー）など，オリジナルの項目もまた，早
期リモートワーク化を有意に規定している。同じ立地，同じ産業内でも，企
業の対応能力の差によってリモートワーク・シフトの早さが異なっていた
り，さらには同じ企業内で同じ職種に従事している個人間においても，個人
の能力によってリモートワーク・シフトの早さが異なっていたりする可能性
があることが，示唆される結果である。この点については，後に改めて議論
したい。

　興味深いのは，モデル①において統計的に有意であったほとんどの要因
が，モデル②では有意でなくなっている，ということである。これは，早期
移行組と後期移行組との違いが，量的なものというよりは質的なものである
可能性を示している。初期（モデル①が想定する時期）においては，まず，
構造的な要因，企業要因，職務要因，個人要因などの条件を備えた個人につ
いて早期リモートワーク化が進み，反対に，そうした条件を備えていない就
労者については，対面での業務が継続していた。ただし，企業による社員の

リモートワーク・シフトへの努力はその後も継続しており、後期（モデル②が想定する時期）になると、企業レベルの能力および個人レベルの能力（オンラインリテラシー）が高く、したがって業務効率の低下リスクが低いケースから順次、リモートワーク化が進んでいった、ということなのかもしれない[10]。

モデル①において符号がプラスになっている要因のうち、対面への揺り戻しを検討するモデル③では符号がマイナスになっている要因がいくつかある。「早期化を促進する要因は、同時に、揺り戻しを押しとどめる要因でもある」という、一見すると自明の結果のようにみえるのだが、すべての要因についてそのような裏表の関係がみられるわけではないということが重要である。例えば、勤務地7都府県ダミー、オンラインリテラシー、事務的職種ダミー、営業的職種ダミー、正社員ダミー、大卒以上ダミーは、早期リモートワーク移行に対してはプラスの有意な結果である一方で、対面への揺り戻しについては、統計的に有意となっていない。こうした要因によってリモートワークが規定されたとしても、その影響は早晩無効化され、揺り戻しが起こる可能性が高い、ということである。反対に、情報通信業ダミー、企業の能力、職務の自律性は、早期リモートワークに対してはプラス、対面への揺り戻しについてはマイナス方向で、それぞれに有意となっている。これらを原因としてリモートワーク・シフトが起こった場合には、少なくとも数カ月単位での揺り戻しは起こらないということである。

周囲の状況に対応するべくやむなく行った場合（勤務地7都府県ダミー）や、職務・業務の性質上、リモートワーク・シフトが容易だという理由から行った場合（事務的職種ダミー、営業的職種ダミー、正社員ダミー、大卒以上ダミー）には揺り戻しが起こりやすく、企業にオンライン化の技術蓄積が

---

10 ここで注意するべきなのは、モデル②の分析からは、モデル①において早期移行組として識別されたサンプルが除外されているということである。表7－2の推定結果が正しいとすれば、ここで除外されたサンプルは、モデル①において有意となった諸変数の値が多少なりとも高い人たちである可能性がある。モデル②の推定は、モデル①の分析に比べて、これらの変数の値が相対的に低いサンプルによって行われた、ということになる。こうした処理によって、モデル①において有意となっていた多くの変数において、モデル②では有意な結果が得られなかった、という可能性がある。ただしこの説明では、企業の能力とオンラインリテラシーが、いずれのモデルにおいても統計的に有意であった理由を説明できない。本章においては、少なくともこの時点では、ここで記したような「モデル②における相対的に小さな分散」の可能性を念頭に置きつつも、早期移行組と後期移行組とが質的に異なった集合であるという可能性を指摘しておきたい。

あり，社員のリテラシーも高い場合（情報通信業ダミー），また仮にそうした蓄積やリテラシーがないとしても，社員の自律性が日頃から担保されており，したがって彼・彼女らが自主的に意思決定を行う準備がある場合（職務の自律性）や，リモートワーク化の推進に限らず COVID-19 対応を推し進めるだけの能力を企業として有している場合（企業の能力）には，その場凌ぎではない，恒常的な変化が可能になるのかもしれない。

4-2.　発見事実の含意と課題

　COVID-19 対応の充実度で測定した企業レベルの能力が，唯一，3 つのモデルすべてにおいて一貫して有意な結果となっていた。企業レベルのコロナ対応が充実しているほど，あるいはそれを可能にする能力があればあるほど，リモートワークの早期移行が進みやすく，後期移行組においてもその関係は継続している。しかも，そのような企業においては，リモートワーク・シフトの揺り戻しが起こりにくいのである。

　これが意味するところは重要である。先行研究が示すように，産業によって（Bartik et al., 2020），また職種や職務特性（Dingel & Neiman, 2020；小寺，2020）によって，リモートワーク・シフトの容易さは確かに異なるのだろう。ただし，これらの分散を統制してもなお，企業の能力によって，リモートワーク・シフトの早さと持続性が規定されているという結果は，これが単に「やりやすいか否か」という問題ではなく，少なくとも部分的には，「企業としてリモートワーク・シフトに十分な資源を割いているか否か」あるいは「企業として本気で取り組んでいるか否か」という問題でもあるという，単純だが重要な事実をわれわれに突きつけているように思われる。

　念のため断っておくが，われわれが展開したいのは，企業はとにかくリモートワーク化を進めるべきであり，一旦移行したらそれを戻すべきではないという，単純なリモートワーク推進論ではない。企業経営にとっては，リモートワーク・シフトの結果として希釈されうる職場メンバー間の濃密なコミュニケーションや，対面状況ゆえに担保されてきたメンバー間の情報の共有あるいは積極的な重複，同じく対面状況ゆえに図らずも可能になっていた従業員の能力伸長といった問題もまた，きわめて重要であろう。職場におけるコミュニケーション効率や，ひいては業務効率が，リモートワーク下でも大きく低下しないことはすでに多くの先行研究が指摘している通りであるが

(e.g. Baltes et al., 2002)，その一方で，職場におけるコミュニケーションの濃度や情報共有・重複，能力伸長といった部分に関して，リモートワーク・シフトが日本企業の現場に何をもたらすのかということについて，わかっていることが多いとはいえない。

　要するに，重要なのはリモートワーク・シフトそのものではなく，それが何によって可能になるのかということ，また，それによって組織が何を獲得し何を失うかということである。本章が為しえたのは，リモートワーク・シフトに先行する重要な要因としての企業レベルの能力の重要性を指摘したことだけであるが，こうした能力はおそらく，リモートワーク・シフト以外に組織に様々な影響を与えているはずである。この点は，今後の検証を待たなければならない。さらに，そのような能力が，リモートワーク化された組織において，いかに形成可能であるのかということについても，わかっていることは少ない。

　経営学が解くべきパズルはまだまだたくさんあるわけであるが，とにかく，リモートワーク・シフトの有無に注目するだけでなく，シフトの早さや揺り戻しにまで注目することで，先行研究において「リモートワークの導入が起こりやすい条件」として挙げられてきた要因の中から，一時的なリモートワーク・シフトをもたらすにすぎない要因と，ある程度長期にわたるリモートワーク化の継続を規定する要因とを選り分けたこと，種々の要因の中で，リモートワークの早期化と継続をともに規定する，企業の能力の重要性を明らかにしたことが，本章のひとまずの貢献といえるだろう。

　もちろん，限界は多々ある。例えば，組織能力そのものではなく，その代理指標としての COVID-19 対応の充実度を測定していること，職務特性をはじめとする心理尺度の測定において，単一もしくは少数の項目を用いていることなど，その多くが探索的な研究ゆえの限界である。また，2020 年 4 月時点と 7 月時点という 2 時点での測定ではあるものの，モデル①の推定においては，独立変数と従属変数がともに 2020 年 4 月時点で測定されたデータであることなど，調査デザイン上の課題も少なくない。こうした点をさらにブラッシュアップし，リモートワークの早期化と継続の問題を通じて，上記のような日本企業の課題を探求していくことが，今後必要になるだろう。

参考文献

Baert, S., Lippens, L., Moens, E., Weytjens, J., & Sterkens, P. (2020). The COVID-19 crisis and telework: A research survey on experiences, expectations and hopes. *IZA Institute of Labor Economics, Discussion Paper Series, 13229.*

Baltes, B. B., Dickson, M. W., Sherman, M. P., Bauer, C. C., & LaGanke, J. S. (2002). Computer-mediated communication and group decision making: A meta-analysis. *Organizational Behavior and Human Decision Processes, 87*(1), 156-179.

Bartik, A. W., Cullen, Z. B., Glaeser, E. L., Luca, M., & Stanton, C. T. (2020). What jobs are being done at home during the COVID-19 crisis? Evidence from firm-level surveys. *Harvard Business School Working Paper, 27422.*

Bloom, N., Liang, J., Roberts, J., & Ying, Z. J. (2015). Does working from home work? Evidence from a Chinese experiment. *The Quarterly Journal of Economics, 130*(1), 165-218.

Breuer, C., Hüffmeier J., Hibben F., & Hertel, G. (2020). Trust in teams: A taxonomy of perceived trustworthiness factors and risk-taking behaviors in face-to-face and virtual teams. *Human Relations, 73*(1), 3-34.

Bureau of Labor Statistics (2020). *The economics daily,* one-quarter of the employed teleworked in August 2020 because of COVID-19 pandemic. https://www. bls. gov/opub/ted/2020/one-quarter-of-the-employed-teleworked-in-august-2020-because-of-covid-19-pandemic.htm（2021 年 5 月 14 日アクセス）.

Desilver, D. (2020). Before the coronavirus, telework was an optional benefit, mostly for the affluent few. https://www. pewresearch. org/fact-tank/2020/03/20/before-the-coronavirus-telework-was-an-optional-benefit-mostly-for-the-affluent-few/ （2021 年 5 月 14 日アクセス）.

Dingel, J. I., & Neiman, B. (2020). How many jobs can be done at home? *Journal of Public Economics, 189,* 104235.

Einola, K., & Alvesson, M. (2019). The making and unmaking of teams. *Human Relations, 72*(12), 1891-1919.

江夏幾多郎・神吉直人・高尾義明・服部泰宏・麓仁美・矢寺顕行 (2020a).「新型コロナウイルス感染症の流行への対応が, 就労者の心理・行動に与える影響」*Works Discussion Paper*（リクルートワークス研究所）, *31*。

江夏幾多郎・神吉直人・高尾義明・服部泰宏・麓仁美・矢寺顕行 (2020b).「新型コロナウイルス流行下で就労者や企業が経験する変化：デモグラフィック要因の影響」*RIEB Discussion Paper Series*（神戸大学経済経営研究所）, DP2020-J08。

江夏幾多郎・神吉直人・高尾義明・服部泰宏・麓仁美・矢寺顕行 (2020c).「新型コロナウイルス流行下での就労者の生活・業務環境と心理・行動：4 月調査と 7 月調査の比較を中心に」*Works Discussion Paper*（リクルートワークス研究所）, *33*。

江夏幾多郎・服部泰宏・神吉直人・麓仁美・高尾義明・矢寺顕行 (2021).『コロナショックと就労：流行初期の心理と行動についての実証分析』ミネルヴァ書房。

Eurofound (2020). *Living, working and COVID-19.* Publications Office of the European Union.

Felstead, A., & Henseke, G. (2017). Assessing the growth of remote working and its consequences for effort, well-being and work-life balance. *New Technology, Work and Employment, 32*, 195-212.

Giménez-Nadal, J. I., Molina, J. A., & Velilla, J. (2019). Work time and well-being for workers at home: Evidence form the American time use survey. *International Journal of Manpower, 41*(2), 184-206.

Groen, B. A. C., van Triest, S. P., Coers, M., & Wtenweerde, N. (2018). Managing flexible work arrangements: Teleworking and output controls. *European Management Journal, 36*(6), 727-735.

原泰史・今川智美・大塚英美・岡嶋裕子・神吉直人・工藤秀雄・高永才・佐々木将人・塩谷剛・武部理花・寺畑正英・中園宏幸・服部泰宏・藤本昌代・三崎秀央・宮尾学・谷田貝孝・中川功一・HR 総研 (2020). 「新型コロナウィルス感染症への組織対応に関する緊急調査：第一報」『IIR Working paper』WP#20-10。

服部泰宏・岡嶋裕子・神吉直人・藤本昌代・今川智美・大塚英美・工藤秀雄・高永才・佐々木将人・塩谷剛・武部理花・寺畑正英・中園宏幸・三崎秀央・宮尾学・谷田貝孝・中川功一・原泰史・HR 総研 (2020). 「新型コロナウィルス感染症への組織対応に関する緊急調査：第二報」『IIR Working paper』WP#20-11。

Kawaguchi, D., & Motegi, H. (2020). Who can work from home? The roles of job tasks and HRM practices. *CREPE Discussion Paper, 82*.

国土交通省 (2017). 「平成 29 年度テレワーク人口実態調査：調査結果の概要」https://www.mlit.go.jp/crd/daisei/telework/docs/29telework_jinko_jittai_gaiyo.pdf (2021 年 5 月 14 日アクセス)。

Konradt, U., Warszta, T., & Ellwar, T. (2013). Fairness perceptions in web-based selection: Impact on applicants' pursuit intentions, recommendation intentions, and intentions to reapply. *International Journal of Selection and Assessment, 21*(2), 155-169.

小寺信也 (2020). 「在宅勤務はどこまで進むか」『みずほインサイト』みずほ総合研究所。

Kröll, C., & Nüesch, S. (2019). The effects of flexible work practices on employee attitudes: Evidence from a large-scale panel study in Germany. *The International Journal of Human Resource Management, 30*(9), 1505-1525.

Lee, D., & Kim, S. Y. (2018). A quasi-experimental examination of telework eligibility and participation in the U. S. federal government. *Review of Public Personnel Administration, 38*(4), 451-471.

Malhotra, A., & Majchrzak, A. (2014). Enhancing performance of geographically distributed teams through targeted use of information and communication technologies. *Human Relations, 67*(4), 389-411.

Milasi, S., González-Vázquez, I., & Fernandez-Macias, E. (2020). Telework in the EU before and after the COVID-19: Where we were, where we head to. *JRC Science for Policy Briefs*. https://ec.europa.eu/jrc/sites/jrcsh/files/jrc120945_policy_brief_-_covid_and_telework_final.pdf (2021 年 5 月 17 日アクセス).

Morgeson, F. P., & Humphrey, S. E. (2006). The work design questionnaire (WDQ): Developing and validating a comprehensive measure for assessing job design and the nature of work. *Journal of Applied Psychology, 91*(6), 1321-1339.

大久保敏弘・NIRA 総合研究開発機構（2020a）.「新型コロナウイルスの感染拡大がテレワークを活用した働き方，生活・意識などに及ぼす影響に関するアンケート調査結果に関する報告書」NIRA 総合研究開発機構。

大久保敏弘・NIRA 総合研究開発機構（2020b）.「第 2 回テレワークに関する就業者実態調査報告書」NIRA 総合研究開発機構。

パーソル総合研究所（2020）.「新型コロナウイルス対策によるテレワークへの影響に関する緊急調査」パーソル総合研究所。

Pigini, C., & Staffolani, S.（2019）. Teleworkers in Italy: Who are they? Do they make more? *International Journal of Manpower, 40*(2), 265-285.

Rothwell, A., & Arnold, J.（2005）. How HR professionals rate 'continuing professional development.' *Human Resource Management Journal, 15*(3), 18-32.

Sherman, E. L.（2020）. Discretionary remote working helps mothers without harming non-mothers: Evidence from a field experiment. *Management Science, 66*(3), 1351-1374.

総務省（2020）.「令和元年 津伸利用動向調査の結果」https://www.soumu.go.jp/johotsu sintokei/statistics/data/200529_1.pdf（2021 年 5 月 14 日アクセス）。

第 **8** 章
危機的状況下における組織対応と組織能力
COVID-19 感染拡大初期の調査から

　本章では，2020 年 4 月から 5 月にかけて実施された「新型コロナウイル
ス感染症への組織対応に関する緊急調査」（原ほか，2020；服部ほか，
2020；佐々木ほか，2020）のデータに基づき，新型コロナウイルス感染症
（以下，COVID-19）の流行直後における経営環境，現場の状況を把握し，
組織がどのような対応をしたのかを明らかにする。
　本章の構成は以下の通りである。第 1 節では，これまで実施された
COVID-19 に関する調査研究を確認し，本章における問いを提示する。第 2
節では，原ほか（2020）および服部ほか（2020）の内容に基づき，本章で使
用するアンケート調査データ収集の概要について説明し，COVID-19 流行
直後における経営環境，現場の状況，組織の対応についての全体的な状況を
記述統計によって概観していく。第 3 節では，何が組織の対応を促進したの
か，組織の対応が現場の状況にどのような影響を及ぼしているのか定量的な
手法を用いて確認する。第 4 節では，本章の分析結果から示される結論につ
いて述べる。

1.　COVID-19 に関する調査研究

　COVID-19 が企業経営にもたらす影響への学術界，実務界からの関心は
高く，「新型コロナウイルス感染症への組織対応に関する緊急調査」（原ほ
か，2020；服部ほか，2020；佐々木ほか，2020）以外にも，関連する調査研
究が実施されている。ここでは，これらの研究を概観して基本的な知見を確
認するとともに，研究の間隙を明らかにすることで本章の問いを提示する。

　関・河合・中道（2020）は中小企業家 355 名を対象にアンケート調査を実施し，COVID-19 が中小企業ないし中小企業家にどのような影響を与えているのか，それらの影響を受けて中小企業家がどのように対応しているのかを，アントレプレナーシップ研究の視点から明らかにしている。同調査では，COVID-19 の影響下において，中小企業の財務状況は売上高の減少など厳しい現状にあり，中小企業家の多くは COVID-19 の影響は 1 年以上継続すると見通していることが示されている。一方で中小企業家はCOVID-19 の危機に立ち向かおうとする前向きな姿勢をとっており，新製品・サービスの開発，新たな販売方式の導入などの取り組みを迅速に実践していることが示されている。

　COVID-19 流行下において前述のようなアンケート調査の実施が目立つ中，寺村・今川・安藤（2020）はエンジニア派遣を専門とする株式会社VSN（現 Modis 株式会社）に聞き取り調査を実施し，社員を対象としたリモートワークの定着を可能とした要因を明らかにしている。同社では，COVID-19 の問題に先立ち 2017 年に「テレワーク勤務規定」が策定され，2018 年にはすでにリモートワークが実施されていた。その後，同社は，COVID-19 の影響で営業・人事・総務・IT 関連等の間接部門の社員のリモートワーク比率を高め，緊急事態宣言時には 90％に達した。同社がリモートワークを可能とした要因として，顧客先に常駐するビジネスモデルであるため上司は「部下が目の前にいない」ことに比較的慣れていたこと，COVID-19 以前に社内規定や IT 環境が整備されていたことが挙げられる（寺村・今川・安藤，2020）。

　日本マクドナルドホールディングス株式会社の事例（佐々木・今川・中川，2020）においても危機への事前の取り組みが COVID-19 下における組織対応を促進することが示されている。同社は，2013 年以降，効率一辺倒のオペレーション体制を見直し，品質，衛生，利便性，BCP といった側面への投資を強化してきた。具体的には，ドライブスルー利用の多い店舗改善，モバイルオーダーを軸とした店頭の IT 化，宅配の強化によりCOVID-19 影響下においても営業を継続し，業績を好転させた。同事例を踏まえ，佐々木・今川・中川（2020）は危機への対応能力である組織レジリエンスを高めることの重要性を指摘している。

　経営学，経済学関連の研究者による調査に加え，株式会社東京商工リサー

チ「『新型コロナウイルスに関するアンケート』調査」や株式会社帝国デー
タバンク「新型コロナウイルス感染症に対する企業の意識調査」など信用調
査会社による調査結果も公表されている。両社は，1万社以上の企業を対象
に2020年2月の時点から現在に至るまで，複数回にわたり調査を実施し，
COVID-19による業績への影響を中心に，業種・業態転換，働き方改革，
資金繰り，廃業への検討などの動向を報告している。

　以上のように，2020年4月の緊急事態宣言前後からアンケート調査，企
業事例報告など各種の調査研究が迅速に実施され，COVID-19流行下で日
本企業に何が起こっているのか，組織・個人の両面から明らかにされてき
た。しかしながら，日本企業が置かれている状況の背後にある原因について
は，寺村・今川・安藤（2020），佐々木・今川・中川（2020）を除き，本稿
を執筆している2021年8月時点では十分に検討されていない。したがって，
本稿では，COVID-19の流行拡大直後の状況を分析対象として，「何が生じ
ていたのか」と「なぜこのような状況が生じているのか」という2つの問い
を設定し，「組織緊急調査」のデータに基づいた定量分析を実施する。

2.　新型コロナウイルス感染症への組織対応に関する緊急調査
「何が生じていたのか」

　本節では，分析の前提として，COVID-19流行下における企業経営への
影響，各社の組織対応，現場の変化について「新型コロナウイルス感染症へ
の組織対応に関する緊急調査」（原ほか，2020；服部ほか，2020；佐々木ほ
か，2020）をもとに明らかにしていく。

　本調査は，COVID-19が日本企業にどのような影響を与えているのか，
その概要を摑むことを目的としている。本調査では業種や企業規模などを問
わずに日本国内の企業を対象とし，ProFuture株式会社が運用している
「HRプロ」「PRO-Q」に登録している人事担当者に対して，メールにて
ウェブによる質問調査票への回答を依頼した。同時に，研究者個人のネット
ワークを活用して調査協力依頼も実施した。調査期間は2020年4月17日か
ら24日までの1週間とした。

　分析に先立ち，調査により収集したデータのクリーニング作業を次の手順

に基づき実施した。①まず，得られた企業からの回答について，当該企業の公式ホームページおよび EDINET などに掲載された法人情報や財務状況を確認し，これらの情報と異なる回答を行っている企業をデータセットから除去した。②続いて，同一企業名で複数の回答を行っている企業については，①の作業を踏まえた上で，最新のタイムスタンプ（回答日時）のデータを採用している。また，企業特性を把握する観点から，ウェブ上で回答企業のホームページを特定し，法人形態について分類を行った。以上の作業により，294 社／法人のデータが得られた。内訳は，株式会社 263 社，有限会社・合同会社 8 社，一般社団法人・社会福祉法人・学校法人 10 法人，その他（研究所・任意団体・小学校・労働事務所・設計事務所・公社・健康保険組合）13 法人である。さらに本稿では，回答企業のホームページ上で組織年齢を特定し，組織年齢が不明な 6 社／法人，公益財団法人 2 法人を除外し，分析の対象とするサンプルサイズは 286 社／法人となった。

2-1.　事業活動への影響

　まず，2020 年 4 月時点の COVID-19 による事業活動への影響をみていく。COVID-19 に関連して，回答企業の主要事業に対して起こった影響について，「事業の停止を行った」「事業の縮小を余儀なくされている（表8-1)」「事業に影響は受けていない」「事業拡大のフェーズである」「事業急拡大のフェーズである」の 5 項目から選択してもらった。図 8-1 によると，4% の企業が操業停止に直面していたことが示されている。また，63% の企業が事業の縮小を余儀なくされており，計 67% の企業において事業活動にネガティブな影響が出ていることが示された。一方，4% の企業がCOVID-19 の影響で事業が拡大していると回答している。

　COVID-19 に関連して，回答企業の主要事業の売上変化について，「大いに減少した」「少し減少した」「変化していない」「少し増加した」「大いに増加した」の 5 項目から選択してもらった。図 8-2 が示しているように，「大いに減少した」「少し減少した」とする回答が 69% を占めている。一方，4% の企業が，売上が増加したと回答している。

　COVID-19 の主要事業への影響継続の見通しについて，「3 カ月以内」「3カ月から 6 カ月」「6 カ月から 1 年」「1 年から 3 年」「3 年以上」「わからない」の 6 項目から選択してもらった。図 8-3 が示しているように，「6 カ月

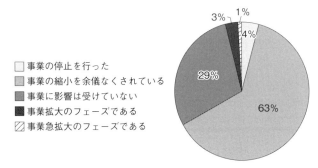

図 8-1　COVID-19 による主要事業への影響

☐ 事業の停止を行った
☐ 事業の縮小を余儀なくされている
☐ 事業に影響は受けていない
■ 事業拡大のフェーズである
▨ 事業急拡大のフェーズである

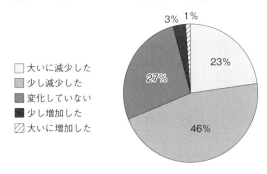

図 8-2　COVID-19 による売上への影響

☐ 大いに減少した
☐ 少し減少した
☐ 変化していない
■ 少し増加した
▨ 大いに増加した

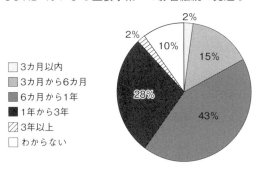

図 8-3　COVID-19 による主要事業への影響継続の見通し

☐ 3カ月以内
☐ 3カ月から6カ月
☐ 6カ月から1年
■ 1年から3年
▨ 3年以上
☐ わからない

から1年」と回答した企業は43%と最も多く，「1年から3年」と回答した企業が28%であった。以上の結果を踏まえると，2020年4月時点において，多くの企業が，COVID-19の影響は長期化すると考えていたことが理解できる。

2-2.　各企業の組織対応

　次に，COVID-19に対する各社の組織対応についてみていく。

　各社の事業形態の変化について，「営業・セールスなどの顧客接点をオンライン化した」「オンライン・マーケティングの比重を高めた」「サービスの提供手段の変更を行った（例．飲食業におけるイートインからテイクアウトへの変更など）」「原材料の不足のためサービス・製品の変更を行った」「その他」の5項目への対応の有無を回答してもらった。図8-4に示されているように，半数以上の企業が，「営業・セールスの顧客接点をオンライン化した」と回答している。一方，他の項目については，行ったのは1〜2割の企業にとどまる。

　人事施策の変更について，「雇用契約の中断を行った」「雇用条件の変更を行った」「自宅での待機措置を行った」「有給休暇の取得を奨励した」「在宅勤務／テレワークを開始した」の5項目を提示し，該当するものを選択して

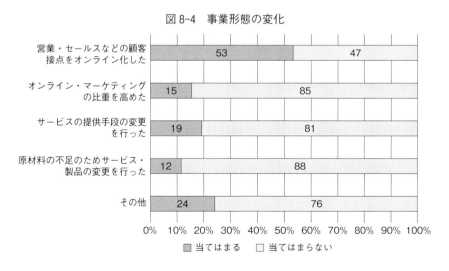

図 8-4　事業形態の変化

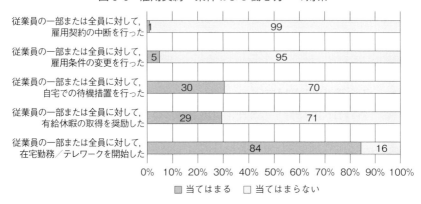

図 8-5　雇用契約・条件および働き方への対策

従業員の一部または全員に対して,
雇用契約の中断を行った　1　99

従業員の一部または全員に対して,
雇用条件の変更を行った　5　95

従業員の一部または全員に対して,
自宅での待機措置を行った　30　70

従業員の一部または全員に対して,
有給休暇の取得を奨励した　29　71

従業員の一部または全員に対して,
在宅勤務／テレワークを開始した　84　16

0%　10%　20%　30%　40%　50%　60%　70%　80%　90%　100%

■ 当てはまる　□ 当てはまらない

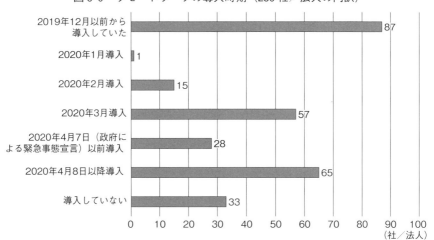

図 8-6　リモートワークの導入時期（286 社／法人の内訳）

2019年12月以前から
導入していた　87

2020年1月導入　1

2020年2月導入　15

2020年3月導入　57

2020年4月7日（政府に
よる緊急事態宣言）以前導入　28

2020年4月8日以降導入　65

導入していない　33

0　10　20　30　40　50　60　70　80　90　100
（社／法人）

　もらった。図 8-5 に示されているように，約 3 割の企業が自宅での待機措置，有給休暇取得奨励措置を実施したと回答している。一方，雇用契約の中断（解雇）を行った企業は 1% にすぎなかった。また，雇用条件の変更を行った企業も 5% にとどまっている。

　リモートワークの導入状況については，84% の企業が「在宅勤務／テレワークを開始した」と回答しており，2020 年 4 月時点でリモートワークへ

図 8-7　専門組織の設置状況

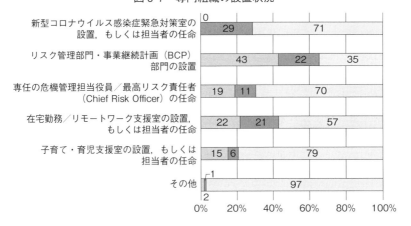

□2019年12月時点設置済　■2020年1月時点設置済　□未設置（2020年1月時点）

　の移行が急速に進んでいた実態が明らかになった。リモートワークの導入時期については図 8-6 の示す通りである。30%の企業は，COVID-19 による社会的・経済的影響が顕在化しはじめる以前からリモートワークを導入している。その後，2020 年 2 月から 3 月にかけてリモートワークの導入率が増加していく。そして，政府による緊急事態宣言発出以後にリモートワークを導入した企業が一定数確認されている。一方で，2020 年 4 月調査時点においてもリモートワークを導入していない企業も存在している。

　COVID-19 への対応に関連して，感染拡大前の 2019 年 12 月と感染拡大が始まった 2020 年 1 月時点で，企業全体としてどのような専門組織が設置されていたのか，該当するものを選択してもらった。2019 年 12 月時点については，「リスク管理部門・事業継続計画（BCP）部門の設置」「専任の危機管理担当役員／最高リスク責任者（chief risk officer）の任命」「在宅勤務／リモートワーク支援室の設置，もしくは担当者の任命」「子育て・育児支援室の設置，もしくは担当者の任命」「その他」5 項目，2020 年 1 月時点については前述の 5 項目に加えて，「新型コロナウイルス感染症緊急対策室の設置，もしくは担当者の任命」の 6 項目について，それぞれの時点における設置の有無を回答してもらった。図 8-7 が示すように，感染拡大前の 2019 年 12 月以前から設置・実施されていた場合も含めれば，リスク管理・BCP 部

門が 65% の企業において設置されており，COVID-19 緊急対策室の設置（29%），在宅勤務／リモート支援室の設置（43%），子育て・育児支援室の設置（21%）といった施策が進められている。

2-3. 現場の状況

経営の現場において，COVID-19 に起因する問題を乗り越えるために必要な経営資源が十分に確保されているのか把握するために，「人材」「物的資源」「予算」「業務遂行に必要な情報」「時間」「業務遂行に必要な権限」の 6 項目について，その充足度合いを回答してもらった。選択肢は，「1. 不足している」と「6. 十分である」を両極とし，その間に「2」「3」「4」「5」という数字のみの選択肢を配置する形で設計した。図 8-8 に示されている通り，各項目別に 3 以下（不足しているに近い回答）と回答している企業の割合は，「人材」57%，「物的資源」60%，「予算」67%，「業務遂行に必要な情報」61%，「時間」63%，「業務遂行に必要な権限」56% となっている。この結果から，程度の差はあるが，いずれの項目においても半数または 60% 以上の企業が経営資源の不足を感じていることが示されている。

COVID-19 の拡大によって，企業の現場はどのような影響を受けているのか把握するため，「従業員への意思伝達がむずかしくなった」「仕事上での

図 8-8　経営資源の充足状況

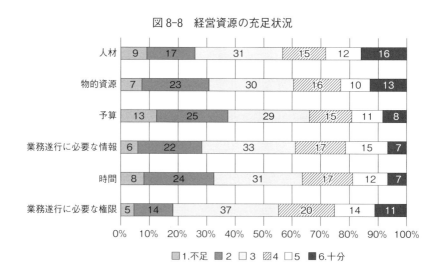

ストレスを抱える従業員が増えた」「部署間の連携がとりにくくなった」「従
業員同士の意思疎通がむずかしくなった」「現場で事故，ミス，トラブルが
増えた」の5項目について回答を求めた。回答者には，それぞれの項目につ
いて「1. まったくそう思わない」から「6. 非常にそう思う」の6段階の中
から選択してもらった。図8-9に示されているように，「従業員への意思伝
達がむずかしくなった」「仕事上でのストレスを抱える従業員が増えた」「部
署間の連携がとりにくくなった」「従業員同士の意思疎通がむずかしくなっ
た」の4項目において，全体の約半数の企業が「むずかしくなった」と回答
している。この結果から，在宅勤務・リモートワーク下で，いかにしてコ
ミュニケーションの質を維持していくかということが経営上の課題になって
いると示唆される。また，「仕事上でのストレスを抱える従業員が増えた」
と，全体の60%の企業が回答しており，従業員のメンタルケアが喫緊の課
題になっていることが示されている。

　ここまで本節で示してきた通り，COVID-19の感染拡大は，事業規模の
縮小や売上の減少など，企業経営に甚大な影響を及ぼしており，多くの企業
が，その影響は半年以上長期化すると見通していた。このような状況の中
で，急速な在宅勤務・リモートワークの普及，営業・セールスのオンライン
化へのシフトなどが確認された。コロナ禍における雇用状況の変化につい

図 8-9　COVID-19 による現場の変化

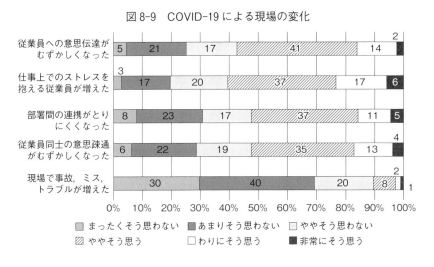

て，雇用契約の中断，雇用条件の変更を実施した企業はごく少数であった。一方，COVID-19 への組織的な対応に必要な経営資源が十分に確保されていないことが確認された。さらに，現場においては，部署間，従業員間におけるコミュニケーショントラブル，従業員のメンタルヘルスの不調などの問題が生じていることが明らかになった。

　部署間，従業員間のコミュニケーショントラブルは，様々な問題を引き起こす。在宅勤務・リモートワークといった隔離された環境下では，対面であれば円滑に行えていた従業員同士の業務相談もむずかしくなり，雑談をする機会も失われる。このような状況下で，多くの従業員は孤独感に苛まれて，ストレスを抱えていると推察される。

　COVID-19 は企業経営に様々な影響を与えていることが示された。しかしながら，調査結果が示している通り，COVID-19 による影響，組織対応，現場における変化の程度は企業間で一律ではないということも明らかになった。

3.　危機的事態への組織対応と組織の変化対応能力
「なぜこのような状況が生じているのか」

　前節で確認したように，われわれの調査では，COVID-19 の感染拡大によって，企業の事業活動や組織運営に対して少なくない影響が数多くの企業に出ていたことが明らかとなった。調査対象期間が 2020 年 4〜5 月というCOVID-19 の感染拡大が最初に生じた時期であることを考えると，その後の影響はより広範囲かつ深刻になっている可能性が高いだろう。

　本調査から明らかとなったもう 1 つの点は，業績の変化や組織としての対応の仕方，現場で生じている組織的トラブルの程度に関して，企業間での相違も見られたことである。例えば，COVID-19 の感染拡大に伴って，組織や戦略を大きく変化させた企業も一部には存在するものの，そうした変化が生じていないと回答した企業も一定の割合で存在していた。同様の傾向が，他の質問項目でも散見されていたのである。

　これには，少なくとも 2 つの理由が考えられる。第 1 は，COVID-19 の感染拡大が企業に与えた外生的な影響（例えば売上や業績の低下など）が企業や業種によって異なるために，対応を余儀なくされた企業とそうでない企

図 8-10　本節で検証する変数間の関係

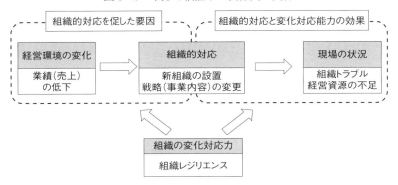

業とに分かれていたという理由である。ホスピタリティ産業や他のサービス業における業績低下が甚大であったことを考えると，こうした可能性も十分に考えられる。第2は，同じような環境の変化に直面した企業の中でも，対応が分かれたという理由である。すなわち，COVID-19 の流行拡大によって生じた様々な変化に対して，組織や事業内容を変更するなど素早く対応した企業とそうでない企業とに分かれたのである。対応することが正しくて，対応しなかったことが問題であるとは一概には言えないものの，こうした対応の相違は，変化への対応能力や，危機からの回復力，新しい環境への適応能力といったものが企業ごとに異なることを反映している可能性が考えられる。

　こうした可能性を検討するために，本節では，図 8-10 にあるような変数間関係について，統計分析を用いて因果関係を定量的に検証していくことにする。

　本節の分析では，組織の変化への対応能力として，「組織レジリエンス（organizational resilience）」という概念を用いて，組織の対応力の程度が実際の COVID-19 感染拡大下での企業の危機的状況への対応につながっていたのかを検討する。組織レジリエンスとは，回復力や元に戻る力を意味しており，経営学や組織論のコンテキストで用いられる際には，不測の事態や危機に直面した際に，組織がそこから迅速に復旧できる能力に関わるものとしてとらえられている（Zolli & Healy, 2012）。先行研究でも，自然災害や米国のテロ危機，組織事故からの復旧に関して分析されてきた（Linnenluecke,

図 8-11　組織レジリエンスの記述統計

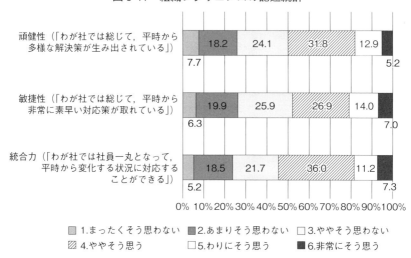

頑健性（「わが社では総じて，平時から
多様な解決策が生み出されている」）
7.7　18.2　24.1　31.8　12.9　5.2

敏捷性（「わが社では総じて，平時から
非常に素早い対応策が取れている」）
6.3　19.9　25.9　26.9　14.0　7.0

統合力（「わが社では社員一丸となって，
平時から変化する状況に対応する
ことができる」）
5.2　18.5　21.7　36.0　11.2　7.3

0%　10%　20%　30%　40%　50%　60%　70%　80%　90%　100%

　1.まったくそう思わない　　2.あまりそう思わない　　3.ややそう思わない
　4.ややそう思う　　5.わりにそう思う　　6.非常にそう思う

2017)。したがって，COVID-19 の流行に端を発する今回の危機的状況に対しても，組織レジリエンスが高い企業ほど，何らかの組織的な対応を行って解決を図っているのではないかと想定される。

　本調査では，組織レジリエンスに関して，3 項目で尋ねている。各項目は，「1. まったくそう思わない」から「6. 非常にそう思う」の 6 点尺度で尋ねた。この 3 項目は，先行研究で示された 3 つの要素である「頑健性（robustness）」と「敏捷性（agility）」，「統合力（integrity）」に対応している（Kantur & Say, 2015）。頑健性とは，損傷や，劣化，機能の喪失を受けることなく，ストレスや外部の要求に耐えられる組織の能力のことであり，より一般的な言い方をすれば「組織が予めどの程度損傷や変化に備えられているか」ということを意味している。他方で敏捷性とは，不安定な環境の中で変化を迅速に認識し，活用し，脅威に対処する組織の能力である。そして，統合力とは，不利な状況に直面したときの組織の従業員の結束力である。

　図 8-11 には，この 3 項目の記述統計を示している。3 項目の中では，統合力が最も高い水準であり，敏捷性が最も低いという状況になっている。ただし，いずれの項目も約半数が相対的に「そう思う」（回答が 4 以上），約半

数が「そう思わない」（回答が 3 以下）と答えている状況であり，組織の変化対応能力についても，企業による違いが見られることがわかる。

　以降の分析では，この組織レジリエンスという概念をキーワードとして，COVID-19 の感染拡大下における企業の対応の程度に企業の変化対応能力が関係しているのかを検証していくことにする。

3-1.　組織対応を促した要因

　まずは，様々な組織対応を促した要因について検討をする。ここで検討する組織対応は，前節でも記述統計を確認した 2 つの対応，すなわち「新しい組織・担当者の設置の有無」と「COVID-19 対応のための戦略変更の有無」である。本調査では新組織の設置として，事業継続計画（BCP）室やリモートワーク支援室といった新しい組織の設置あるいは担当者の設置の有無について 5 種類のものを尋ねている。以降の分析では，この新組織の設置の合計数を分析の従属変数として定量的な分析を行っていく。同様に，戦略変更としては，営業やマーケティングのオンライン化，サービスおよびサービス提供手段の変更等，4 種類の営業／マーケティング手段について変更の有無を尋ねている。これについても，戦略変更の合計数を分析の従属変数とする。前節で確認したように，これらの組織対応を各企業が行ったかについては，大きく分かれており，全体として実施した比率は必ずしも高くなかった。他方で，一部の企業においては，これらの対応がとられていたという傾向も見られていた。

　これらの組織対応に影響を与えた要因として，ここでは以下の 2 つの要因を中心に検討を行っていく。

(1)　売上の大幅減少

　まず考えられるのが，企業の業績に直接的な影響が生じたことによる対応として，様々な組織対応を行ったという可能性である。より具体的には，COVID-19 の感染拡大によって売上の大幅減少に見舞われたために，組織として何らかの対策を講じる必要が生じたということである。

　前述したように，アンケートでは，「新型コロナウイルス感染症に関連して，貴社の主要事業に対する売上に変化は生じましたか」を尋ね，変化の程度に応じて 5 つの選択肢の中から 1 つを選択してもらった。以降の分析では，このうち売上の大きな減少に直面したことが，組織対応の引き金となっ

た可能性を考慮して，「大いに減少した」と回答した企業を「売上大幅減少企業」としてダミー変数を作成し，分析を行っている。

(2) 組織の対応力（組織レジリエンス）

　もう1つの危機への対応を高める要因として本節で中心的に検討するのは，組織の対応能力である。より具体的に，冒頭で説明したように，本節では「組織レジリエンス（organizational resilience）」という概念を用いて，組織の対応力の程度が実際のCOVID-19感染拡大の危機に対しての対応につながっていたのかを検討する。以降の分析では，前掲した6点尺度の3項目（「頑健性（robustness）」「敏捷性（agility）「統合性（integrity）」への回答の平均値を算出して「組織レジリエンス」の変数として分析に用いている[1]。

　また，このほか，組織規模（正規従業員数），組織年齢，本社所在地（東京・東京以外の緊急事態宣言が最初に出された6都市のダミー変数），産業（ダミー変数），売上増加企業（ダミー変数）についても，モデルに投入し，組織対応への影響の程度を確認している。従業員数については，従業員数1000人以上，従業員数100人以上1000人未満の企業についてそれぞれダミー変数を作成した。

　これらの変数をコントロール変数として投入しているのは，組織のデモグラフィックな特性による影響を除外して，上記で挙げた3つの変数の影響をより正確に確認するためである。

　表8-1では，新組織設置数および戦略変更数を従属変数とした重回帰分析の結果が示されている[2]。表中に「*」で記載されている変数が，統計的な有意差が確認された項目であり，効果が偶然ではなく意味のある大きさであることを示している（表中の「*」の数が多い変数ほど，従属変数への影響が偶然である可能性が低いことを意味している。）係数が正の場合は，独立変数と従属変数（この場合組織設置・戦略変更の程度）の間には比例関係が見られることを意味している。反対に係数が負の場合には，独立変数と従属変数の間には反比例の関係が見られることを意味している。

　表に示されているように，組織レジリエンスは，新組織設置数と戦略変更

1　3項目のクロンバックの α が0.92であった。
2　多重共線性のチェックとしてVIFを確認し，平均VIFが10を上回っていないことを確認している。以下の分析でも同様である。

表 8-1 重回帰分析の結果

独立変数	従属変数	モデル 1 新組織設置数		モデル 2 戦略変更数	
		回帰係数	標準誤差	回帰係数	標準誤差
組織レジリエンス		0.354***	0.087	0.078*	0.037
売上大幅減少（ダミー）		0.466 †	0.249	0.136	0.106
従業員 100 人〜1000 人未満（ダミー）		1.845***	0.283	0.157	0.121
従業員 1000 人以上（ダミー）		0.629*	0.245	0.020	0.104
組織年齢		0.009**	0.003	-0.002	0.001
本社所在地_東京（ダミー）		0.215	0.278	0.177	0.118
本社所在地_6 都市（ダミー）		-0.002	0.299	-0.053	0.127
産業ダミー		YES		YES	
定数		-1.010*	0.494	0.670**	0.211
調整済み R^2		0.230		0.069	
F 値		4.69		1.92	
N		286		286	

***p $<$ 0.001，**p $<$ 0.01，*p $<$ 0.05，† p $<$ 0.1，
産業ダミーベース：製造業

数のいずれに対しても正の有意な影響を示している（それぞれ，0.1％水準と 5％水準）。すなわち，対応力の高い企業ほど，組織や戦略を変更するという対応を行っていることが確認できる。また，売上大幅減少と新組織設置数の間にも正の有意な関係（10％水準）が確認でき，売上の減少という外生的なショックが，組織対応を促す 1 つの要因であることが確認できる。

　上で確認したように，組織レジリエンスの高い組織では，COVID-19 の感染拡大に対応するために，対応する部署の設置や戦略変更を行う傾向にある。ただし，これらの対応は必ずしも COVID-19 の感染拡大を機に行われたとは限らない。むしろ，対応力のある組織では，予めこうしたことを予期して対応を準備していた可能性も考えられる。このことを確認するために，新組織設置と組織レジリエンスの関係をより詳しく分析することにしよう。

　新しい組織や担当者の設置に関して，アンケートでは，以下の 5 項目に関して，2019 年 12 月以前の設置の有無，2020 年 1 月以降の設置をいずれも尋ねている。したがって，今回の COVID-19 の流行への対応としてこれらの専門組織を設置したのか，それ以前からこうした専門組織を設置したのかが確認できることになる。

表 8-2　新組織の設置状況

	2019年12月設置済	2020年1月設置済	2022年1月時点未設置
①リスク管理部門・事業継続計画(BCP) 部門	123(43.0%)	64(22.4%)	147(51.4%)
②専任の危機管理担当役員/最高リスク責任者(chief risk officer)	54(18.9%)	33(11.5%)	219(76.6%)
③在宅勤務/リモートワーク支援室	62(21.7%)	61(21.3%)	190(66.4%)
④子育て・育児支援室	43(15.0%)	16(5.6%)	241(84.3%)
⑤新型コロナウイルス感染症緊急対策室		82(28.7%)	204(71.3%)

注：⑤については，コロナウイルスの流行拡大以前には考えられないので 2020 年 1 月以降のみ。
合計が 100% を超えているのは，組織改編等の理由で両方ともに「はい」としている企業が
あるからである。

①　リスク管理部門・事業継続計画(BCP) 部門の設置（以下 BCP）
②　専任の危機管理担当役員／最高リスク責任者(chief risk officer) の任命（以下 CRO）
③　在宅勤務／リモートワーク支援室の設置，もしくは担当者の任命
④　子育て・育児支援室の設置，もしくは担当者の任命
⑤　新型コロナウイルス感染症緊急対策室の設置，もしくは担当者の任命

　表8-2 は，それぞれの項目に「はい」と回答した企業と 2 つの時期のいずれにも「はい」としなかった企業（＝未設置企業）の数と割合を示している。
　表に示されているように，全体的な傾向として，こうした専門組織を設置している企業の割合は必ずしも大きくはない。いずれの専門組織についても，過半数の企業は回答時点に至るまで設置を行っていないのである。それに加えて，設置した企業の中で見ると，2019 年以前に設置した企業の割合は相対的に高いということももう 1 つの特徴である。導入企業の多くは，COVID-19 への対応として設置したのではなく，それ以前からすでに設置をしていた様子が示唆される。ただし，在宅勤務／リモートワーク支援室に関しては，2020 年 1 月以降に設置した企業も多い。恐らく，COVID-19 の流行への対応策としてリモートワークの導入を行った企業が多く，そうした企業の一部が専門組織の設置まで行っているのだろうと考えられる。このような設置時期の違いがみられるため，以下の分析では 2019 年 12 月以前の組

表 8-3　ロジスティック回帰分析の結果（COVID-19 感染拡大以前）

	モデル 1 BCP		モデル 2 CRO		モデル 3 リモートワーク支援室		モデル 4 子育て支援室	
独立変数 / 従属変数	回帰係数	標準誤差	回帰係数	標準誤差	回帰係数	標準誤差	回帰係数	標準誤差
組織レジリエンス	0.295*	0.126	0.341**	0.144	0.51***	0.155	0.524**	0.178
従業員100人～1000人未満（ダミー）	2.268***	0.425	1.919***	0.503	1.442**	0.482	2.227***	0.621
従業員1000人以上（ダミー）	1.240***	0.368	0.686	0.479	0.201	0.469	0.545	0.625
組織年齢	0.006	0.005	0.002	0.005	0.015**	0.006	0.012*	0.006
本社所在地_東京（ダミー）	0.256	0.387	0.012	0.472	0.797	0.516	-0.538	0.536
本社所在地_6都市（ダミー）	0.172	0.416	-0.109	0.517	0.732	0.557	-1.597*	0.688
産業ダミー	Yes		Yes		Yes		Yes	
定数	-3.129***	0.742	-3.934***	0.884	-5.014***	0.978	-4.984***	1.114
疑似決定係数	0.180		0.114		0.204		0.230	
対数尤度	-159.616		-122.004		-107.894		-85.021	
N	285		282		235		228	

***p＜0.001，**p＜0.01，*p＜0.05，† p＜0.1．
産業ダミーベース：製造業

織設置と 2020 年 1 月以降の組織設置を分けて分析を行うことにする。

　表 8-3 は，2019 年 12 月以前のそれぞれの専門組織の設置に対する組織レジリエンスの影響をロジスティック回帰分析を用いて分析したものである[3]。従属変数は各専門組織の設置のダミー変数となっている。

　表に示されているように，組織レジリエンスは，いずれの専門組織の設置にも正の有意な影響を与えている。組織レジリエンスが高いほど，2019 年12 月以前に予め専門組織が設置されている傾向にあることがわかる。組織レジリエンスとは危機に対する対応力であり，そうした組織ほど問題が生じた場合の責任の所在や働き方の変更の支援がとられているという事実は，直観的にも理解できることである。また，正規従業員数（「従業員数 1000 人以上」ダミー）もいずれの専門組織設置に正の影響を示しており，大企業ほどこれらの組織を設置する傾向があることもわかる。大企業ほど組織が細分化・専門化する傾向にあるためにこの結果も理にかなっていると考えられる。

3　ロジスティック回帰分析とは，従属変数に 1，0 の値をとる変数を用いた回帰分析のモデルの一種である。表の分析結果の読み取り方は，上述の重回帰分析の結果と同様である。

表 8-4　ロジスティック回帰分析の結果（COVID-19 感染拡大以後）

従属変数	モデル1 BCP		モデル2 CRO		モデル3 リモートワーク 支援室		モデル4 新型コロナウイルス 感染症対策室	
独立変数	回帰係数	標準誤差	回帰係数	標準誤差	回帰係数	標準誤差	回帰係数	標準誤差
組織レジリエンス	0.062	0.280	0.152	0.299	0.012	0.194	0.290*	0.128
売上大幅減少	1.428*	0.659	0.276	0.714	0.670	0.519	0.659 †	0.346
従業員100人～1000人未満（ダミー）	1.997*	1.016	3.019**	1.180	0.753	0.581	1.491***	0.425
従業員1000人以上（ダミー）	1.313	0.807	1.960	1.200	0.301	0.502	0.765*	0.382
組織年齢	0.000	0.010	0.003	0.012	-0.001	0.008	0.002	0.005
本社所在地_東京（ダミー）	0.406	0.796	1.115	1.175	0.142	0.607	-0.538	0.395
本社所在地_6都市（ダミー）	-0.472	0.910	0.901	1.275	-0.964	0.736	-0.230	0.421
産業ダミー	YES		YES		YES		YES	
定数	-4.286	1.529	-6.82**	2.255	-2.975*	1.183	-2.733***	0.734
疑似決定係数	0.137		0.171		0.097		0.099	
対数尤度	-43.034		-38.418		-82.585		-154.678	
N	141		176		211		285	

***$p < 0.001$，**$p < 0.01$，*$p < 0.05$，† $p < 0.1$，
産業ダミーベース：製造業

　表8-4 は，2020 年 1 月以降のそれぞれの専門組織の設置を従属変数とし
たロジスティック回帰分析の結果を示している。

　先ほどと異なり，組織レジリエンスは「新型コロナウイルス感染症対策
室」を除いた専門組織の設置に対し統計的に有意な関係を示しておらず，組
織レジリエンスの高い組織ほど専門組織の設置を行っているという関係は確
認されなかった[4]。COVID-19 の流行後に対応組織を設置することは，組織
レジリエンスの高さとはあまり強い関係が見られなかったのである。先ほど
の結果と照らし合わせて考えると，レジリエンスの高い組織は，すでに
COVID-19 の感染拡大がみられる前に組織を設置済みであるということな
のかもしれない。

　他方で，「新型コロナウイルス感染症対策室」に関しては，組織レジリエ
ンスは正の有意な影響を示しており，組織レジリエンスが高いほど，この組

4　子育て支援室に関しては，2020 年 1 月以降に設置した企業数が非常に少なく，統計的な分析
　を行うことがむずかしかったため，ここでは扱っていない。

織を設置していることがわかる。この組織は当然のことながら 2020 年 1 月以降にはじめて設置の必要が生じたものであり，レジリエンスの高い組織は，必要が生じたらいち早く導入するという様子を示唆しているように思われる。この「新型コロナウイルス感染症対策室」に対しては，「売上大幅減少」も正の有意な影響を示している。苦しい状況に直面した企業や影響が長期にわたるものであると考える企業ほど，本腰を入れて取り組むために，専門組織を設置して対応しているのだろう。

　その他，BCP 組織の設置については，売上大幅減少が正の影響を示している。売上の危機に直面して，事業継続が危ぶまれることでその専門組織を設置するに至っている可能性が示唆されている。

3-2.　組織対応と組織能力の効果

　本節で確認する 2 つ目の点は，組織対応と組織の変化対応能力の程度が，組織成果にどのような影響を与えるのかを検討することである。ここでは組織成果として，現場の組織的状況に関する項目である「組織トラブル」に関連する項目と「経営資源不足」に関連する項目を従属変数として取り上げて分析を行うことにする。「組織トラブル」に関しては，前出の図 8-9 に示されている現場の変化に関する 5 項目（ミスの増加，メンタルヘルスの悪化，意思疎通のむずかしさなど）の平均値を算出して「組織トラブル」とした。「経営資源不足」に関しては，図 8-8 の経営資源の充足状況に関する 6 項目（ヒト，モノ，カネ，情報，時間，権限）についてそれぞれ逆数をとり，不足状況を表す項目に変換した上で，6 項目の平均値を算出して「経営資源不足」とした。これらの変数を従属変数に用いた分析を行い，企業の組織的な対応や変化対応能力の程度によって，今回の COVID-19 の感染拡大に伴う組織トラブルや経営資源の不足がどの程度軽減されているのか，あるいは増加しているのかを検証する。

　表 8-5 は，これらの 2 変数を従属変数に，「新組織設置数」と「戦略変更数」，「組織レジリエンス」をそれぞれ独立変数に投入した重回帰分析の結果である。分析結果からは以下の 3 点が示唆される。

　第 1 に，新組織の設置や戦略変更といった組織対応は，現場の組織トラブルや経営資源不足を高めることが示唆されている。組織設置数は組織トラブルと経営資源不足のいずれに対しても正の有意な影響を示しており，戦略変

表 8-5　重回帰分析の結果

独立変数	従属変数	モデル 1 組織トラブル		モデル 2 経営資源不足	
		回帰係数	標準誤差	回帰係数	標準誤差
新組織設置数		0.068*	0.033	0.067†	0.04
戦略変更数		0.129†	0.077	0.075	0.09
組織レジリエンス		-0.156***	0.048	-0.382***	0.06
組織レジリエンス×新組織設置数		-0.057*	0.024	0.014	0.03
組織レジリエンス×戦略変更数		-0.137*	0.057	-0.075	0.07
従業員 100 人～1000 人未満（ダミー）		0.312†	0.161	-0.07	0.19
従業員 1000 人以上（ダミー）		0.179	0.131	-0.132	0.15
組織年齢		-0.004*	0.002	-0.002	0.00
売上大幅減小（ダミー）		0.244†	0.133	0.275†	0.15
本社所在地_東京（ダミー）		0.548***	0.146	-0.14	0.17
本社所在地_6 都市（ダミー）		0.398*	0.157	-0.051	0.18
産業ダミー		YES		YES	
定数		2.943**	0.20	4.042	0.225
調整済み R^2		0.152		0.179	
F 値		2.89		3.31	
N		286		286	

***$p < 0.001$, **$p < 0.01$, *$p < 0.05$, † $p < 0.1$,
産業ダミーベース：製造業

更も組織トラブルに対しては正の有意な影響を示している。すなわち，こうした組織対応は，全般には現場での問題発生を軽減するというよりもむしろ促している可能性が示唆されているのである。もちろん，これらの施策は，COVID-19 の感染拡大に伴う諸課題を解決するために導入されたものだと考えられる。しかし，新しい部署を設置することですぐさま解決につながるわけではなく，組織が複雑になることで現場の混乱が増加したりすることがある。また戦略変更を行うことも，同様に現場の混乱や資源不足を生み出しうるものである。そのため，これらの対応は一方では必要なものではあるけれども，他方では少なくとも短期的にはかえって問題が拡大することになっている可能性があるのである。

　第 2 に，このような組織トラブルや経営資源不足といった組織問題に対して，組織レジリエンスは負の有意な影響を与えている。つまり，組織レジリエンスが高い組織では，非常時の組織的な問題の発生を抑制できることが明

図 8-12　交互作用項の関係：新組織設置数

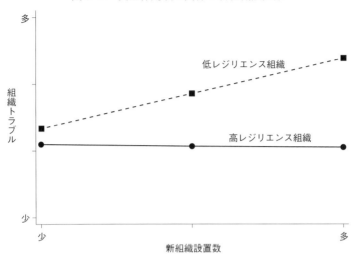

図 8-13　交互作用項の関係：戦略変更数

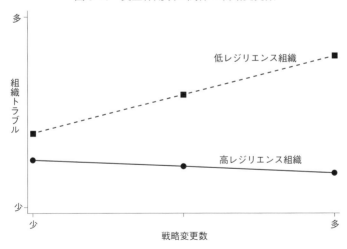

らかになった。組織の変化対応能力の重要性がここでも示唆されているのである。また，第3に，現場の組織トラブルに対して，組織レジリエンスと組織変更の交互作用項，組織レジリエンスと戦略変更の交互作用項がいずれも

負の有意な影響を与えている。交互作用項とは2つの変数を掛け合わせた変数であり，2つの独立変数の相互作用が，従属変数に与える影響を示したものである。今回の場合，戦略変更や新組織設置の程度が組織トラブルに与える影響が，組織レジリエンスの高い組織と低い組織とで異なることを示唆している。より具体的にこの交互作用項の関係を図示したものが，図8-12と図8-13である。

　図に示されているように，低レジリエンス組織では，組織や戦略の変更の程度が大きくなるにつれて組織トラブルが増加していることがわかる。これに対して，高レジリエンス組織では，組織や戦略を変更しても，組織トラブルの増加が抑えられている。組織に起きた変化に対して，素早く適応できている様子が示唆されているのである。

　以上で見てきたように，本節の分析からは，COVID-19の感染拡大への組織対応の成否に対して，組織レジリエンスが大きな影響を与えていることが確認できた。レジリエンスの高い組織では，今回のような危機的な状況に対応するための組織機構が予め設置されており，また事業内容も素早く変更されていた。また，こうした変更を行ったとしても，現場に混乱を生じさせることなく，今回のような突発的に生じた危機的な状況にも適切に適応できていたのである。

4.　おわりに

　本章では，COVID-19の流行拡大の初期状況における企業が直面していた状況について，緊急事態宣言直後に実施したアンケート調査の分析に基づいて，定量的な検討を行った。アンケート調査の結果からは，COVID-19の感染拡大が，企業の事業活動や組織運営に大きな影響を与えていたことや，流行拡大や政府の緊急事態宣言に伴って，テレワーク（リモートワーク）を導入した企業が多く見られることが改めて確認できた。こうした結果は，他の研究者や民間企業，政府組織の調査結果とも整合的である。それに加えて，本調査からは，企業の組織対応が，テレワークの導入にとどまらない広範な活動であることも示唆された。例えば，BCP対応やリスク対応責任者といった新組織，新担当者の設置や，営業活動のオンライン化のような

事業活動の方法を変更するといった対応である。こうした対応が，COVID-19 の流行拡大の直後，あるいは場合によってはそれ以前からすでに採用されていたのである。

　ただし，当然ながら，すべての企業がこうした対応を行っていたわけではない。組織レジリエンスという概念を分析視角として，組織の変化対応能力の影響を検討した結果，COVID-19 の感染拡大への組織対応は，組織能力の有無に大きく左右されていることが明らかとなった。組織レジリエンスが高い，すなわち変化対応能力が高い企業ほど，組織対応を実施しており，また新たに採用した組織対応を円滑に実行することで，組織的な混乱や経営資源の枯渇を軽減させることができていたのである。このように流行拡大の初期段階において対応が大きく分かれたこと，またその差異が組織能力の差異によって大きく影響を受けていることは，ウィズコロナ，ポストコロナと呼ばれる今後の企業経営に重要な含意を持つように思われる。

　COVID-19 の感染拡大への対応策には，リモートワークの拡大や事業活動へのオンライン化の導入のように，マネジメント上の新しい課題が多く含まれている。これらのうちのいくつかは，その重要性や必要性が指摘されながらも長らく導入が見送られてきたものである。また，Uber Eats のように人々の生活様式や働き方が変化したことが，新しい事業機会を創出しているような事例も散見される。つまり，COVID-19 が企業経営や組織運営に与えたのは脅威ばかりではなく，新しい機会も含まれているのである。もちろん，そのすべてが COVID-19 の流行が収まった後も同じように継続するわけではないだろう。現在，多くの企業が継続しているリモートワークにしても，今後の定着については多分に不透明である。しかしながら，リモートワークのような新規に導入された施策には，従来の仕事のやり方にはない優れた点も見られるため，少なくともその一部はそのまま残っていくのではないかと考えられる。特に，レジリエンスの高い，変化対応能力に優れた企業は，新しい施策の導入に伴う組織的なトラブルを軽減できているために，新しいマネジメント施策の果実を享受できる可能性が高い。

　今回の COVID-19 がもたらした状況について，「時計の針を進めた」と形容することをしばしば見聞きすることがある。企業の変化への対応力の高低によって，進んだ世界で見えた景色は大きく異なっているのかもしれない。今後は変化対応能力の高い組織は，新しいマネジメントを取り入れ，そうで

ない企業は元の運営形態に回帰していく，といったことが起こっていく可能性がある。

参考文献

江夏幾多郎・神吉直人・高尾義明・服部泰宏・麓仁美・矢寺顕行（2020a）。「新型コロナウイルス感染症の流行への対応が，就労者の心理・行動に与える影響」*Works Discussion Paper Series*，31。

江夏幾多郎・神吉直人・高尾義明・服部泰宏・麓仁美・矢寺顕行（2020b）。「新型コロナウイルス感染症の流行下で就労者や企業が経験する変化：デモグラフィック要因の影響」*RIEB Discussion Paper Series*（神戸大学経済経営研究所），DP2020-J08，1-83。

原泰史・今川智美・大塚英美・岡嶋裕子・神吉直人・工藤秀雄・高永才・佐々木将人・塩谷剛・武部理花・寺畑正英・中園宏幸・服部泰宏・藤本昌代・三崎秀央・宮尾学・谷田貝孝・中川功一・HR 総研（2020）。「新型コロナウィルス感染症への組織対応に関する緊急調査：第一報」『IIR Working paper』WP#20-10。

服部泰宏・岡嶋裕子・神吉直人・藤本昌代・今川智美・大塚英美・工藤秀雄・高永才・佐々木将人・塩谷剛・武部理花・寺畑正英・中川功一・中園宏幸・宮尾学・三崎秀央・谷田貝孝・原泰史・HR 総研（2020）。「新型コロナウィルス感染症への組織対応に関する緊急調査：第二報」『IIR Working paper』，WP#20-11。

Kantur, D., & Say, A. I. (2015). Measuring organizational resilience: A scale development. *Journal of Business Economics and Finance*, 4(3), 456-472.

Linnenluecke, M. K. (2017). Resilience in business and management research: A review of influential publications and a research agenda. *International Journal of Management Reviews*, 19(1), 4-30.

佐々木将人・今川智美・中川功一（2020）。「統計的検証：組織レベルで求められること―組織レジリエンス―」中川功一（編著）『感染症時代の経営学』（pp. 69-79）。千倉書房。

佐々木将人・今川智美・塩谷剛・原泰史・岡嶋裕子・大塚英美・神吉直人・工藤秀雄・高永才・武部理花・寺畑正英・中園宏幸・中川功一・服部泰宏・藤本昌代・宮尾学・三崎秀央・谷田貝孝・HR 総研（2020）。「新型コロナウィルス感染症への組織対応に関する緊急調査：第三報」『IIR Working paper』，WP#20-12。

関智宏・河合隆治・中道一心（2020）。「COVID-19 影響下における中小企業の企業家活動プロセス：アントレプレナーシップ研究からの接近による実態把握」『同志社商学』72(2)，249-276。

寺村絵里子・今川智美・安藤史江（2020）。「企業事例に学ぶ：感染症時代の新たな働き方 VSN 社の事例から」中川功一（編著）『感染症時代の経営学』（pp. 47-56）。千倉書房。

Zolli, A., & Healy, A. M. (2012). *Resilience: Why things bounce back*. Simon & Schuster（須川綾子訳『レジリエンス 復活力：あらゆるシステムの破綻と回復を分けるものは何か』ダイヤモンド社，2013 年）。

おわりに

　コミュニケーション技術を最大限活用して，個人の働き方を組織的にまとめていくのが，リモートワークという新しい働き方である。そもそも，日本人の働き方は集団主義がメインであって，皆が一緒に働いて協力したり，一致団結するのが当たり前だと思ってきた。だが，リモートワークをきっかけに，実は，個々が働き場所を違えながら，お互いに連絡を取り合いながら，個人で行う労働を組織としてまとめ上げていくあり方も，ずいぶん機能することがわかってきた。

　COVID-19 とその後の変異株の影響で，なに不自由なく暮らしてきた日常生活が，突然閉ざされてしまった。新入社員であれば，大学時代もオンラインで講義を受けてきたのに，新しい生活をスタートさせるために，希望をもって働き始めたと思ったら，自宅の一室でまだ慣れない仕事をオンラインで始めなければならない。会話もなく一人で黙々と食事をとること（「個食」）とともに，孤独な働き方（「個職」）を余儀なくされた。

　多くの人は突然の社会の変化に追いつけず，また有名コメディアンや著名な経営者の訃報を耳にして，万物が常に移り行く諸行無常を，身をもって感じたことだろう。

　諸行無常はわが国だけのことではない。「中国ウイルス」と名指しし，大統領自らが中国武漢にウイルスが起源するかのようなイメージ操作を巧みに行い，その一方で，ウイルス関連の特許とワクチン開発で巨額の富を得たアメリカ合衆国。そのアメリカで，世界で最も多くの COVID-19 による犠牲者を出したというのは皮肉である。科学技術の粋を集めても，感染症という人類古来の災禍には，無力のようである。

　「おごれる人も久しからず，ただ春の夜の夢のごとし」と，平家物語で謡われているように，分断する社会の中で，地位やお金があっても，自然の摂理には逆らえないこと，すなわち日本人が大切にしてきた無常観を，いまあらためて感じることができる。

　人々がそれぞれ離れて一人で働く「個職」を，「方丈労働」とシャレて呼

んでみた。変化が激しく将来の予測も難しい VUCA の時代であれば，COVID-19 とウクライナ侵攻が混乱にさらに拍車をかけた時代であれば，一人ひとりが自分で自分の働き方を問い直すリモートワークが，新しい労働の価値観を作り上げていくと考えるのがよい。

　本書のおわりに，この書籍を通してさまざまに論じられてきたこと，発見された主な知見を，もう一度まとめておこう。おわりに出されるからといって，有名レストランや料亭でごちそうに舌鼓を打った後で，口直しに出されるデザートのようなものではない。食通が記憶に留めるために持ち帰るお品書きのようなものだ。

　まず，リモートワークがうまくいったかどうかを判断する根拠とすべき要因（従属変数）として，本書では，仕事の生産性以外に，8つの組織的・心理的要因を取り上げてきた。つまり，①ワーク・エンゲージメント，②ウェルビーイング，③職場全体の成果，④上司や同僚への信頼，⑤創造的活動，⑥上下間のコミュニケーション，⑦孤独感，⑧リモートワークの継続性である。

　リモートワークがうまくいったと判断するには，従業員個人の生産性や組織の成果が，リモートワーク前の水準に戻ったかどうかを考えればよいというわけではない。8つの要因を眺めてみれば，個人レベルと組織レベルで，あるいは従業員相互の関係で，いろいろなものに幅広く目利きをしなければならないというのが，本書の指摘である。

　ワーク・エンゲージメントやウェルビーイングといったいま流行りのことばから，創造や成果や信頼といった伝統的な価値まで，さまざまな基準でリモートワークのあり方を見つめ直していかなければならないのだ。

　そして，この8つの要因（従属変数）に影響を与える主な関係としては，次の点が指摘できる。

　第1に，リモートワークでの仕事の生産性とワーク・エンゲージメントには，一人ひとりの従業員が，自分の工夫で自分の仕事を作り直すジョブ・クラフティングが有効である。

　第2に，ウェルビーイングの裏側であるストレスには，仕事の負担感が大きな原因となっているが，上司や同僚の支援がストレスを軽減するためには効果的である。

　第3に，従業員レベルの生産性には，ITを用いた新しいコミュニケーション技術が直接に影響しているが，職場全体の成果に対しては，リモートワークや従業員レベルの生産性の影響は限定的であり，むしろ知識・スキルの標準化や上司のリーダーシップといった従来のやり方が影響する。

　第4に，リモートワークの下で信頼関係を構築するには，上司が進捗管理のスパンを短くするとともに，従業員間で進捗状況を共有することが大切である。

　第5に，リモートワークの下で従業員が創造的活動にコミットしていくには，上司に対して信頼関係を築くだけでなく，同僚に対しても進捗を共有し，お互いに信頼することが必要である。

　第6に，上下間のコミュニケーションが円滑に進むためには，常識的かもしれないが，上司と部下の関係が良好で，部下が上司を信頼していることが前提となる。

　第7に，孤独になりやすいリモートワークで，従業員の孤独感やきちんと評価されていないという感情を軽減するにはユーモアが利く。ただし，だれかを引き下ろすユーモア（いじり）はNGで，シャレっ気があるユーモアが望ましい。

　第8に，リモートワークへの転換を円滑にして，持続的に進めるには，個人の特性や仕事の特性だけではなく，組織の能力が大きな影響を与えている。

　最後に，COVID-19感染拡大のような危機的状況に対処するには，不測の事態から復旧するための組織的能力——組織レジリエンス——が必要である。

　長い話を短くまとめたつもりだが，それでもポイントが多いので，「後味すっきり」とはいかないようだ。大食いの人にアピールする満腹感やお得感はあるが，胸やけや胃もたれを起こしてしまうかもしれないから悩ましい。コロナウイルスが次々と形を変えて新種の株を生み，変幻自在であるように，われわれの対応のポイントもいろいろ姿を変えて，単刀直入にはならないのだ。だから，ダイバーシティとインクルージョンを尊重して，この多様性をエンジョイしてほしい。

　余談になるが，コロナ禍に関連して，おもしろいようにいろいろなカタカ

ナ語が世に溢れた。パンデミック（世界的感染），アウトブレイク（感染爆発），オーバーシュート（限度超過），ロックダウン（都市封鎖），クラスター（塊），アラート（警報），ソーシャル・ディスタンス（社会的距離），ステイ・ホーム（在宅）など，一見華やかで舌を咬みそうなことばを使って，暗い世情を明るく見せた。

　危機的な状況を詳しく説明し，都民に自粛を要請するために，これらの新しいことばを都知事が率先して使うことで，かえってわれわれを煙に巻いてしまったようだ。カタカナを使って語感を和らげれば，厳しい状況や緊急事態といった課題を，反対に，直視しなくてもよいような気になる。

　リモートワークもその例外ではないだろう。だから，テレワークやリモートワークのことばに安住することなく，その本質を理解していきたい。「5回のなぜ(5 Whys)」を繰り返し真因を探るのがトヨタ式だ。本書も，2冊の書籍を通してリモートワークの真因を探究し，トヨタの「なぜなぜ方式」を超えようとしている。

　COVID-19をきっかけとしてリモートワークを経験した職場では，リモートワークを一部分取り入れて，従業員が効率的かつ幸福に働いていけるあり方をめざさなければならないだろう。「落花枝に返らず」とことわざに言うように，この働き方を一度経験すれば，元に戻ることはなかなかできない。散った桜花に未練を残すのではなく，水面を飾る桜の錦を愛でるように，リモートワークをポジティブにとらえ，効率的で人間的な働き方として定めるのがよいだろう。

編　著　者

【編著者紹介】

髙橋 潔（たかはし　きよし）　序章，第 1 章
立命館大学総合心理学部教授／神戸大学名誉教授
1984 年慶應義塾大学文学部卒業，1996 年ミネソタ大学経営大学院修了（Ph. D.）。南山大学経営学部助教授，南山大学総合政策学部助教授，神戸大学大学院経営学研究科教授を経て現職。専門は産業心理学と組織行動論。
〈主要業績〉
『ゼロから考えるリーダーシップ』（東洋経済新報社）2021 年
『経営とワークライフに生かそう！産業・組織心理学（改定版）』（共著，有斐閣）2020 年
『人事評価の総合科学—努力と能力と行動の評価』（白桃書房）2010 年（2012 年度日本労務学会学術賞受賞）

加藤 俊彦（かとう　としひこ）　序章，第 3 章
一橋大学大学院経営管理研究科教授
1990 年一橋大学商学部卒業。1992 年一橋大学大学院商学研究科修士課程修了，1997 年一橋大学大学院商学研究科博士後期課程単位修得，1998 年一橋大学博士（商学）。東京都立大学経済学部講師，助教授，一橋大学大学院商学研究科准教授などを経て，現職。専門は経営組織論，経営戦略論。
〈主要業績〉
『技術システムの構造と革新』（白桃書房）2021 年
『組織の〈重さ〉—日本的企業組織の再点検』（共著，日本経済新聞出版社）2007 年

【執筆者紹介】（50 音順）

今城 志保（いましろ　しほ）　第 5 章
株式会社リクルートマネジメントソリューションズ組織行動研究所主幹研究員
1988 年京都大学教育学部卒業。1996 年 New York University Graduate School of Art & Science（Industrial/Organizational psychology）で M.A.を取得。2013 年東京大学大学院人文社会系研究科博士後期課程修了（社会心理）。大学卒業後，リクルートに入社し，株式会社人事測定研究所（現リクルートマネジメントソリューションズ）の設立とともに転籍。1993 年に離職し，1996 年に再入社し，現職。専門は産業・組織心理学，社会心理学。
〈主要業績〉
『採用面接の科学—採用面接では何が評価されているのか』（白桃書房）2016 年
「第 2 章　募集・採用と処遇」小野公一（編）『産業・組織心理学講座 第 2 巻人を活かす心理学』（分担執筆，北大路書房）2019 年
「第 8 章　組織開発・組織変革」角山剛（編）『産業・組織心理学講座 第 3 巻組織行動の心理学』（分担執筆，北大路書房）2019 年
「採用面接評価の実証的研究：応募者，面接者，組織が面接評価に及ぼす影響の多水準分析」『産業・組織心理学研究』*19*(1)，3-16，2005 年

江夏 幾多郎（えなつ　いくたろう）　第7章
神戸大学経済経営研究所准教授
2003年一橋大学商学部卒業。2005年，神戸大学大学院経営学研究科博士前期課程修了（経営学修士）。2008年，一橋大学大学院商学研究科博士後期課程単位取得退学。博士（商学）。名古屋大学大学院経済学研究科（2008年より講師，2011年より准教授）を経て，現職。専門は人的資源管理論，雇用システム論。
〈主要業績〉
『人事管理―人と組織，ともに活きるために』（共著，有斐閣）2018年
『コロナショックと就労―流行初期の心理と行動についての実証分析』（共著，ミネルヴァ書房）2021年
「人事システムの内的整合性とその非線形効果―人事施策の充実度における正規従業員と非正規従業員の際に着目した実証分析」『組織科学』45(3)，80-94，2012年（第13回労働関係論文優秀賞）

佐々木 将人（ささき　まさと）　第3章，第8章
一橋大学大学院経営管理研究科准教授
2003年一橋大学商学部卒業，2005年同大学大学院商学研究科修士課程修了，2008年博士後期課程単位習得退学。博士（商学）。武蔵野大学政治経済学部を経て現職。専門は経営組織論，経営戦略論。
〈主要業績〉
『日本企業のマーケティング力』（共著，有斐閣）2012年
『考える経営学』（共著，有斐閣）2021年
Affordability, sociability and the reverse knowledge flow from emerging markets.（共著）*Journal of Academy of Business and Emerging Markets*, *1*(1)，33-46，2021年

塩谷 剛（しおのや　ごう）　第8章
香川大学経済学部准教授
2008年，神戸大学経営学部卒業。2010年神戸大学大学院経営学研究科博士課程前期課程，2013年博士課程後期課程修了，（博士・経営学）。一般財団法人機械振興協会経済研究所調査研究部部研究員，同志社大学商学部助教を経て，現職。専門はイノベーション・マネジメント，組織学習論。
〈主要業績〉
「製品の機能次元におけるオーバーシュート―ミニバン市場における実証分析」『組織科学』46(3)，76-86，2013年
「経営者による探索と活用が企業パフォーマンスへ及ぼす影響―農業法人における実証分析」『組織科学』54(1)，46-59，2020年
「新型コロナウイルス感染症流行下における組織レジリエンス―農業法人における実証分析」『日本中小企業学会論集』41，2022年

田中 秀樹（たなか　ひでき）　第4章
同志社大学政策学部・総合政策科学研究科准教授
2004年同志社大学文学部卒業。2011年同志社大学総合政策科学研究科博士後期課程修了。博士（政策科学）。青森公立大学，京都先端科学大学などを経て，2020年4月より現職。専門は人的資源管理論，経営組織論。
〈主要業績〉
「労働者にとっての仕事の報酬―労働者は賃金で報われたいと思っているのか」『日本労働研究雑

誌』*723*，70-81，2020 年

「中小企業における中途採用者の組織適応及び働きがい・定着意識向上に関する研究」『日本労働研究雑誌』*727*，64-77，2021 年

Impacts of overtime reduction on psychological well-being for Japanese research and development engineers: Positive and negative sides of work time regulations.（共著）*Journal of Japanese Management*，*1*(1)，27-43，2016 年，など。

中森 孝文（なかもり　たかふみ）　第 6 章

龍谷大学政策学部教授

神戸大学大学院経営学研究科博士後期課程修了，博士（経営学・神戸大学）。京都工芸繊維大学地域共同研究センター助教授(准教授)，立命館大学経営学部准教授などを経て，2011 年 4 月より現職。2017 年 3 月〜2018 年 2 月，Western Michigan University, Visiting Scholar。2021 年 4 月より龍谷大学大学院政策学研究科長，現在に至る。専門は，知的資産経営。

〈主要業績〉

『不合理を活かすマネジメント―人まねの呪縛から逃れるために』（経済産業調査会）2017 年

Understanding KAIZEN practice in Japanese overseas manufacturing: a framework.（共著）*International Journal of Knowledge Management Studies*，*10*(3)，271-298，2019 年

Factors influencing consumer loyalty: A study of Japanese retail stores.（共著）*Journal of Asia-Pacific Business*，*23*(1)，73-88，2022 年

服部 泰宏（はっとり　やすひろ）　第 7 章

神戸大学大学院経営学研究科准教授

2004 年，関西学院大学経済学部卒業。2006 年，神戸大学大学院経営学研究科博士課程前期課程修了，修士（経営学）。2009 年，神戸大学大学院経営学研究科博士課程前期課程修了，博士（経営学）。滋賀大学講師，准教授，横浜国立大学准教授を経て，2018 年より現職。専門は，組織行動論，人的資源管理論。

〈主要業績〉

『組織行動論の考え方―良質のエビデンスを手にするために』（有斐閣）2020 年

『コロナショックと就労―流行初期の心理と行動についての実証分析』（共著，ミネルヴァ書房）2021 年

「産学連携型の共同研究における学術的成果と実践的成果の両立―質的比較分析（QCA）による先行要因の探究」『経営行動科学』*33*(3)，77-96，2022 年

麓 仁美（ふもと　よしみ）　第 2 章，第 7 章

松山大学経営学部教授

2006 年，神戸大学大学院経営学研究科博士課程前期課程修了。2009 年，神戸大学大学院経営学研究科博士課程後期課程修了（博士（経営学））。松山大学経営学部講師，准教授を経て，2022 年より現職。専門は，組織行動論，経営管理論。

〈主要業績〉

『コロナショックと就労―流行初期の心理と行動についての実証分析』（共著，ミネルヴァ書房）2021 年

「組織における協力行動のマネジメント―仕事の設計がメンタリング行動と向社会的モチベーションに与える影響」『組織科学』*53*(2)，43-56，2019 年

松下 将章（まつした　ひろあき）　第2章
関東学院大学経営学部准教授
神戸大学大学院経営学研究科博士後期課程修了。博士（経営学）。関東学院大学経営学部専任講師を経て，2018年より現職。
〈主要業績〉
「変革型リーダーシップが組織市民行動に及ぼす影響に関する検討―『組織と個人の結びつき』に着目して」（共著）『組織科学』51(1)，58-69，2017年
「インクルーシブ・リーダーシップが上司に対する援助要請意図に与える影響のメカニズム―職場の心理的安全と仕事の要求度を含む調整媒介効果の検討」（共著）『日本労働研究雑誌』745，82-94，2022年

森永 雄太（もりなが　ゆうた）　第2章
武蔵大学経済学部教授
神戸大学大学院経営学研究科博士後期課程修了。博士（経営学）。立教大学経営学部助教，武蔵大学経済学部准教授を経て2018年より現職。専門は経営管理論，組織行動論。
〈主要業績〉
『ウェルビーイング経営の考え方と進め方―健康経営の新展開』（労働新聞社）2019年
Inclusive leadership and knowledge sharing in Japanese workplaces: The role of diversity in the biological sex of workplace personnel.（共著）*Personnel Review*, Vol. ahead-of-print No. ahead-of-print. https://doi.org/10.1108/PR-02-2021-0111，2022年

■リモートワークを科学するⅠ 〔調査分析編〕
　　－データで示す日本企業の課題と対策

■発行日──2022年9月6日　初版発行　　　　　　　　　　　〈検印省略〉

■編著者──髙橋　潔・加藤俊彦

■発行者──大矢栄一郎

■発行所──株式会社 白桃書房
　　　　　〒101-0021　東京都千代田区外神田5-1-15
　　　　　☎03-3836-4781　𝔽𝔸𝕏03-3836-9370　振替 00100-4-20192
　　　　　http://www.hakutou.co.jp/

■印刷／製本──亜細亜印刷株式会社

リモートワークを科学するⅡ[事例編]
―日本企業のケースから読み解く本質―

髙橋潔・加藤俊彦 編著

〈目次〉

ISBN 978-4-561-26759-1　定価（3000円＋税）

白桃書房